杨义先 钮心忻

著

杨义先趣谈科学

数学家
那些事儿

拍案惊奇，原来科学家不神秘　　章回说书，果然做学问也很酷

人民邮电出版社

北　京

图书在版编目（CIP）数据

数学家那些事儿 / 杨义先，钮心忻著. —— 北京：
人民邮电出版社，2022.4（2024.5重印）
（杨义先趣谈科学）
ISBN 978-7-115-57572-2

Ⅰ．①数… Ⅱ．①杨… ②钮… Ⅲ．①数学家—生平
事迹—世界 Ⅳ．①K816.11

中国版本图书馆CIP数据核字(2021)第202166号

内 容 提 要

　　数学在人类文明的发展过程中产生了极其重大的影响，代表了人类的最高智慧成就。在数学的发展过程中涌现出了许许多多伟大的人物，我们在教科书、技术专著以及科普书籍中经常见到他们闪光的名字。那么，这些英雄到底都是谁？他们是如何取得这些里程碑式的成果的？他们的背后有什么精彩的人生故事？他们有什么科研经验？他们对我们有什么启发？本书对诸如此类的问题给出了全面系统的回答。

　　本书采用了章回体小说的形式，用幽默风趣的语言介绍了文艺复兴之后数十位为数学的发展做出了重大贡献的数学家的生平故事，以及那些里程碑式的发现是如何产生的。

　　本书可供对数学感兴趣的读者阅读，也可以作为相关专业学生的趣味读物，还可以作为教师授课的有益补充。

◆ 著　　　　杨义先　钮心忻

　 责任编辑　刘　朋

　 责任印制　陈　犇

◆ 人民邮电出版社出版发行　　北京市丰台区成寿寺路 11 号

　 邮编　100164　电子邮件　315@ptpress.com.cn

　 网址　https://www.ptpress.com.cn

　 涿州市般润文化传播有限公司印刷

◆ 开本：720×960　1/16

　 印张：21.75　　　　　　　　　2022 年 4 月第 1 版

　 字数：251 千字　　　　　　　2024 年 5 月河北第 4 次印刷

定价：69.90 元

读者服务热线：**(010)81055410**　印装质量热线：**(010)81055316**
反盗版热线：**(010)81055315**
广告经营许可证：京东市监广登字 20170147 号

前　言

伙计你猜，能否写出一本数学书，使得人人都爱读且人人都能懂？能，我们希望本书就是这样的一本书！伙计你再猜，能否写出一本教学参考书，它能成为大学中理工类专业学生的参考书？能，我们希望本书就是这样的一本书！实际上，理工类专业的学生都会学一门令人头疼的课程，它的名字叫高等数学。无论使用何种教材，无论学制多长，该课程都有两大特点：其一，许多数学家的名字会反复出现；其二，这些名字会被一笔带过，从而为本书留下有待填补的空白。换句话说，本书将针对高等数学领域的顶级科学家，用风趣幽默的语言，全面而又系统地回答如下问题：这些一流的数学家到底都是谁，他们是如何取得里程碑式的成果的，他们的背后有哪些精彩的人生故事，他们都有什么经验和教训，他们对我们有什么启发。

具体说来，本书将以喜剧评书的方式，外加魔幻现实主义笔法，从全新的视角重现文艺复兴以来，数学领域各个分支、各个时期顶级数学家的风貌。但与以往的"科学家故事"和"科学家传"不同，本书绝不做任何简单机械的素材堆积，而是按数学领域的不同分支，以数学的发展轨迹为轴线，通过数学家的现身说法，展现各个数学分支的发展状况。为了使结构更清晰，本书内容将按习惯粗略地分为三篇，分别是几何篇、代数篇和分析篇。其中，几何篇中的"几何"囊括所有以"形"为主要研究对象的内容，代数篇中的"代数"囊括所有以"数"为主要研究对象的内容，分析篇中的"分析"囊括所有与极限相关的研究对象。对于上述粗略划分中交叉和遗漏的部分，我们只好见机行事，适当插入相关篇章，毕竟数学领域太广泛，无论如何分类都有不足。若某位数学家的成就横跨几个篇章，那么我们只将他放入某一篇中，当然尽量是介绍他最具代表性的成就的那一篇或者时间最早的那一篇。

我们特别注意把握严肃与活泼之间的分寸：学术内容务必严谨，但在介绍数学家的生平事迹时则尽量活泼，要让读者充分享受其中的快乐，在笑声中轻松了解数学家的方方面面。本书更加忠实于历史事实，比如并不回避数学家本人的某些负面内容。这样做的目的就是要强调：数学家也是人，而不是神，虽然他们取得了非凡的成就；数学家并非高不可攀，人人都有成为数学家的潜力。正如"满大街都可以是圣人"一样，满大街也都可以是数学家。本书采用章回小说的形式，把评书、相声和喜剧等元素融入其中。我们还将一改过去的呆板模式，客观地把数学家描述成为正常人，而非不食人间烟火的异类和完美无瑕的榜样。我们笔下的数学家都是普通人能够接近、学习甚至超越的凡人。

人们都说"科学是这样一门学问，它能使当代傻瓜超越上代天才"，但是本书绝不只是想让"当代傻瓜超越上代天才"，而是想让当代天才成为当代科学家，成为被"后代傻瓜"努力超越的天才。所以，我们的重点不在于介绍数学家们都"干过什么"，而是要深入分析他们是"如何干的"，有哪些研究方法和思路值得今人借鉴，有哪些成功的方面值得我们学习，或者有哪些失败的教训需要吸取。换句话说，如果伽利略的名言"你无法教会别人任何东西，你只能帮助别人发现一些东西"正确的话，那么我们其实主要想帮助读者发现"一些东西"，最好是发现"科研成功的共性"，比如科研的动力从哪里来，数学中的关键成就都有哪些，数学家的特质是什么，数学进步与外界环境之间的关系如何。

另外，关于入选本书的数学家名单，我们想做三点说明。

其一，各篇中的数学家名单将在每篇的第一段中集中给出，以便读者查阅。实际上，每回的标题中都含有相关数学家的名字。

其二，有些数学家的事迹已分别出现在拙作《科学家列传》和《通信那些事儿》中，所以本书不再重复。

其三，非常抱歉的是，历史上许多数学家的贡献很大，他们也很有名，但由于各方面的原因，他们的生平素材已经所剩无几了，所以我们无法将其写入本书中，只能忍痛割爱。

最后，关于本书的读者对象，我们还有几个不成熟的想法。本书也可作为大学里高等数学这门课程的教学参考书和课外读物，可供大学生和研究生在苦读数学公式并陷入山重水复疑无路的境地时放松放松心情。没准儿，读完本书后，哈哈一笑，你就会迎来柳暗花明又一村呢！本书还可帮助高等数学课程的老师在讲台上活跃气氛，毕竟在严肃的学科内容中偶尔添点趣闻逸事，会让学生精神抖擞，更加认真地听课，使整体教学效果更好。另外，高等数学也是许多优秀中学生想要提前自学的重点内容。所以，如何让大家真心喜欢而不是害怕这门课程就显得尤为重要，这便是我们编写本书的另一个目的，即鼓励中学生以顶级数学家为榜样，使自己赢在今后读大学的起跑线上。读完本书后，如果你喜欢，我们欢迎你阅读我们就更大范围的科学家所撰写的《科学家列传》《中国古代科学家列传》和《通信那些事儿》等。

由于作者水平有限，书中难免有不当之处，欢迎大家批评指正。

杨义先　钮心忻

2021 年 5 月 1 日于北京

目　录

几何篇

分析篇

几何篇

本篇涉及的数学家主要有蒙日（1746）、勒让德（1752）、卡诺（1753）、庞斯列［1788，内含施泰纳（1796）］、普吕克［1801，内含克莱因（1849）和莫比乌斯（1790）］、哈密顿（1805）、埃尔米特（1822）、嘉当（1869）、布劳威尔（1881）、亚历山德洛夫（1896）、韦伊（1906）、庞特里亚金（1908）、厄多斯（1913）、曼德尔布罗（1924）、阿蒂亚（1929）、希帕蒂娅（370）等。

几何篇

第一回

画法几何功劳大，穷娃蒙日官运差

怎样证明本回主角很伟大呢？这是个问题。若说他名叫蒙日（全名叫加斯帕尔·蒙日，Gaspard Monge）吧，你可能压根儿就没听说过；若说他是"画法几何之父"吧，很多人可能"不明觉厉"，毕竟画法几何在今天已是数学的一个较冷门的分支，而且几何总让人想起古希腊。那就这样说吧，在如今的电子时代之前的100多年中，人类处于机械时代，其最大的特点就是蒸汽机、飞机、汽车和轮船等机械设备大量涌现。若无蒙日创立的画法几何，那么所有这些复杂的机械设备都无法设计出来。就算有超级天才造出了某种神器，胸有成竹的他也无法将心中的制造经验教给别人，因为他不懂机械制图。形象地说，若无蒙日，人类可能就无法进入至少会更晚些才能进入机械时代，除非等到另一位天才搞出类似的东西。难怪高斯盛赞蒙日的画法几何"体现了真正的几何精神"，是"智慧的滋补品"。难怪拉格朗日在听罢蒙日的讲座后断言："凭着把分析学应用到几何上，这个精力充沛的年轻人将会不朽。"当然，从数学角度看，蒙日还推动了空间解析几何的独立发展，奠定了空间微分几何的基础，创立了偏微分方程特征理论，引导了 19 世纪的几何复兴。好了，说清蒙日的伟大之处后，下面可请他闪亮登场了。

1746 年 5 月 10 日，蒙日以长子身份出生于法国东部博恩的一个贫寒家庭。祖父务农，父亲是一个聪明的小商贩兼磨刀匠，很重视子女的教育。即使自己节衣缩食，他也成功地让三个儿子读上了书。蒙日不但遗传了父亲的聪明劲儿，而且从小就好学，更有特强的好胜心。他在学校里总想时时、事事、处处争先，每当获得印有自己名字的奖状时都会异常高兴，并下决心再接再厉。

蒙日不但善于动手，而且勇于探索，在青少年时期就已显露出非凡的几何才华和创新精神。14 岁时，他为村里造出了一架消防车。惊叹不已的村长问他有啥秘籍，他毫无保留地说：制胜法宝有两个，一是坚持不懈，二是以几何的精确来表达和实现自己的思想。村长从此认定这娃今后必有大出息。16 岁时，他又凭一己之力绘出了一幅大比例的全村地图，惊得乡村老师目瞪口呆，赶紧推荐他去大城市里昂的一所学校担任物理教师。从此，蒙日这只金凤凰就飞出了山沟沟，很快成了学生喜欢、同事点赞的好老师。有一次，蒙日回村探亲，偶然结识了一位工程兵军官。这位军官见到他绘制的那幅家乡地图后，认定这个 19 岁的小伙子是匹千里马，立即推荐他进入皇家军事工程学院深造。由于出身低微，蒙日被分到军校冷门专业学习测量和制图。哪知这刚好撞上了他的"枪口"，他不但没抱怨，反而学得更欢，还发明了一种创造性的互动学习法：一方面将测量和制图中的问题数学化，另一方面努力学习大量数学知识，并将其用于测量和制图，从而形成了一种良性循环。这也促使他在无形中开始了画法几何的初步探索。

当时军校的必修课之一是筑城术，其关键是要把防御工事设计成隐蔽性很好的掩体，让任何部分都不直接暴露在敌方火力之下。当时的常用办法都需烦琐的计算，很难找到理想方案。即使偶尔碰上了一种好结果，也很难将它传授给其他人。这时年仅22岁的蒙日再次显示了超人才华，只见他"唰唰唰"三下五除二，就用几幅逼真的立体图完成了一套防御工事的掩体设计，而且将各部分的具体结构描述得清清楚楚，把各种尺寸标记得明明白白。蒙日提交了这份独特的作业后，老师大为惊讶，根本想不出这些图纸是如何绘出来的。书中暗表，正如任何人都能看懂画家的立体画，但不知道它们是如何画出来的一样，对于用平面方法绘制出的立体图纸，一般人也能看懂，但不知如何画出。所以，蒙日的厉害之处就在于他能把头脑中想象的结构用立体图纸画出来，让他人既能看懂又能按图施工。

看罢蒙日的奇妙设计后，老师哪敢怠慢，赶紧将这份作业呈给一位高级军官，并建议赶紧推广。起初，那位高级军官压根儿就不相信世上还有这种神奇的图纸，更不相信一位学生会有如此惊人之举，所以他连一眼也没看。后来，架不住那位老师的多次催促，他总算扫了一眼。天哪，不看不知道，一看吓一跳。那位高级军官赶紧一边向上级报喜，一边立即破格聘用尚未毕业的蒙日开设了一门特殊课程，让蒙日讲授这种神奇图纸的绘制方法。这门课被定为机密，不允许对外传播。蒙日一边讲课，一边总结各种立体结构的平面画法，归纳相关规律，并从理论上加以提升。比如，他得到了如今仍然十分重要的蒙日定理和蒙日圆等，并开创了一门名叫画法几何的新学科。蒙日在该军校老老实实地当了15年的机密老师，让画法几何越来越成熟，越来越精密和严谨。在此期间，由于成就卓著，他在26岁时被选为巴黎科学院通讯研究员，29岁时升任皇家数学和物理学教授，30岁时被派往巴黎科学院与拉瓦锡合作。从此，他与拉瓦锡成了朋友，走上了跨界之路。

31岁时，蒙日成了家，婚后育有三个闺女。34岁时，他当选为巴黎科学院几何学副研究员。38 岁时，他被任命为法国海军学员主考官，从此离开皇家军事工程学院，迁居巴黎，开始以公开身份广泛接触社会，开始了自己的跌宕人生。

起初，蒙日还只是因工作需要扩展了自己的工作范围和研究领域。比如，他经常视察各海军学校，包括与这些学校有关的港口、矿场和工厂等。他接触了许多与化学、力学、冶金和机械等相关的理论和技术问题，并利用自己的聪明才智和手中的资源取得了许多跨界成果，所以他不只是一位数学家。又如，作为海军学员主考官，他还得参与各海军学校的教学改革。他在 42 岁时还为海军学员编写了后来成为名著的《静力学基础教程》。限于篇幅，这里不再详细介绍他的科研成就了，反正除了画法几何，他还在化学、物理和科技教育等领域都干得相当成功。他总是干一行钻一行，钻一行爱一行，爱一行成一行。

后来，随着交际面的不断扩展，蒙日开始介入了许多非技术性事务。再后来，他甚至开始主动或被动地介入了自己本不擅长的政治。虽不知他是否钻研和喜欢政治这一行，但在这一方面，他确实失败过，而且败得很惨。1789 年 7 月 13 日，法国爆发了影响整个人类历史的大革命。虽不知蒙日是否攻打过巴士底狱，但在科学界他肯定属于最早参加革命的一批人，因为他在 1790 年就加入了法国大革命中最著名的政治团体雅各宾俱乐部。同年，他参加了另一个著名的科研机构——由拉瓦锡领导的巴黎科学院度量衡委员会，负责制定如今通用的米、克等标准单位。至此，他还是革命和科研两不误。

但接下来，蒙日就在政治旋涡中越陷越深了。攻打巴士底狱胜利后，革命者于 1791 年 6 月 20 日抓住了试图逃跑的法国国王路易十六，并在 10 月 1 日将法国改成君主立宪制国家，由君主立宪派执政。仅仅几个月后，革命队伍发生第一次分裂，蒙日所在的雅各宾俱乐部发动第二次起义，于

1792 年 8 月 10 赶走君主立宪派，吉伦特派掌权，并在 9 月 22 日成立法兰西第一共和国。蒙日如愿以偿，成为海军与殖民部长，签署了处决路易十六的报告，在 1793 年 1 月 21 日将波旁王朝的这位皇帝送上了断头台。但即使如此，革命队伍内部还是认为蒙日等"过于温和"。于是，几个月后，革命队伍发生第二次分裂，在雅各宾派的领导下，于同年 6 月 3 日推翻了吉伦特派的统治，建立了新政权。这次掌权者确实"不再温和"，以闪电般的速度查禁了拥有上百年历史的法国科学院，并在"共和国不需要科学家，只需为革命采取正义行动"的思想的指导下，于 1794 年 5 月 8 日将"现代化学之父"拉瓦锡等人送上了断头台。雅各宾派大肆屠杀昔日战友，蒙日也差点被砍头，幸好逃得快。正当蒙日陷入绝境时，革命队伍又发生了第三次分裂，热月党人于 1794 年 7 月 27 日发动政变，结束了雅各宾派的统治。蒙日总算逃过了一劫，第一次退出政治舞台。

此后，蒙日开始回归学术界，更准确地说是回归教育界。1794 年，他筹建了巴黎综合理工学院，开创了全球理工科大学之先河。1795 年，他建议成立了全球首个高等师范学院（巴黎高等师范学院），并亲自讲授画法几何。1795 年 12 月，他还协助筹建了法兰西研究院，后来还成为该院的研究员。1797 年，51 岁的蒙日被任命为巴黎综合理工学院校长。总之，蒙日一生培养了许多优秀学生，在数学界就有泊松、柯西、傅里叶和刘维尔等。他甚至还创立了一个学术声誉颇佳的"蒙日学派"，这也是他后来备受尊敬的另一个原因。

从 52 岁起，蒙日又开始涉足政治了。这次他跟随的政治人物是比他年轻 23 岁的拿破仑。当时拿破仑还只是法兰西共和国意大利方面军总司令，刚刚在远征埃及的战争中取得胜利，成功占领亚历山大。蒙日于 1798 年 7 月与拿破仑一起去埃及，筹建埃及研究院并任院长，成为拿破仑的首席科学顾问。一年后，他于 1799 年 10 月回到法国，继续担任法国综合工科学校校长。几乎与此同时，拿破仑也悄悄潜回法国，并于当年11月9日成功发动雾月政变，成为法兰西第一共和国执政官。于是，蒙日第二次身居高位，不但被聘为终身议员，后来还成了议长。1800年，他被授予高级勋位与勋章等。

客观地说，蒙日确实不宜介入政治。1804年拿破仑称帝时，他不但不亲自前往跪拜，甚至连他任校长的学校的师生也不去祝贺。当拿破仑为此大发雷霆时，他竟勇敢地站出来为学生讲话。当拿破仑欲对该校实行军事管制时，他更是舍命抵制。拿破仑不但没有怪罪他，反而在1808年将62岁的蒙日封为伯爵。

可惜，好运不长。在蒙日69岁那年，拿破仑因滑铁卢战役的惨败，要被流放到大西洋中的一个孤岛上。这时，蒙日竟主动要求与拿破仑一起被流放，但拿破仑若无其事地调侃他说："你太老了，我要年轻人！"后来，内心十分感激蒙日的拿破仑挑选了另外三位伯爵和一位将军，于1815年10月踏上了流放之路。

拿破仑倒台后，波旁王朝复辟，路易十八重新登基。曾经签署报告杀掉路易十六并出任拿破仑的议长的蒙日当然没好果子吃，他很快就被皇帝革除了校长之职，接着被赶出了教育界。古稀之年的蒙日尝尽了政治苦果，不得不在贫民窟中忍饥度日。

1818年7月28日，伟大的数学家、化学家、物理学家和教育家蒙日悲惨地在贫病中卒于巴黎，享年72岁。

蒙日去世后，官方不允许他的学生和同事前往祭奠。1798年，他的专著《画法几何》已被军方解密并公开出版，很快风靡全球。否则，蒙日还真有可能成为无名英雄呢。

第二回

勒让德过渡英雄，遭截和教材受宠

本回主角名叫勒让德，凡学过高等数学的人一定在许多教材中多次见过这个名字，比如勒让德定理、勒让德变换、勒让德符号、勒让德函数、勒让德方程、勒让德倍量、勒让德条件、勒让德多项式等。他被誉为"解析数论先驱"和"椭圆函数论奠基人"等。此外，在数学史上，勒让德还经常与另外两位巨人拉格朗日和拉普拉斯一起并称为"3L"，因为他们的姓氏的首字母均为L，他们都是18世纪末19世纪初全球数学界的巅峰人物。但是，若非常仔细地考查的话，你就会惊讶地发现勒让德传承至今的成果还真不多，好像与其如雷贯耳的名声并不相符！这是咋回事儿呢？唉，长江后浪推前浪，前浪拍在沙滩上。勒让德便是这样一位被拍在沙滩上的先辈。过去近200年来，史学家们在引用他的照片时竟都张冠李戴，把另一位同龄同名的政治家的头像贴在了他的传记中，直到2009年才被澄清。

这到底是咋回事呢？别急，且听我们从头慢慢道来。

1752 年 9 月 18 日，阿德利昂·玛利·勒让德（Adrien Marie Legendre）生于巴黎的一个富豪之家。刚落地时，他就异常高兴，甚至都舍不得像普通婴儿那样哇哇大哭，只是象征性地干号了两声。因为，一来他发现自己的家族实在太有钱，看来今后再也不必为就业发愁，尽管安心研究数学就行了；二来他发现自己生在一个伟大的数学时代，人类历史上罕见的数学巅峰正出现在自己身边。在他的出生地巴黎将聚集起一个豪华的数学家阵营，其中包括比他年长 35 岁的达朗贝尔、年长 16 岁的拉格朗日、年长 6 岁的蒙日、年长 3 岁的拉普拉斯，以及比他年轻 16 岁的傅里叶、年轻 29 岁的泊松、年轻 37 岁的柯西等。

富家公子的教育问题当然不是问题。比如，勒让德在大学期间的数学老师竟是一位在宫廷中小有名气的"太傅"，其教学水平自然很高，难怪后来勒让德非常善于编写教材，他的一本中学教材《几何学原理》在欧洲流行了 100 多年。这也许是他异常知名的另一个原因吧。在数学史上，他被归类为几何学家。书说简短，18 岁那年，勒让德在老师的精心指导下顺利通过了论文答辩，从马萨林学院毕业。他当然不必忙着就业，只管继续痴迷于研究数学。在 23 岁时，他被当时的著名数学家达朗贝尔相中，被这位伯乐推荐为巴黎军事学校数学教授，并在这里工作了 5 年。在此期间，他自然取得了不少成果，但他总觉得缺少名师指导，再加上本来就不差钱，所以在 28 岁那年，他又回家钻研数学去了。

30 岁时，勒让德参加了一次由柏林科学院举办的论文有奖竞赛活动。主办方给出的题目是：在考虑空气阻力时，如何确定炮弹飞行的轨迹，并给出不同初始速度和投射角所对应的射程规则。结果，勒让德以一篇精妙的短文赢得头奖。这又为他引来了第二位也是更重要的伯乐——当时还是柏林科学院数学系主任的拉格朗日。拉格朗日赶紧向当时已是法国科学院副研究员的后起之秀拉普拉斯写信，一方面了解勒让德的情况，另一方面极力推荐这匹千里马。于是，勒让德遇到了自己的第三位也是最重要的一位伯乐——拉普拉斯。至此，当时国际数学界的三位领袖人物同时相中了勒让德。非常可惜的是，仅仅一年后，第一位伯乐就在1783年去世了。非常高兴的是，同一年，第三位伯乐接受第二位伯乐的推荐，将时年31岁的勒让德聘为法国科学院的副研究员。实际上，这还因为勒让德在当年向法国科学院提交了一篇关于椭球的论文。于是，第三位伯乐最终决定认真栽培勒让德。更幸运的是，四年后，第二位伯乐也从德国来到法国科学院。至此，勒让德进入了当时的全球数学研究中心，自然也不再缺少名师指导了。接下来，在巨人如林的环境中，勒让德能否出人头地，就得看他自己的造化了。从此以后，他埋头于数论、统计学、天体力学、椭圆函数等方面的研究，既享受了成功的喜悦，也遭受了失败的打击，更体会了啥叫强中更有强中手，啥叫自古英雄出少年。

刚出道时，勒让德可谓顺风顺水，甚至所向披靡。32岁时，他就基于拉普拉斯方程得到了如今著名的勒让德函数。当时，他的初衷虽是研究天体力学，但后来他发现这类函数可用于研究数学物理中的球坐标问题，所以即使在今天，勒让德函数仍占有重要地位。由于成就突出，他在33岁时便被晋升为法国科学院研究员，35岁时加入皇家学会，还得到重用，参加巴黎科学院和格林尼治天文台联合进行的大地测量工作，让自己刚刚发明的勒让德函数发挥奇效。

从37岁起，勒让德的命运开始发生剧变，因为这一年爆发了后来影响整个人类历史的法国大革命。在破坏力传到科学界前，勒让德在38岁时与一位19岁的女士喜结连理。39岁时，暂时幸运的他再次受到重用，被"现代化学之父"拉瓦锡任命为一个三人委员会的委员，负责测量北极点到赤道的距离。该距离的一千万分之一曾被定义为1米，所以，后人在使用米尺时还该感谢勒让德呢。但紧接着，法国科学院的情形就越来越糟了。

1793 年 4 月，在"学者是人民公敌，学会是反人民集团"的思想的指导下，拥有上百年历史且产生过笛卡儿和帕斯卡等科学巨人的法国科学院竟被查禁了，直到 13 年后才由刚刚登基的拿破仑下令重建。更恐怖的是，1794 年 5 月 8 日早晨，伟大的科学家拉瓦锡被送上了断头台。即将受死的拉瓦锡泰然自若，但活着的科学家们被吓破了胆，包括勒让德在内的许多教授赶紧四处逃窜，竭力隐居。妻子用柔弱之躯勇敢地为勒让德撑起了一片天，使得他能继续从事科研。这对患难夫妻虽无子女，但始终相亲相爱，不离不弃。

躲过第一波恐怖浪潮后，为寻求革命保护伞，勒让德屈尊成为"马拉专科学校"的纯粹数学教授。这里的马拉就是那位带头喊出"埋葬人民公敌伪学者"的革命领袖，就是那位在 1793 年 7 月 13 日被一名"伪革命者"刺死在巴黎寓所的马拉。可惜，由于革命集团的内讧，刚成立不久的"马拉专科学校"又被另一派新上台的"更革命的革命者"给解散了，第一个保护伞被打破了。早成惊弓之鸟的勒让德赶紧钻入第二个保护伞下，再次屈尊担任公众教育国家执行委员会第一办公室主任，负责处理度量衡事宜。

虽然社会在剧烈动荡，勒让德要随时保命，但他的科研从未停顿，他有幸在 43 岁时成为法兰西研究院院士。46 岁时，他更是双喜临门：一是在担任了三年教学助手后，他终于接替第三位伯乐成为巴黎高等师范学院的数学教授；二是经过十余年的不懈努力，他终于推出了自己的得意之作《数论讲义》，归纳了欧拉和拉格朗日等人的数论成就，公布了自己的一项最新成果，宣称首次证明了最早由欧拉提出的著名的二次互反律。可是，该书在巴黎出版不久，当时年仅 21 岁的后起之秀高斯就找到了勒让德的"证明"中的一个大漏洞，从而否定了这位前辈。今天仍保留了一个名叫"勒让德符号"的术语，这一方面给勒让德留了点面子，另一方面该符号也确实好用。其实在此前两年，高斯就给出了二次互反律的第一个证明，后来高斯又一鼓作气给出了多达 7 种不同的证明。这是因为高斯非常喜欢二次互反律，甚至将它视为数论珍宝。面对高斯如此猛烈的攻势，理屈词穷的勒让德欲哭无泪，欲罢不能。高斯发现的那个漏洞确实无法弥补，但他自己也确实不愿就此认输，而又找不到新的证明方法。更致命的是，仅仅三年后，高斯出版了数论经典巨著《算术研究》。于是，可怜的勒让德哟，辛辛苦苦的十年寒窗就真的一朝付诸流水，曾经的得意之作《数论讲义》也不可避免地被取代，甚至被遗忘。不过，勒让德后来还是口服心服，不但真心佩服这位天才后生，而且爽快地引用了高斯对二次互反律的一种证明方法。

就在勒让德被高斯首次"截和"一年后，拿破仑也截了革命者的"和"，结束了以前的各种恐怖局面，成了法兰西第一共和国执政官，开始重新尊重科学家。这一年，47 岁的勒让德成了巴黎综合程工学院的研究生答辩数学主考人，当然继续研究数学。5 年后，他发表了自己的另一项得意成果，即如今众所周知的最小二乘法。可哪知还没来得及庆贺，高斯又跳出来声称自己早在 10 年前就发现了该方法，且在 4 年前就用该方法求出了谷神星的运动轨迹。这下勒让德可真急了，他毫不退让，与高斯进行了长达数年的优先权之争。如今虽不知到底谁拥有优先权，但客观地说，高斯的水平确实更高。比如，关于误差的平方和，勒让德始终没说清为啥需要它最小、为啥它能最小、何时它才会最小等关键问题。高斯却回答得很清楚，甚至将最小二乘法与概率论相结合，发现了今天常用的高斯分布。

勒让德 61 岁那年，他的第二位伯乐去世，他便继任了其职位。两年后，他也彻底退休，从此全力以赴研究数学。可惜，他第三次被"截和"了，而且被截得更惨。这次的"截和者"更年轻，他们分别是当时只有 23 岁的雅可比和 25 岁的阿贝尔。这次被"截和"的内容更受勒让德重视，因为自欧拉之后 40 年，勒让德才成为该领域首次取得重大成果的数学家。所以，此前大家一致公认他是"椭圆函数论奠基人"，但在被"截和"后，"奠基人"就更像"铺路石"了。这次被"截和"的代价更大。为了取得这些成果,勒让德起早贪黑干了 20 多年,不但提出了三类基本的椭圆积分,而且证明每个椭圆积分都可以表示为这三类积分的组合,编制了详尽的椭圆积分数值表等。勒让德曾自信地认为这些工作"能与布里格斯的对数表媲美"。但在被"截和"后,这些工作就不再光彩夺目了。这次"截和"发生在勒让德去世前 6 年,这就让风烛残年的他完全没有机会翻身。但勒让德非常大度,他在 75 岁那年出版的最后一本著作中高度赞扬了这两位年轻的"截和者",还集中介绍了他们的一些代表性成就。

在数学领域耕耘一辈子且多次被年轻人"截和"的勒让德在 80 岁生日前很谦虚地总结了自己的一生,坦承自己"仅接触到一些皮毛",但预言椭圆函数"最终将构成函数分析中最漂亮的部分"。如今看来,他的预言非常准确,他的谦虚更令人景仰。

1833 年 1 月 9 日,伟大的数学家勒让德在巴黎安然去世,享年 80 岁。

为了纪念他的贡献,后人在相关教科书中用他的名字命名了许多学术名词,还将他的名字以几何学家的身份与拉格朗日、拉瓦锡、柯西、泊松、蒙日、傅里叶、卡诺等 72 位法国科学家的名字一起永远刻在了巴黎埃菲尔铁塔上。

第三回

数学物理兼政治，卡诺世家悲喜剧

伙计，提起卡诺这个名字，你也许不陌生，但容易搞混。在法国数学界，有一位著名的卡诺，他被称为"19世纪初数学分析的奠基者"，在射影几何和热学等方面也有重大贡献。在法国物理学界，还有一位著名的卡诺，他被称为"热力学奠基者"，还留下了以他的名字命名的许多学术成果，比如卡诺热机、卡诺循环、卡诺定理、卡诺效率等。在法国政界，甚至有两位著名的卡诺。其一是法国七月革命和巴黎二月革命中的左翼激进分子，其二是法兰西第三共和国的第四任总统。如此众多的卡诺当然不是一个人，但他们是一家人。准确地说，数学家卡诺其实也热心于政治和热力学；物理学家卡诺是数学家卡诺的长子，他继承了父亲的热力学研究成果，最终奠定了热机转换的理论基础，该理论被英国著名物理学家麦克斯韦高度评价为"具有可靠的基础、清楚的概念和明确的边界"；政治家卡诺是数学家卡诺的次子，他继承了父亲的政治理念，把自己的一生都献给了政治；总统卡诺是政治家卡诺的儿子，也是数学家卡诺的孙子，他接过父亲和爷爷的政治接力棒，最终将家族的政治成果推向巅峰，却又在"啪"的一声枪响后命丧黄泉，从而结束了卡诺家族延续近150年的《百年孤独》式的悲喜剧。

好了，剧情简介就这些了，下面有请主角、配角和跑龙套者按序登场。

1753年，俄国人李赫曼在模仿富兰克林的风筝取电实验时遭雷击身亡，富兰克林荣获伦敦皇家学会柯普勒金质奖章，欧拉给哥德巴赫写信宣布证明了 $n=3$ 时的费马大定理。这一年5月13日，在法国勃艮第省的一个普通律师家中诞生了一个名字很长的小机灵，他的名字叫作拉扎尔·尼古拉·玛格丽特·卡诺（Lazare Nicolas Marguerite Carnot）。也许卡诺的祸福来得太突然，以致他没来得及留下完整的生平记录。我们采用大数据挖掘法，对他及其家族的百年历史进行了拾遗补阙，才知道原来乱世中的科学家和政治家其实都不容易。

卡诺的前半生非常平凡，他既无科学天赋，也没政治热情，当然更没给人们留下深刻的印象。我们只知他酷爱文学，曾就读于法国皇家军事工程学院，并在画法几何创始人蒙日的指导下于20岁那年毕业，获中尉军衔，然后担任卫戍官。从27岁被派往阿拉斯开始，他利用业余时间研究数学、热力学和机械等，在29岁和34岁时分别出版了《通用机器》和《卡诺数学集》等著作。可不知是有幸还是不幸，这时他在一个文学社中结识了一位比自己小两岁的、文雅而柔弱的年轻人罗伯斯庇尔。书中暗表，罗伯斯庇尔可不是一般人，至今仍颇具争议，有人赞他是天使，有人骂他是魔鬼。他是卢梭最坚定的信徒，是热衷于改造人类的理想主义者。他设计过一种理想国，并不择手段地加以实现，甚至不惜疯狂杀戮。他的口才出众，风度翩翩，万人倾慕；他具有常人难以企及的美德。但是，他的手上沾满了鲜血，是暴力和恐怖的化身。他除了演说煽动，就是将不同政见者送上断头台。他的一生令人感慨，令人恐惧，更令人深省。他的恐怖行为让后人明白：靠理想、自负、盲从、狂热不能实现纯粹理想国，只能是白骨累累。

自从认识了罗伯斯庇尔以后，卡诺的跌宕人生立马就开幕了。两年多后，即卡诺36岁那年的1789年，影响人类历史的法国大革命在罗伯斯庇尔等人的领导下爆发。本来默默无闻的卡诺瞬间登上了自己的第一个人生巅峰，开始演绎各种令人眼花缭乱的角色。两年后的1791年，他被选进立法议会，同时负责法律事务和公安委员会。1792年8月，他被派往莱茵陆军担任督察官，后又受命研究应付西班牙可能入侵的对策。特别是1793年，他闹得更欢。1月，他与罗伯斯庇尔等一起将路易十六送上断头台，3月出奇招火速训练77万新兵，8月开始深度参与军事事务，甚至亲往前线改组法国军团。果然，在他的一系列魔术般的操作下，法军变被动为主动，在当年10月打败普奥联军。一时间，卡诺成了罕见的民族英雄，甚至被立法议会称为"胜利组织者"，其在军备与后勤方面的才能直逼法国历史上路易十四的军备天才卢福瓦侯爵。实际上，后来拿破仑称霸欧洲在很大程度上都要归功于卡诺创造的征兵制。

卡诺的名利来得快，去得更快。在被捧上天后仅仅几个月，他就因政见不同在1794年5月与当时的最高领袖罗伯斯庇尔分道扬镳，甚至赞成推翻后者，从而使自己第一次掉进了人生低谷。1794年7月28日，曾将路易十六和"现代化学之父"拉瓦锡等人送上断头台的罗伯斯庇尔也被自己的同志们送上了断头台。卡诺是罗伯斯庇尔时期的政要，当然在新政权中受到排挤。刚开始时，他还只是被明升暗降。1795年3月，他被晋升为少校，1796年被补选为院士，但实际上他被调离了实权机构军事委员会。后来，他受到公开的直接攻击，差点被剥夺公民权。最终，在政权又发生了几次复杂的变故后，卡诺在1797年9月被第一次流放到瑞士。

这段流放时间刚好是卡诺全力以赴研究数学的时期，他很快就进入了自己的第一个科研高峰期。在流放当年，他发表了《论无穷小计算的亚物理学》一文，在数学分析领域取得了重大进展。后来，他又完成了射影几何方面的代表性成果"几何图形的相互关系"和"位置几何学"等。也不知是有幸还是不幸，在卡诺被流放到瑞士期间，法国政坛又发生了数次"地震"。1799 年 11 月 9 日，拿破仑通过政变结束了法国大革命，成为执政官。于是，卡诺在 1800 年被重新请回法国，第二次登上人生巅峰，先后担任战争部长和内政部长。不出所料，卡诺在政治上的风光又只是昙花一现。他在 1802 年和 1804 年连续两次投票反对拿破仑终身执政和称帝。最终，他在 54 岁那年主动离开政界，致力于 11 岁的长子和更小的次子的早期教育，并且重新研究数学，很快进入了第二个科研高峰期，还在 1810 年出版了几何学和军事学著作。

1814 年，法国遭受外敌入侵，61 岁的卡诺再度主动出山，担任少将，并立下卓越军功，再次受到拿破仑的重用，第三次登上人生巅峰，甚至担任了"百日王朝时期"的内政大臣。可惜，又是好景不长，1815 年 6 月 22 日拿破仑因滑铁卢惨败而被迫退位，不久被流放到孤岛上。作为拿破仑时期的政要，62 岁的卡诺也惨遭流放，跌入政治深渊，但随即登上了第三个科研高峰。这次，他为长子开辟了热力学研究之路，实质上提出了熵的概念等。1823 年 8 月 2 日，卡诺孤独地死于流放中，享年 70 岁。

卡诺的生命结束了，他所开创的科学和政治事业分别由其长子和次子继承并发扬光大。他的次子非常崇敬和爱戴他，甚至主动陪伴他一起流放，直到他客死他乡后才回到法国。他的次子不但将他的政治理念提升到新高度，而且将自己的儿子培养成了法国总统。不过，由于本回只关注科学，下面重点介绍卡诺的长子尼古拉·莱昂纳尔·萨迪·卡诺（Nicolas Léonard Sadi Carnot）。

长子其实很可怜，1796 年 6 月 1 日生于巴黎的小卢森堡宫。呱呱落地时，他就赶上了父亲的第一个人生低谷。在不足周岁时，父亲被流放到瑞士。每当父亲在政治上得意时，他连父亲的影子也难以看见；每当父亲倒霉时，他又会受到大家的歧视。所以，长子的性情从小就孤僻，对现实极为不满，与时代格格不入，几乎没有知心朋友，只懂得埋头学习和勤奋工作，成绩自然十分优秀。

16 岁时，长子考入巴黎理工大学，主攻数学分析、画法几何、分析力学和化学，并有幸受教于多位著名科学家，比如泊松、安培、阿拉果和盖吕萨克等。他在 23 岁时进入巴黎总参谋军团，一边利用业余时间从事科学研究，一边到法兰西学院听课，研究现实生活中的若干政治经济问题。他在父亲的热力学成果的基础上，发现了一个很现实的问题，即如何提高热机的效率。后来的事实表明，也正是在该问题的引导下，他才走上了热机理论研究之路。实际上，他在理论和实验方面都很出色，是第一个把热和动力联系起来的人，是热力学理论的真正创建者。他创造性地利用思想实验，提出了最简单、最有理论价值的热机循环（被后人尊称为卡诺循环），创造了一台理想热机（被后人尊称为卡诺热机）。

在 27 岁那年，他的父亲死于流放地，陪伴父亲一起流放的弟弟终于回到巴黎。于是，在弟弟的帮助下，他将父亲的热机研究成果和自己的成果一起整理成了他的唯一学术著作《热的动力》，并于 1824 年 6 月 12 日正式出版。此后，他继续研究热机理论、气体和蒸汽的物理性质等。但由于军队改组等原因，他于 32 岁那年在没得到退休金的情况下被迫退役，隐居到父亲留下的寓所里，性情也更加孤僻，甚至开始厌世。1832 年 6 月，他患上猩红热，不久转为脑炎。后来躁狂症和谵妄症发作，他被拘禁在家中，最后又染上流行性霍乱，于 1832 年 8 月 24 日逝世，享年仅 36 岁。

非常遗憾的是，他去世后，按当时的防疫条例，霍乱死者的遗物都得全部烧掉。因此，他生前未发表的大量成果也毁于一旦，幸得弟弟偷偷保留了小部分手稿。更加遗憾的是，他的成果在当时竟被法国科学界忽视了。直到他去世两年后，即《热的动力》出版 10 年后，该书才有了首位认真的读者——克拉珀龙。克拉珀龙在 1834 年发表了一篇论文，简述并讨论了卡诺循环，可惜此文仍未引起人们的注意。又过了 10 年，英国青年物理学家开尔文（后来被称为"热力学之父"）在法国学习时，偶尔读到了克拉珀龙的文章，才知道了卡诺热机理论。然而，开尔文找遍了图书馆和书店，都没发现《热的动力》一书，最后只好按克拉珀龙介绍的卡诺理论，在 1848 年出版了自己的热力学代表作。1849 年，开尔文费尽九牛二虎之力，找到了一本盼望已久的《热的动力》。又过了十几年，德国物理学家克劳修斯也遇到了同样的困难，他一直都没找到《热的动力》原著，只好通过开尔文的论著来了解卡诺的理论。

很难说清卡诺热机理论何时得到公认，但至少在《热的动力》出版后的 50 年中，它一直被冷落。因此，后来卡诺热机理论的里程碑地位是在热力学的发展过程中逐渐形成的。随着热功当量的发现，热力学第一定律、能量守恒定律及热力学第二定律相继被揭示，卡诺热机理论的价值才被充分认识。终于，时间到了 1878 年，《热的动力》第二版和卡诺长子的部分遗稿被重新出版，至此大家才普遍知道了卡诺热机理论。不过，此时的热力学已相当成熟，他的著作成了历史文献。

对了，卡诺家族的悲喜剧是何时落幕的呢？准确地说，是在 1894 年 6 月 24 日，因为这一天法国总统卡诺突然遇刺身亡。此时距数学家卡诺的诞生已有 141 年又 1 个月 12 天。

第四回

庞斯列苦狱著书，施泰纳寒窗立说

都说情人眼里出西施，本回主角庞斯列和施泰纳眼里的西施却与众不同，那就是让常人听着就害怕、看着就眼花、想起来就头皮发麻的几何学，更准确地说是几何学中更难的射影几何学。实际上，他俩对这位"西施"的爱可谓比天高比海深，哪怕是在狱中，哪怕是忍饥挨饿，哪怕是长期打光棍也痴心不改，最后成为了射影几何学的主要奠基者。射影几何学中最基本的定理——庞斯列－施泰纳定理也以他们的名字来命名。看来，他俩的审美还真像后来获得诺贝尔文学奖的数学家罗素，因为罗素说过欧氏几何如同初恋般美好。伙计，不管你是否喜欢几何学，是否被几何学伤害过，我们都争取不让你肝儿颤。当然，若本回让你也爱上了几何学，我们将更加高兴。

不过，必须先指出，庞斯列和施泰纳其实并不相识，至少他们没见过面，最多阅读过对方的论著。我们将他俩放在同一回中介绍，主要原因有四：其一，他俩的可读性生平事迹实在太少，单独撰写时都太单薄，很难避免单调罗列；其二，他俩的主要成就的关联度很高，庞斯列发表了奠基性的射影几何学代表作后，比他小8岁的施泰纳对其进行了系统化和严谨化；其三，他俩都是数学江湖中的散仙游侠，不属于任何派别，可以无缝组合；其四，他俩虽来自不同国家，但人生经历和科研思路很相似。君若不信，请读下文。

在拿破仑19岁那年，即11岁的高斯误入文科学校开始钻研古典文学那年，在法国梅斯的一个穷人家里诞生了一个小瘦猴，他就是本回主角吉恩-维克托·庞斯列（Jean-Victor Poncelet，也译作彭赛列）。这一天是1788年7月1日。由于父母都疲于外出打工，庞斯列从小就被寄养在一个穷亲戚家中，勉强维持着温饱。

庞斯列的家还不算太穷。1796年3月18日，在遥远的瑞士诞生了一个更穷的小瘦猴，他就是雅各布·施泰纳（Jakob Steiner）。若只看家庭收入，他家其实还不错，他的父亲是村里的杂货店老板，但架不住一连串生下了8个孩子。作为老幺的施泰纳出生后，家里已是穷上加穷了。施泰纳从小就得与哥哥姐姐一起帮父亲练摊儿，特别是要分毫不差地快速算账。可哪知一来二去，施泰纳竟练就了一身绝妙的口算本领，乐得父母合不拢嘴，甚至被文盲村民们赞为数学家。久而久之，施泰纳就真的做起数学家之梦了，竟然还想进入学校读书。这当然是异想天开，所以一直渴望上学的施泰纳直到14岁时还是个文盲，不会写字。

回头再说庞斯列，他的学历比施泰纳稍微高一些。他不但按时上了小学，而且在16岁时回到父母身边继续读中学，结果因语文成绩出色而得到一笔助学金，顺利进入大学预科班。19岁时，他考入大师云集的巴黎理工大学，获得该校著名教授、画法几何创始人蒙日的真传，为后来的射影几何学研究奠定了坚实的基础。不过，此时他压根儿就没想过要成为数学家，三年后他进入梅斯军事工程学院学习。毕业后，24岁的他被以中尉身份派往荷兰西南部，负责驻守那里的一个小岛要塞。同年 6 月，他奉命与拿破仑率领的 70 万大军一起浩浩荡荡地钻入了俄国人在莫斯科郊外布置停当的屠宰场。

一通狂轰滥炸后，拿破仑本人在鬼哭狼嚎中成功逃脱，但可怜的庞斯列和大批士兵一起倒在了血泊中。待到胜利者打扫战场时，一个俄军新兵误将奄奄一息的庞斯列当成自己人抬进卫生站，把他救活了。据说，这是因为庞斯列的中尉服与俄军的军官服相似。闯过鬼门关后，庞斯列还得以俘虏身份，在零下数十度的冰天雪地里，经过四个多月的长途跋涉，从战场转移到监狱，途中看到大量受伤的俘虏死亡。万幸的是，庞斯列又一次闯过了鬼门关，带着最后一丝气息被关进了伏尔加河畔的沙拉托夫监狱。

人们都说大难不死必有后福。可是总算活过来的庞斯列在牢房中环顾四周后，压根儿就没看到希望，只见到环绕四周的厚墙以及一盆勉强维持他不被冻死的火炭。日子就这样一天天地过去了。百无聊赖的庞斯列为了打发时间，便开始一点点回忆过去学过的几何知识，结果发现自己的记性真好，当初蒙日老师教的东西竟然都没忘！待到把所学的几何知识反复回忆数遍，甚至搞得滚瓜烂熟后，又拿啥来消磨时间呢？于是，他开始给自己出难题，然后再想法解决，反正不在乎结果，只在乎没事找事。具体说来，他要研究图形的投影特性，或者说是在投影之下图形的不变特性。至于其精确含义或技巧等嘛，欢迎读者自行查阅相关专著，这里省去 1 万字，因为我们也不知道，只知道他用火盆中的焦炭当笔，用四周空荡荡的白壁当纸，展开了自己的研究。后来，他的这种精神感动了一位小狱警，后者送来了一些纸笔，还提供了其他帮助。这时法国已发生翻天覆地的变化，1814 年 4 月 11 日战败后的法国宣布无条件投降，两天后拿破仑签署退位诏书，被流放到地中海中的一个小岛上。曾被法国大革命推翻的波旁王朝成功复辟，路易十八重新登基。在被关押了近两年后，庞斯列终于在 1814 年

6月带着在狱中撰写的七大本手稿和一个算盘，被放出来了。他几经辗转，于同年9月回到法国，进入梅斯工程兵部队，重新穿上了上尉服。看来，即使到此时，庞斯列也没打算要成为一名数学家。

花开两朵，各表一枝。在庞斯列走出监狱的这一年，已经18岁但仍是半文盲的施泰纳走出了山沟，来到瑞士小城伊弗东的一所小学，既当学生又当老师。与其他同学相比，他拥有相当的年龄优势。非常幸运的是，该校当时正在搞启发式教育试验，推广一种名叫"对话"的新方法，老师并不讲授具体知识，只是不断提问，让学生自己找答案，以此培养自主思维。后来的事实表明，施泰纳在这里接受的小学教育非常重要，他确认了自己的数学天赋，掌握了许多有效的思维方法。

22岁那年，施泰纳小学肄业。对，你没看错，就是小学而非中学，就是肄业而非毕业。由于资金链断裂，他所在的那所小学倒闭了。他只好来到德国海德堡，开始以做家教为生，同时继续研习自己感兴趣的数学问题，特别是研究庞斯列的老师蒙日的几何学。这也是他俩最终能神交的原因。25岁时，施泰纳来到柏林，他本想考取通用教师资格证书，可惜没过关，只勉强获得了一个有限许可证，即可以在一定条件下教数学。他好不容易才受聘为一所文科中学的数学教师。刚开始时，师生们对他还比较满意，毕竟他在读小学时掌握的"对话"教育方法很有新意，但很快大家就发现他的脾气暴躁，举止粗鲁，言语生硬，很难相处。26岁时，他被校长开除了。失业后的施泰纳在当年11月考入柏林大学数学系，并因祸得福，与后来成为著名数学家的雅可比成了同学和好友。但知识并未改变命运，大学毕业后的施泰纳又回到起点，不得不继续以做家教为生。

在施泰纳被解雇那年，庞斯列出版了他的代表作《论图形的射影性质》，立即引起了轰动，甚至掀起了19世纪射影几何学发展的巨浪，将这门学科推向巅峰。当然，庞斯列在此期间经历了许多周折。出狱后的庞斯列由于工作太清闲，便将在狱中撰写的手稿加以修订和扩充，在 32 岁那年完成了自己的第一篇论文。可哪知此文被送到法国科学院后，竟被当时的顶级权威数学家柯西贬得一文不值，说庞斯列的原理不可靠并"将导致明显的错误"，说他的思路"过于大胆"。

庞斯列的射影几何学确实很难受到当时法国数学家的重视，因为这压根儿就不是他们的兴趣点。但是，连阎王殿都闯过几次的庞斯列哪在乎这点小风波。他只顾继续研究，在 34 岁那年直接将自己的射影几何学以专著而非论文的方式公开出版，从而奠定了近代几何学的基础。两年后，他被聘为梅斯炮兵工程兵学院教授。他终于咸鱼翻身，开始取得各种成功。

在庞斯列翻身一年后的 1825 年，施泰纳也开始时来运转。

施泰纳结识了许多志同道合的朋友，如数学神童阿贝尔以及著名学术刊物《纯粹与应用数学杂志》的出版商克雷尔。后来，施泰纳和庞斯列的许多论文都是通过该刊物得以发表并被认可的。

施泰纳还被柏林师范学校聘为助理教师，4 年后升为高级教师。从此，他总算彻底摆脱了经济困境，可以全身心地做研究了，接二连三地发表了许多研究成果。但他的坏脾气仍然未改，甚至越来越糟。他仅因为自己在研究几何时喜欢用"综合法"，就无理由地反感那些喜欢用"分析法"的数学家，甚至以拒绝投稿来威胁相关学术刊物，要求那些刊物只接受采用"综合法"的论文。发表论文时，他经常把别人的成果和自己的成果混在一起，引起了不必要的误解。此外，他还武断地否定几何元素的负性和虚性，全然不顾高斯弟子施陶特（K.G.Staudt，1798—1867）给出的巧妙解释。他教授几何课时不用图，喜欢自吹自擂，喜欢在黑屋子里给研究生上课，让大家无法记录。总之，施泰纳在柏林师范学校并不受欢迎。不过，这次再也没人敢开除他了，因为他早已今非昔比。他在 1833 年获得柯尼斯堡大学名誉博士学位，1834 年荣任普鲁士科学院院士，同年被任命为柏林大学终身教授，1853 年成为意大利通讯院士，1854 成为法兰西通讯院士。

施泰纳终生未婚，1863 年 4 月 1 日卒于德国柏林，享年 67 岁。去世前，他留下遗嘱，将财产分为三份：一份捐给柏林科学院，用以奖励科学家；另一份捐给老家的小学，用以奖励擅长心算的孩子；最后一份留给亲友。此外，他还留下了许多遗稿，后来经"现代分析之父"魏尔斯特拉斯等人整理后陆续出版，对射影几何学产生了长远的影响。有趣的是，施泰纳家族好像天生就有数学基因，他的一个甥外孙盖泽尔也是自学成才的著名数学家，还担任过首届国际数学家大会的主席呢。

庞斯列的后半生与施泰纳类似，也是先苦后甜，获得了众多荣誉。他在 1830 年成为梅斯市议员，1834 年成为法国科学院院士，1835 年成为法国国防委员会委员，1838 任巴黎理工大学校长，1848 年升任准将，1850 年退休，1851 年成为俄国外籍院士。

不过与施泰纳不同的是，除了几何学外，庞斯列眼里的西施还有另外两位：其一是他在 54 岁那年娶回的新娘，其二是他所钟爱的力学。实际上，至今物理学中所用的功的概念和单位都是他的杰作。

1867 年 12 月 22 日，庞斯列在巴黎安然去世，享年 79 岁。

第五回
普吕克培养精英，克莱因构思怪瓶

伙计，请听题：如何用一条正反两面颜色各不相同的纸带制作一个封闭环，使得一只蚂蚁油漆匠能在不跨过环的边缘的情况下，将纸带上的两种颜色涂成相同的？常人即使想破脑袋，可能也没辙。但若你知道莫比乌斯环，那么就能在瞬间完成任务。你只需将纸带扭转180度，再将两头粘接起来做成一个环就行了。莫比乌斯环的魔性当然不止于此。比如，若将该环沿中线剖开，它将不会像常人想象的那样被切割成两个相同的环，而是会变成一个大环。若将莫比乌斯环沿三等分线剖开，结果又会出乎意料，因为它将变成一大一小、相互嵌套的两个环，大环的周长是原环的两倍，小环的周长与原环相同。若将莫比乌斯环分别沿四等分线、五等分线和六等分线剖开，将会得到更奇妙的结果。至于其结果到底有多魔幻，嘿嘿，你只需动手试试就知道了，反正很怪，要多怪就有多怪。

急性子的读者也许以为本回主角是莫比乌斯。抱歉，我们确实想为他写一篇小传，无奈他没留下足够的生平事迹。我们只知道他的全名叫奥古斯特·费迪南德·莫比乌斯（August Ferdinand Möbius），1790 年 11 月 17 日生于德国萨克森州。他的母亲是名门之后，其祖上是新教创立者马丁·路德。他的父亲是一位舞蹈老师，可惜在他 3 岁时父亲就去世了。莫比乌斯在 19 岁时进入莱比锡大学法学系，后来转入数学系，24 岁时获得数学博士学位，然后留校任教，两年后晋升为副教授。他在 30 岁时结婚，育有一子一女。他在 39 岁时当选柏林科学院院士，54 岁时升任正教授，58 岁时任莱比锡天文台台长，1868 年 9 月 26 日逝世于莱比锡，享年 77 岁。除天文学成就外，他在射影几何学、仿射几何学和数论等方面都有贡献。比如，以他的名字命名的成果还有莫比乌斯变换、莫比乌斯函数、莫比乌斯反演公式等。

若从纯数学角度来看，本回主角还真与莫比乌斯有关，因为他发明了一种无大无小、无内无外、无边无际、无正无反的更魔幻的三维莫比乌斯环。它与前述的二维莫比乌斯环的最大区别是，它没有边，即那位蚂蚁油漆匠无论从曲面上的任何地方出发，无论向哪个方向横冲直撞，都永远不会从该曲面上掉下去，也不会受阻，同时也能刷遍曲面上的所有地方。如何造出这种魔幻玩意呢？若采用思想实验，只需仿照莫比乌斯环的做法就能轻松完成任务。先取一根普通的橡皮管（它有里面和外面之分，正如前述纸带有正面和反面之分一样），再将橡皮管末端的里面和外面颠倒（正如颠倒前述纸带的正面和反面一样），最后将颠倒后的末端和正常的起始端粘接起来就行了。若继续做该思想实验，沿中轴线将该橡皮管剖开，那么三维莫比乌斯环将变成两个正常的莫比乌斯环。为啥这里要强调思想实验呢？因为在现实的三维世界中，人们永远造不出这种魔幻的三维莫比乌斯环。它的现实投影便是本回主角设想的这样一种以他的名字命名的怪瓶——克莱因瓶。将一个底部有洞的橡皮酒瓶的颈部拉长，再将其长颈扭曲并破壁进入瓶子内部，然后和底部的洞相连接（注意，实际上这里是没法在三维空间中相连接的），便得到了克莱因瓶。至于真正的克莱因瓶到底有多魔幻，你就尽管想象吧。有些科幻作家将它形象化但不够严谨地想象成一个永远也装不满的瓶子，就像如来佛的手掌心，只要掉进去，你就永远跳不出来。你也可以将它想象成一个连苍蝇都能直接从里到外任意穿梭的封闭式玻璃怪瓶，或将它想象成诡异的四维空间中的狐狸尾巴。

下面出场的是另一个主角，他是克莱因的导师尤利乌斯·普吕克（Julius Plücker）。他于 1801 年 6 月 16 日生于德国埃尔伯菲的一个商人之家。从存留的少量信息看，他是一个典型的"跳槽专家"。无论读书、就业或科研，他都好像在跳梅花桩，不停地腾挪闪移。当然，这也可能含有错觉成分，毕竟许多人的档案信息都会跳跃。不过，即使考虑错觉因素，普吕克的履历也显得有些夸张。比如，他先后在德国的波恩大学、海德堡大学、柏林大学、哈雷大学和马尔堡大学以及法国的巴黎大学等读过书。他在博士毕业后的第二年到波恩大学当讲师，三年后升任副教授，32 岁时跳槽到柏林大学，同时在一所高级文科中学兼职，一年后到哈雷大学工作。最后总算在 35 岁以后，他基本上稳定地在波恩大学当教授了。

从科研角度来看，普吕克是典型的"身在曹营心在汉"。他本来是数学家，却长期在物理江湖中行侠，还发现了后来引发电子革命的阴极射线。他本来接受的是德国教育，但其科研课题和思路都来自英法，好像与本国同行格格不入，以致其成果在他生前未被德国认可（这可能也是其生平信息很少流传下来的原因之一），反而是英国人对他很崇敬，甚至将当时的最高科学奖——柯普利奖章颁给了他。当然，普吕克不跟本国同行交流的原因很复杂。当时在德国的数学家中，只有高斯一人能与国际同行比肩，其他数学巨人都主要在法国和英国。非常不巧，在柏林与他最接近的同行、射影几何学权威施泰纳却是他最大的冤家，两人仅仅因为研究思路不同，分别喜欢"分析法"和"综合法",竟搞得不共戴天,以致普吕克只在柏林大学待了一年就匆匆逃到位于莫比乌斯家乡的哈雷大学,最后干脆离开数学界。

普吕克的科研生涯大致分为三个阶段。45岁前,他重点研究几何学,特别是射影几何学,其间所取得的成果主要体现在40余篇论文中,比如普吕克公式、普吕克坐标、普吕克函数、普吕克矩阵等。在从45岁到63岁的18年间,他在比他年长10岁的英国物理学家、"电学之父"和"交流电之父"法拉第的书信指引下,开始研究晶体的磁性、气体的放电现象和光谱特性等。在57岁那年,他与自己的学生希托夫(Hittorf Johann Wilhelm,1824—1914)一起发现了阴极射线,并最终促使后人发现了电子。从64岁开始,普吕克又回归数学界,继续研究一直让他魂牵梦绕的射影几何学。也许是天意,仅仅一年后,普吕克的一位物理助手克莱因却突然爱上了数学,并对射影几何学入了迷。于是,普吕克将自己若干年来在射影几何学方面的"武林秘籍"毫无保留地传给了克莱因,并指导后者完成了博士学位论文。可哪知克莱因还没来得及答辩,普吕克却于莫比乌斯去世那年(1868年)的5月22日突然去世,享年66岁。从此,克莱因继承了导师的衣钵,以整理遗稿为突破口,最终成为射影非欧几何学先驱。

至此,本回的第二个主角终于可以登场了。不过,首先得将镜头拉回到普吕克去世前的1849年4月25日德国莱因地区的一个普鲁士家庭,克莱因刚刚在这里诞生。他的全名是菲利克斯·克里斯蒂安·克莱因(Felix Christian Klein)。他的祖父是一位铁匠,父亲是州长的私人秘书,母亲出身于一个工业资本家的家庭。

克莱因是一个标准的神童,他在8岁时进入当地的一所文科中学(没错就是中学而非小学),在那里接受了整整8年的纯文科教育,只是偶尔在朋友家里接触到化学、植物学、动物学、天文学等方面的一点知识。16岁那年，也就是普吕克回归数学界那年，克莱因考入波恩大学。刚开始，他只是听取了一些植物学课程，对数学根本不感兴趣。大二时，由于各种机缘巧合，他成为普吕克的物理助手。也许是在普吕克有意或无意的引导下（毕竟刚刚回归数学界的普吕克此时也需要数学助手），克莱因竟莫名其妙地爱上了自己毫无基础的数学，特别是射影几何学。两人经常讨论正在撰写的、后来成为经典的《新空间几何学》。可惜，两年多后，普吕克突然去世，只留下半部遗稿。这时克莱因已完成博士论文（没错就是博士论文，而不是学士和硕士论文），并在当年顺利地通过答辩，获得博士学位。换句话说，完全不懂数学的克莱因只用了三年多的时间就跳过本科，跳过硕士，直接获得数学博士学位。

博士毕业后的克莱因首先来到哥廷根大学，协助自己的师兄克莱布什整理导师的遗稿，很快完成了导师生前未写完的《新空间几何学》。接着，他又在师兄的指导下发表了自己的第一篇重要论文。在 20 岁那年，他来到当时的德国数学研究中心柏林，在这里知道了刚刚诞生不久的非欧几何学。很快，他就突发灵感，产生了一个大胆的想法，要将射影几何学和非欧几何学统一起来。这一想法被后来称为"现代分析之父"的魏尔斯特拉斯狠狠地批了一通。无奈之下，不服气的克莱因只好在 21 岁那年前往当时的全球数学研究中心巴黎，重新发表了刚被批评过的想法，结果受到空前的重视。正当克莱因打算在巴黎大展宏图时，普法战争却于当年的 7 月 19 日打响。于是，他立即返回德国参战，在当年 9 月 1 日的梅斯战役中立下战功。不知是有幸还是不幸，克莱因紧接着就因染上伤寒而被抬回家，直到当年 11 月中旬才康复。

第二年，普法战争结束，德国意外大胜。克莱因第二次来到师兄所在的哥廷根大学任教，重新探讨非欧几何学与射影几何学的统一问题，坚信前者是后者的一个特例，结果又受到德国哲学家和数学家的批评，不得不从更底层重新思考几何学，从而为随后的几何江湖统一运动奠定了坚实的基础。

在师兄的极力推荐下，克莱因在 23 岁时被埃朗根大学聘为正教授。一年后，他在这里娶回了本校的一位历史学教授的千金、伟大的哲学家黑格尔的孙女。婚后，他们育有一子三女。非常遗憾的是，克莱因刚到埃朗根大学不久，师兄就突然病逝。他义不容辞地接过师兄的接力棒，把师兄的朋友和学生团结起来，一边整理师兄的遗稿，一边完成了至今仍非常著名的《埃朗根纲领》，吹响了统一几何江湖的冲锋号。至于该书的具体内容嘛，这里就不说了，反正它与克莱因的《高观点下的初等数学》一起掀起了一场持续数十年的世界性的几何学研究与教育的近代化改革运动。形象地说，今天各位所见到的已被基本统一的非欧几何学其实都是这场改革的结果。为了这场改革，克莱因献出几乎整个后半生。为了宣传和推广统一纲领，他在 1873 年不惜在专门学好英文后，前往英国爱丁堡大学、布拉德福德大学和英国科学促进会等，结识了麦克斯韦、泰特、鲍尔和克利福德等数学家和物理学家。1874 年，他又来到意大利，先后结识了贝蒂、克雷莫纳和贝尔特拉米等数学家。为了更有力地从数学教育方面打开局面，他于 1874 年 11 月来到以培养工程师和大学教师为己任的慕尼黑工业大学当教授，并在这里度过了最快乐、最富有创造性的时期，同时也培养了大批精英。

克莱因于 1880 年进入莱比锡大学，1886 年第三次回到哥廷根大学，并在这里工作到 1913 年才退休。在此期间，他发现并提携了"近代力学奠基人"普朗特，与"量子力学鼻祖"索末菲合作写过专著，担任过国际数学家大会主席，创办过国际著名数学刊物，还像他导师那样获得过柯普利奖章。总之，后来德国哥廷根大学能成为全球数学研究中心，在很大程度上归功于他的努力，特别是他的统一纲领。1925 年 6 月 22 日，克莱因在哥廷根安然去世，享年 76 岁。

第六回
哈密顿走别人路，让别人无路可走

学过图论的读者应该记得著名的哈密顿图，该图中至少存在这样一条哈密顿回路：它经过图中的每个节点，且不多不少刚好经过一次。"哈密顿回路"和"哈密顿图"这两个专业术语本来是为了纪念本回主角在图论中的奠基性贡献，非常巧合的是，若结合哈密顿的学术道路，他的一生几乎也走了一条"哈密顿回路"。他马不停蹄地沿最短路径，随意转变研究方向和课题，结果却屡屡占领别人的制高点，反而让别人无路可走。若你不信，咱们就来演绎一下他的人生之路，看看别人的活路到底在哪儿。

1805 年，即嘉庆十年，这一年清政府禁止西洋人刻书传教，纪晓岚去世，丹麦童话作家安徒生诞生。这一年 8 月 4 日，在爱尔兰都柏林的一个并不富裕的初级律师家里，诞生了一个眼珠子滴溜溜乱转、猴精猴精的小人精。老爸一看这个老四，心中就乐开了花，赶紧在家谱上记下儿子的姓名威廉·罗恩·哈密顿（William

Rowan Hamilton，又译为哈密尔顿）。

哈密顿果然是人精中的人精，但见他掐指一算：哦，老爸巧舌如簧，好酒如命，笃信宗教，自己也将遗传这三个特质；哦，自己前面已有三个哥哥姐姐，后面还将有五个弟弟妹妹，看来父母今后够苦了，自己还是赶紧长大吧。

哈密顿走出的第一步自然是学语言。家里请来颇具语言天赋的叔父当老师，教他读书、作文和写诗，教他学习外语。在 3 岁时，他的英语阅读和写作水平就很高了。他在 5 岁时就能翻译希伯来语了，6 岁时就能用拉丁语描写爱尔兰的锦绣河山了，7 岁时就能背诵希腊语版的《荷马史诗》了，8 岁时就掌握意大利语和法语了，不到 10 岁时就学会阿拉伯语和梵语了。接着，他一不做二不休，相继掌握了印地语、马来语、马拉塔语和孟加拉语等东方语种。13 岁时，他又拿下了波斯语。14 岁时，他在都柏林欢迎波斯大使的宴会上，用波斯语与大使进行了热烈而友好的交流，喜得对方合不拢嘴，连声叫好。他几乎每年都能精通至少一门语言，在 14 岁前他已掌握了至少 12 种语言。照此下去，语言学家和文学家真要失业了。

突然，这时半路杀出个程咬金，那就是比哈密顿大一岁的美国天才速算神童，只听他先是一通"1 乘 1 得 1，1 乘 2 得 2，…，9 乘 9 得 81"的九九乘法口诀，然后再是一通竹筒倒豆子般的速算表演。结果，从未学过数学的哈密顿惊呆了：世上还有数学这玩意，还有人能算得如此神速，这口气一定要争回来。于是，早已能舌战群儒的哈密顿就走上了数学家之路，这下子该轮到数学家无路可走了。对他来说，区区加减乘除当然不在话下。15 岁那年，他直接找来法国数学家克莱罗的名著《代数基础》，一口气就学会了代数。然后，他又找来牛顿的《流数法与无穷级数》，又一口气就学会了微积分，并爱上了天文学，常用自制的望远镜观测天体。他还觉得不过瘾，在 16 岁时找来法国著名数学家和天文学家拉普拉斯的名著《天体力学》，很快就能将该书的内容倒背如流了，而且发现了拉普拉斯关于力的平行四边形法则的证明是错误的。17岁那年，哈密顿的一连串举动引起了爱尔兰科学院布林克莱院士的注意。他惊叹道：这小子才是同龄人中最牛的数学家。这位院士可能不知道，在文学天才哈密顿的心目中，"诗与数学是近亲"，文学与数学是近似的学科，它们都采用代表抽象思维的文字与符号。难怪后来成为数学大师后，哈密顿仍不断创作诗歌。

转眼就到了18岁。从未上过学的哈密顿轻轻松松就以第一名的成绩考入了牛顿的母校——剑桥大学三一学院，主修数学和文学。从此，他就告别了经常观察的田间小动物，告别了经常在那里裸泳的家乡小鱼塘，开始接受正规的大学训练，开始走上"学霸"之路，也让其他"学霸"无路可走。门门考试第一名自不必说，数理类的各个奖项当然也非他莫属，更让其他"学霸"憋屈的是，甚至连古典文学之类的文科头把交椅也都得拱手让给他。是可忍孰不可忍，但又不得不忍，"学霸"们敢怒而不敢言。他不仅要赢遍全校，还要冲出英国，走向世界。早在读大二时，他就发表了一篇奇文《光束理论》，将几何光学问题转换成了数学问题，提出了一种高效的统一方法论。他的导师看罢此文后深感"不明觉厉"，立即将这篇论文转给爱尔兰皇家科学院，请求权威评判。院士们审议后毫不含糊，一口气就吐出了三重否定：太抽象，公式一般，结果还需验证。哈哈，超级"学霸"哈密顿这下子总算栽跟头了吧？非也，原来此文竟然超越时代近百年，直到后来人们需要研究原子结构和量子力学时才发现了其妙用。难怪14年后德国著名数学家、"椭圆函数论奠基者"雅可比会拿当时的顶级数学家拉格朗日来比拟哈密顿，说他是"英国的拉格朗日"。难怪半个多世纪后"近代量子力学奠基者"、物理学家薛定谔也说哈密顿原理是近代物理的基石。

抢占了"学霸"们的出路后，哈密顿当然不肯就此罢休，他还要再接再厉，抢占教授们的出路。在读大四那年，英国皇家天文台和剑桥大学三一学院打算面向全球联合招聘一名天文学教授。消息一出，业界哗然，各地教授、副教授、讲师和博士等纷纷在第一时间投出简历，人人志在必得。眼看招聘之职即将落入他人之手，突然乳臭未干的在校大学生哈密顿倒竖虎须，圆睁环眼，手持蛇矛，立马在当阳桥头，挡住众人的去路。众人一时莫名其妙，正犹豫时，忽听一声晴天霹雳："我乃洋人哈密顿也！谁敢决一死战？"应聘者闻之，尽皆胆战，不知所措。言未已，哈密顿又睁目喝道："洋人哈密顿在此！谁来找死？"哈密顿望见阵脚后移，众人似有退却之意，乃挺矛又喝道："战又不战，退又不退，却是何故？"喊声未绝，一位博士竟惊得肝胆俱裂，倒于马下。众人回马而走，于是年仅21岁的哈密顿于1827年6月10日一步登天，直接从在校大学生变成了著名教授。后人有诗赞曰："当阳桥头杀气生，横枪立马眼圆睁。一声好似轰雷震，独退应聘百万兵。"

成为剑桥大学的教授后，为减轻家庭负担，哈密顿带着三个小妹妹搬入天文台，一边照顾她们，一边做科研。其实他并不擅长天文观测，只让妹妹们帮他仰望星空，自己则继续研究理论。他与外界的联系也相应减少了，这让那些教授暂时松了一口气。5年后，哈密顿成为爱尔兰皇家科学院院士，重新出山。他与各界学者进行了广泛交流，甚至连诗人和哲学家都不放过，干脆把康德的代表作《纯粹理性批判》吃了个透。至于他在数理方面的成就嘛，那就更不得了。他在29岁时发表了论文《一种动力学的普遍方法》，发现了著名的哈密顿原理，树立了动力学中的一个里程碑；30岁时完成了著名的哈密顿正则方程，发现了重要的哈密顿函数，同年当选"不列颠科协主席"，并被授予爵士头衔；31岁时荣获皇家奖章；32岁时成为爱尔兰皇家科学院院长，并在这个位置上待了整整8年。特别是在38岁时，他取得了代数方面的一项重要成果，提出了四元数概念。这可又是一个了不得的突破，甚至被认为是"19世纪纯粹数学最重要的发现"。爱尔兰政府为纪念该项发现诞生 100 周年专门发行了一枚纪念邮票。如今，四元数在控制理论、信号处理、轨道力学、计算机图形学等数理领域的价值自不必说，单单在通信界，它就实现了麦克斯韦方程组的实质性精简，大大促进了电磁波理论和技术的飞速发展。这也是本书为哈密顿写小传的主要原因。当然，他在图论等方面的众多成果也被频繁应用于电信交换中的最佳路由设计等方面。

哦，对了，伙计，上面的演义归演义，此处必须严肃指出，其实哈密顿做科研非常专注，甚至到了痴迷的程度，绝非探囊取物那么简单。他很重视教学，能把天文学讲得比故事还精彩，把数学讲得像文学那样吸引人。

他为人忠厚且谦虚，对各种荣誉都淡然处之，甚至为自己草拟的墓志铭也只是"勤劳和爱真理的人"。他的思想活跃，作风严谨，发表的论文虽很简洁，但手稿很详细，因而弟子们为他整理出了大批遗著。比如，最后一本遗著《四元数的原理》就厚达 800 多页。仅在三一学院图书馆中，他的遗稿就多达 250 部，此外还有大量的学术通信和未发表的论文。至于在爱尔兰国家图书馆等其他地方，其遗稿就更多了。哈密顿非常重视稍纵即逝的灵感，他的儿子回忆说：无论是走路、吃饭或做事，一旦灵感出现，他就立刻将其记下。若没带纸，他就将其记在手或手臂上；若正在吃早餐，他就把公式写在蛋壳上。有一天，哈密顿和妻子在一座桥上漫步。这时妻子又发飙了，但他没听见任何声音，只觉眼前突然一亮，竟解决了一个苦思良久的问题。情急之下，他掏出小刀把那个公式刻在桥栏上。如今这座名为金雀花的小桥已成著名旅游景点，其旁有一块石碑，上面写道："1843年 10 月 16 日，哈密顿爵士途经此桥时，突然找到了四元数的基本乘法公式，并刻之于此。"另外，哈密顿的毅力也十分惊人。这里仍以研究四元数为例，他几乎把生命的三分之一都耗在了此事上，甚至在去世前几天写给儿子的信中还在谈论其最新进展。

可能有读者质疑了：总抢走别人出路的哈密顿自己的路就没被别人抢走过吗？嘿嘿，问得好！当然有，他最重要的人生路被别人抢走了，那就是爱情之路。早在18岁刚入剑桥大学时，他就爱上了一位同学的姐姐。虽然他不断给梦中情人写诗，还三天两头送花，但她仍被别人娶走了。初恋的失败让哈密顿终身不能忘怀。后来在大二和大三两年中，他又连续追求过两位心上人，结果仍被其他白马王子抢先一步。若非他笃信的宗教视自杀为罪恶，可能他早就跳水了。经历了多次感情受挫后，无奈的他只好在28岁那年随便娶了一位自己并不满意的妻子，她不但体弱多病，而且从不做家务。虽然他俩育有二子一女，但感情始终不合，长期分居。哈密顿每天劳累10多个小时，经常不能正常用餐，只好一边吃饭一边埋头做科研。实在郁闷时，他就借酒消愁，把自己灌醉。他的卧室和书房又脏又乱，简直让人难以置信。

1865年9月2日，哈密顿因痛风逝于爱尔兰都柏林，享年60岁。后来，弟子们在其成堆的遗稿中发现了许多闪光的思想，还找到了不少吃剩的肉骨头和三明治等腐物。唉！

第七回
埃尔米特似学渣，身残志坚是学霸

伙计，若问埃尔米特到底有多牛，且听我来吹一吹，当然是用事实来说。

首先，在几何学、数学分析、高等代数、微分方程和复变函数论等领域，经常见到以他的名字命名的许多名词，比如埃尔米特簇、埃尔米特定理、埃尔米特张量、埃尔米特空间、埃尔米特矩阵、埃尔米特插值、埃尔米特曲线、埃尔米特内积、埃尔米特变换、埃尔米特算子、埃尔米特函数、埃尔米特恒等式、埃尔米特二次型等。他的代表性成果主要有：1858 年利用椭圆函数首先解决了五次方程的求解问题，1873 年证明了自然对数的超越性。此外，他还奠定了椭圆函数理论的基础，发现了埃尔米特多项式等。难怪他被称为 19 世纪最伟大的代数几何学家之一。

其次，在数学大国法国，曾经有那么一段相当长的时间，几乎所有一流数学家皆为他的弟子，比如被称为"继牛顿之后又一座天体力学里程碑"的庞加莱、素数定理的证明者哈达玛、达布定理的提出者达布、阿佩尔序列的提出者阿佩尔、博雷尔函数的提出者博雷尔、曾两度出任法国总理的著名数学家潘勒韦等。他让弟子们意识到数学需要不断突破既定格局，更让弟子们对数学爱得无法自拔。总之，如此出色的数学导师，在历史上还真是罕见。

当然，对普通读者来说，他身上最令人震撼的东西其实是他那奇特的人生经历。一方面，数学研究是他一生的至爱；另一方面，数学考试又是他一生的噩梦。君若不信，请读下文。

1822 年 12 月 24 日，在法国边境洛林的一个奇特家庭诞生了一个奇特的男婴查尔斯·埃尔米特（Charles Hermite）。小家伙刚一落地就吓得哇哇大哭，他惊讶地发现：天哪，自己的右腿竟然有残疾，今后将终生依靠拐杖行走。仔细一看，还有更恐怖的事情，原来爸爸是一位在逃的死囚犯！再一打听，没有最恐怖只有更恐怖，因为整个家族都盛产死囚。爷爷在法国大革命中惨死在当年的极端政治团体的监狱中，多位长辈先后被送上断头台。爸爸本是一位文质彬彬的矿场工程师，结果又被通缉，幸好命大，阴差阳错地逃到边境小镇洛林，躲在一家盐场中，隐姓埋名打小工。但不知何故，也许是他的文艺范儿太抢眼吧，他的底细很快就曝光了，并被场主家的野丫头迅速捕获。这个野丫头就是埃尔米特的虎妈，她的体形彪悍，性格更彪悍。当同龄姑娘们穿着长衣长裙还羞于出门时，她早已全身短打扮满世界疯跑了，想干什么就干什么，什么刺激就干什么。最大的刺激，当然莫过于嫁给死囚犯。她肆无忌惮地嫁给了埃尔米特的爸爸，婚后一口气生下七个宝宝，埃尔米特是老六。场主拿女儿也没辙，只好出钱让女婿赶紧创业，以便以后养家糊口。可哪知这个女婿干一行赔一行，最后实在不行，干脆由虎妈打点生意，他则尽情玩赏自己喜欢的艺术。难怪后来的埃尔米特既像虎妈那样敢作敢为、敢爱敢恨，又像猫爸那样聪明伶俐、生性乐观，更像双亲那样不计后果地做自己喜欢做的事。

埃尔米特及其兄弟姐妹们的启蒙教育都是由父母亲自完成的，至于效果如何，还请各位自行评判。埃尔米特 7 岁那年，猫爸带着全家迁到南锡市，因为这时政局发生了变化，猫爸也不用再与警察"躲猫猫"了。由于虎妈忙于做生意，猫爸忙于玩艺术，孩子们全被送入寄宿学校，交由老师全权负责照看。于是，一个典型的问题学生闪亮登场了。

　　从考试成绩看，埃尔米特是一个典型的"学渣"，甚至是"学渣"中的"学渣"。若问他的考试到底有多差，反正只有你想不到，没有他做不到。据说，考填空题时他完全不会，考选择题时他觉得各个选项都对，考计算题时他边做边流泪，考应用题时他彻底崩溃。他会的东西老师都没考，老师考的东西他都不会。考英语时他觉得自己是法国人，考法语时他又觉得自己是外国人。考历史时他觉得自己是现代人，考数学时他觉得自己是外星人，考完之后他才觉得自己压根儿没上过学。

　　从调皮捣蛋的程度来看，埃尔米特更出格。他特别善辩，经常把老师气得吐血。老师批评他一句，他恨不能噼里啪啦回应十句。更气人的是，他还理直气壮地为自己考零分找理由说："学问像大海，考试像鱼钩。老师总想把鱼儿挂在钩上，再来教鱼儿如何畅游，这咋行呢？"老师辩不过他，就用教鞭打他的屁股。这下子他就更来劲了，声称："考试用的是脑子而非屁股，打屁股咋能让脑子更聪明呢？"在他已经很差的各科成绩中，数学考试最差。老师讲课时，他在台下开小差，尽情阅读高斯、欧拉和拉格朗日等大师的数学原著。对此，他还有一套怼得老师翻白眼的说法，美其名曰："若想体会数学之美，就需要回到最初的原点。"更过分的是，他不但为自己的"学渣"分数找借口，还将"学霸"们贬为二流傻瓜，嘲笑道："数学教材是一摊臭水，一堆垃圾。数学考试很好的人都只是二流智商之人，因为他们只懂得如何搬运垃圾。"言下之意，只有像他这样的"学渣"才真正拥有一流的数学头脑。

18 岁那年，埃尔米特终于从中学毕业，被气得半死的老师们也终于解放了。不出所料，从考大学起，埃尔米特就不断地创造着一个又一个"奇迹"。第一年考大学，他毫无悬念地名落孙山，父母赶紧花大钱将他送到巴黎就读于一所高收费的贵族学校预科班，准备再行高考。结果他仍然榜上无名，父母再花更多的钱将他转入一所收费更高的贵族学校路易大帝学院预科班。这所学校可不一般，老师更不得了。15 年前，"抽象代数鼻祖"伽罗瓦就在这里读书，当年伽罗瓦的老师理查德正是此时埃尔米特的数学老师。理查德慧眼识珠，很快就发现了这匹千里马。他告诉埃尔米特的父亲说："这小子将是下一个拉格朗日。"可埃尔米特仍对考大学心不在焉，只是一个劲儿地研读高斯的《算术研究》和拉格朗日的《代数方程的代数解法》。这两本书对埃尔米特的影响非常大，他后来回忆说："正是从这两本书中，我学会了代数。"

书说简短，在连续两年四次高考失败后，时间终于来到 1842 年，此时埃尔米特已年满 20 岁。这一年是他的幸运年，一来他总算在第五次高考时勉强考入巴黎综合程工学院数学专业，让父母暂时松了一口气；二来他在法国的权威学术刊物上一鸣惊人地发表了两篇论文，在不知阿贝尔的类似成果的前提下，在解决一元五次方程的求解问题方面取得了重大进展，成了一位小有名气的数学家。当然，这个问题的最终解决还得再等上 16 年，此乃后话，这里按下不表。

好不容易进入大学后，埃尔米特的日子仍不好过，因为他又得像读中学时那样不断地参加考试，自然又是逢考必败，在班上丢尽脸面。雪上加霜的是，一年后他竟被数学专业除名了。不过，这次倒不是因为他的考试不及格，而是法国政府颁布了一条法规：所有理工科大学生都得参加军训，否则必须退学。于是，腿有残疾的埃尔米特只好转入文学专业。幸运的是，文学专业的数学考试难度大减；不幸的是，他的数学考试照样很难及格。

唉，数学考试还真是他的克星，无论题目是难是易，考试结果都大同小异。其实，用著名数学家达布的话来说，"此时的埃尔米特已是世界一流的数学家了"。他掌握了柯西和刘维尔等人关于一般函数的成果，还掌握了雅可比关于椭圆函数的成果，更是把上述两个领域结合起来，表现出了超人的数学才能。

非常遗憾的是，无论埃尔米特在数学研究中取得多大的成就，按当时的规定，他都得首先通过最基本的数学考试，否则就不能毕业，不能拿到学位，更不能在学校入职，因此他就很难继续研究自己感兴趣的数学。于是，可怜的埃尔米特只好在24岁那年全力以赴准备最后一次补考，以取得自己的学位。幸运的是，这时他认识了一个好朋友，即后来发明贝特朗判别法、成为著名数学家的贝特朗，在后者超级耐心的辅导下，他终于以刚刚过及格线的成绩勉强毕业。更加幸运的是，埃尔米特从贝特朗家里不但收获了友情，还收获了爱情，他与贝特朗的妹妹结为秦晋之好，有了一个生活和事业上的得力助手，使自己能全身心地投入数学研究中。后来的事实表明，埃尔米特的太太确实是他一生中的贵人。她不但善解人意，而且一直都默默地陪伴和支持丈夫，无论是贫穷或富贵，顺境或逆境，健康或疾病。实际上，在结婚十几年以后，埃尔米特因严重的天花后遗症而经常生病，需要精心照料。埃尔米特夫妇育有两个可爱的女儿，她们都很健康，长大后也嫁给了著名数学家。

从26岁那年起，埃尔米特先后在法兰西学院和巴黎综合程工学院从事了近20年的辅助教学工作，主要给学生们批改作业和协助考试等，始终没资格上讲台讲课。这是因为他不擅长考试，所以无法获得博士学位，自然也就当不成教授。不过在这段时间内，他的数学研究硕果累累，难怪他会在32岁时当选为法国科学院院士，后来又成为英国皇家学会会员。

到45岁时，埃尔米特已取得众多数学成就，在被冷落了20多年后首次体会到了被各所大学争抢的滋味。首先，巴黎综合程工学院破格聘用他为讲师，请他讲授分析学课程。接着，巴黎理工学院也来挖人才，给他提供了更好的职位和条件。在他47岁那年，巴黎高等师范学院一步到位，直接将他聘为正教授。次年，名气更大的巴黎大学一锤定音，让他在那里稳稳当当地做了28年的正教授。由于教授之职来之不易，埃尔米特对它非常珍惜，精心创立了一整套非常有效的人才培养方案，很快就培养出了庞加莱等国际顶级数学家。当时法国的几乎所有大数学家都出自他的门下，他成为"19世纪最鼓舞人心的老师之一"。至于他的培养方案到底是什么，目前已不得而知，但以下四点是明确的：一是他的数学课不再有考试；二是他非常重视教材，自己也编写了精品教材；三是他特别注意讲课技巧，做到了深入浅出、风趣幽默，充分体现了数学的抽象之美和逻辑之美；四是他与学生密切互动，甚至成为知心朋友。比如，他与学生们讨论后一致认为"数学的价值不只是应用"。又如，在探索传统数学教育的弊端时，他们发现：若只是按部就班地学习，那么将很难促进创新。

埃尔米特对数学怀有相当真诚的爱。1870年，他的祖国在普法战争中惨败，他虽憎恨侵略者，但对敌国数学家的成就仍给予了高度赞赏。在他的眼里，"敌人的数学也是数学"。埃尔米特终生都未停止研究数学。在70岁时，他还说："我不能离开数学，山羊被系在哪里，就必须在哪里吃草。"75岁时，埃尔米特正式退休。

1901年1月14日，伟大的数学家埃尔米特安然去世，享年78岁。

第八回

嘉当父子了不得，嘉当师徒不得了

唉，给数学家写小传真难，因为他们做研究时用的虽是人间字，谈的却是天上事，一般人根本不知他们在做什么，最多只能"不明觉厉"。本回主角嘉当便是这样的数学家。用专业术语来说，他的成就可归纳为"利用外微分形式和活动标形法研究李群论和微分几何学，对李群的结构和表示、黎曼空间几何学等都有重大贡献"。伙计，你懂了吗，知道是啥意思吗？反正我们没懂。对于他头上的本该是最简单明了的荣誉光环"活动标架法集大成者""纤维丛联络论创始人"和"黎曼对称空间理论奠基者"等，我们也是一头雾水，只知道这里的"活动标架"肯定不是工地上的"脚手架"，这里的"纤维丛"肯定与织布无关，这里的"黎曼对称空间"肯定与著名的黎曼猜想的提出者有关。幸好我们知道在数学的许多分支中都有以他的名字命名的成果，比如嘉当定理、嘉当子群、嘉当联络、嘉当可解性判定条件、嘉当 – 马尔采夫定理、嘉当微分方程等。这至少意味着嘉当确实很厉害。

唉，给低调的数学家写小传真难，因为既没有回忆录，也没有自传，更没有八卦内容，让人两眼一抹黑，不知该从哪儿下笔。嘉当就是这样的数学家。当然，若非要挖掘他的生平信息，我们得知他去世前四年还真写了半页纸的名叫"科研简介"的回忆录，其大意是说："（他）一生共出版过 9 本书，发表了 186 篇以李群为主题的论文，总结了前人的工作，鉴定出了 4 个主要族和 5 个特殊情况，引入了代数群概念。"伙计，怎么样，你对这篇回忆录有何感想？诺贝尔奖得主杨振宁曾用一句诗将几何学的五位近代宗师概括为"千古寸心事，欧高黎嘉陈"。他把嘉当与欧拉、高斯、黎曼和陈省身相提并论，而陈省身又是嘉当的得意弟子之一。

唉，给出成果早而成名晚的低调数学家写小传难上加难，因为关于他们的生平事迹的间接信息都很少，纵然传记作家是巧妇，也做不出无米之炊。嘉当就是这样的数学家。从今天看，虽然他的研究领域"流形上的分析"是"当今极为活跃的数学分支"，他的成果被称为"奠定了李群理论和其几何应用的基础"，他本人也被认为"对近代数学的发展做出了极大贡献"，但在当初，他坐了几十年的冷板凳，他的研究方向也并非当时的主流。他直到退休前 10 年才开始受到重视，退休前 3 年才获得国际上几何学领域的最高奖项——罗巴切夫斯基国际奖。可惜，这时他已长期卧病在家，不能在研究领域冲锋陷阵了。他的成果对今天数学的影响与日俱增，他的论著已成为正在被挖掘的金矿，他开发的数学工具已成为研究广义相对论的利器。

因此，无论有多难，我们都想努力为嘉当撰写一篇尽可能让人满意的小传。他被公认为"20 世纪最伟大的数学家之一"。他的儿子和徒子徒孙都很争气，有的获得了号称"数学界诺贝尔奖"的沃尔夫奖，有的获得了号称"青年数学家中的诺贝尔奖"的菲尔兹奖，有的与嘉当一样获得了国际几何学领域的最高奖，有的被称为"20 世纪最伟大的几何学家之一"，有的被誉为"微分几何之父"。下面请嘉当饰演一次皇帝，他只管面南坐北、垂衣拱手就行了，而让他的儿子和徒子徒孙们委屈一下，或饰演配角，或跑个龙套。

好了，下面有请主角登场。

同治八年（1869 年），自行车首次在上海出现，门捷列夫发明了元素周期表。这一年的 4 月 9 日，在法国阿尔卑斯山的一个穷村子里的一个穷铁匠家中诞生了一个皮糙肉厚的小铁蛋。老实巴交的父母又喜又忧，喜的是家里又多了一个宝贝，他们赶紧给小铁蛋取名为埃利·约瑟夫·嘉当（Élie Joseph Cartan）；忧的是家里又多了一张嘴。原来，他们已生了一堆闺女，儿子也至少有三个，这么多人要吃饭，日子更难了。嘉当的哥哥姐姐都很懂事，八仙过海各显神通，他们很快就帮父母解决了经济问题。大哥继承父业，成了远近有名的憨铁匠，后来还娶回了一个巧媳妇，生了一堆小铁蛋。姐姐们先后嫁了人，还经常接济娘家人。他的弟弟后来也成了一名乡村教师。

嘉当从小就天资过人，学习能力特别强。他不但备受老师的青睐，还得到当地的一位贵族的赏识，幸运地获得了足够的奖学金，最终顺利完成高中学业。他在 18 岁时只身来到巴黎高等师范学院，刚开始只想学些就业本领，直到大二时才转学数学。他发现学校里竟有众多国际著名数学大师，比如法国科学院院士埃尔米特、皇家学会勋章获得者达布、当时法国最杰出的数学家之一皮卡、19 世纪末至 20 世纪初数学领域的领袖庞加莱等。后来的事实表明聆听这些大师讲授的精彩课程确实让嘉当受益颇多，他说："大师的谆谆教诲决定了自己的整个数学生涯。"

大学毕业后，22 岁的嘉当应征入伍。一年后，他又回到母校，在达布的指导下继续攻读数学博士学位。同年，他的数学之路发生了重大转折，因为他亲眼见到了传说中的"李群创始人"马吕斯·苏福斯·李（Marius

Suphus Lie，1842—1899）。此前，他已开始研究李群，正苦于无人讨论，创始人却不远万里自己送上门来。于是，在创始人的点拨下，嘉当茅塞顿开，很快进入最佳状态。但出乎意料的是，当时法国数学界的主流是研究传统的函数论，很少有人对新兴的李群感兴趣。嘉当在不知不觉中走上了法国数学界的独木桥，为随后数十年的孤立无援埋下了伏笔。当然，如今回头再看时，幸好当初他误上独木桥，否则广义相对论的发展可能还会受到影响呢。

25 岁那年，嘉当取得了自己最重要的代表性成果，部分解决了李群的分类问题。可惜，这些成果却在未来的 30 余年中几乎被数学界忽略，甚至几乎没人能读懂或没人愿意读懂。这些成果以及随后的类似成果帮他获得了博士学位，帮他打开了就业之门，帮他晋升了职称。他不在乎同行的评价，只管在近半个世纪的时间中潜心研究自己认定的方向。从 31 岁那年起，他开始了 30 年如一日的、更难的"半单李代数结构"研究。

博士毕业后，嘉当先后在蒙彼利埃大学和里昂大学当了几年讲师，接着在 34 岁那年成了南锡大学的教授。同年，他又取得另一项在当时仍然备受冷落的代表性成果，发现了后来在物理学中扮演重要角色的"旋"。

35 岁那年，嘉当又取得了一项骄人的成果。准确地说，1904 年 7 月 8 日，他的媳妇为他生下了长子昂利·嘉当（Henri Cartan）。昂利真不愧为嘉当的长子，他不但相当聪明，其人生旅程更是一帆风顺。1926 年，昂利从嘉当的母校毕业，两年后获得数学博士学位，然后去中学教书一年，接着到里尔大学任教。1931 年，他转入斯特拉斯堡大学，5 年后成为该校的一名教授，第二次世界大战后成为母校的一名教授。至于昂利在数学领域都做了些什么研究，此处就不谈了，否则又是一段天书。不过，昂利不再是孤军奋战，而是建立了一个后来在法国数学界很有影响的布尔巴基学派，成为其中最活跃的代表性人物之一。昂利的综合能力也很强，甚至曾任国际数学联合会主席，后来成为英、美、法等国的院士。

好了，回头再说主角嘉当。他仍一如既往地稳坐在自己的冷板凳上，潜心从事自己的冷门研究。1911年10月28日，发生了一件后来与他密切相关的大事。这一天，在浙江嘉兴秀水县诞生了嘉当未来的得意弟子陈省身，一位罕见的神童。

陈省身从小就喜欢独立思考，喜欢绘画，喜欢看书，喜欢打桥牌，喜爱历史、文学、数学，尤其觉得数学既有趣又容易。9岁那年，他跳过小学，直接升入中学预科班。这时，他不但能求解相当复杂的数学难题，而且读完了《封神榜》和《说岳全传》等古典名著。不满15岁时，他以优异成绩考入南开大学数学系，成为全校知名的少年天才，老大哥们都得乖乖地向他请教。他倒也不客气，俨然是一位热心的小导师。从大二起，他当上了助教，每月还能挣点外快。虽然他的数学成绩总是第一，但语文不尽然。原来他写作很快，对于每个题目都能同时写出数篇文章，除保留一篇自己交作业外，其他文章都用于"救济"写作困难的同学。结果成绩一公布，他的那些文章有时反而得了高分！书说简短，陈省身于1930年从南开大学毕业，1934年获得清华大学理学硕士学位，1936年9月获得德国汉堡大学理学博士学位。然后，他一看钱包里还有几两碎银子，于是顺路一拐就从德国来到法国，师从终于坐完冷板凳的嘉当，开始学习微分几何。

在陈省身出生后的第二年，嘉当就转到巴黎大学当教授。后来，爱因斯坦发表了广义相对论，可此前的主流数学工具在面对相对论这个"瓷器活"时都无能为力。又过了几年，终于有人发现黎曼几何竟是那个急需的"金刚钻"，而这正是嘉当过去几十年来所研究的问题。于是，嘉当开始得到重视，甚至在陈省身拜师前5年被选为法国科学院院士。1937年，嘉当获得了全球几何学领域的最高奖。一句话，嘉当这条"咸鱼"终于翻身了，世界各地前来求学者络绎不绝。他异常繁忙，每周只能有一个下午的时间会见学生。届时，门口总是排着长龙，宛如门诊就医。

不过，嘉当指导学生相当认真，对新生更是关怀备至。第一次见面时，他都会给学生送上一份见面礼。他送给陈省身的见面礼尤其厚重，那竟是一道超级难题。向来战无不胜的陈省身总算见识了啥叫数学难题。冥思苦想了好几周后，他仍不知所措，以致羞于再去见导师了。

有一天，来不及躲闪的陈省身在楼梯口与导师碰面了，只好硬着头皮坦承自己无能。哪知嘉当不但没生气，反而劝他放下包袱，继续努力思考那个数学难题，同时也要照常参加每周的例行见面会。一来二去，这师徒俩越来越投机。后来，嘉当邀请陈省身每两周去他家一趟，单独为他开一个小时的小灶。得到嘉当真传的陈省身在数学语言和思维方式等方面都受益终身。数十年后，已经功成名就的陈省身回忆起这段紧张而愉快的时光时还深情地说："年轻人做学问，就该找最好的导师。"

光阴似箭，陈省身离开导师后仅仅 3 年，嘉当以 71 岁高龄从巴黎大学退休。这时嘉当虽已获得众多荣誉，但他并不看重这些身外之物，仍一如既往地研究黎曼几何。可惜，岁月不饶人，嘉当的身体越来越差，最后在 1951 年 5 月 6 日逝世于巴黎，享年 82 岁。

不过，值得嘉当欣慰的是，他的长子在 1980 年获得了沃尔夫奖，他的弟子陈省身在 1983 年也获得了沃尔夫奖。他的徒孙、陈省身的弟子丘成桐于 1982 获得菲尔兹奖，2010 年获得沃尔夫奖。2004 年 12 月 3 日，陈省身不幸去世，享年 93 岁。2008 年 8 月 13 日，嘉当的长子去世，享年 104 岁。看来，嘉当家族还真有长寿基因呀。

第九回
布劳威尔不动点，直观主义持久战

伙计，你相信吗？若给你一杯咖啡，无论你有多大本事，无论你如何摇晃或搅拌，只要咖啡不洒出来，那么待到咖啡静止下来后，杯里将至少有一个分子会回到它被搅动前的位置。这就是本回主角所证明的布劳威尔不动点定理。若你嫌咖啡分子的不动性难以验证的话，那么可以发现该定理还能证明每个人的头上至少有一个旋。你若不信，可注意观察身边的亲朋好友，肯定找不到反例。此外，根据该不动点定理还能推导出许多其他有趣的结论。比如，将一张北京市地图平铺在北京市境内的任何地方，一定能在地图上找到这样的一个点，它恰好在实体地面上这一点的上方。

布劳威尔的成就当然不止上述不动点定理，实际上他是与庞加莱等并肩的"现代拓扑学奠基人"。但若想给他写小传，又非常困难，甚至无异于外行播音员要现场直播一场精彩的球赛，或资深足球专家要向球盲实况解说一场决赛。原来，布劳威尔生前对数学界影响最大的身份并不是他那仅仅从事了 5 年研究的拓扑学家身份，而是颇具争议的、哲学味很浓的一个数学派别（直观主义学派）的主要创始人。他在生前把绝大部分时间和精力都奉献给了发展和捍卫直观主义事业，甚至不惜为此陷入无休止的长期学术论战，论战的对象还是像希尔伯特这样的数学巨人。在这场"20 世纪数学界最震撼人心的论战"中，到底谁对谁错？抱歉，不知道！这是因为，一方面，当论战正酣时，希尔伯特阵营的主攻手却突然"叛变"，可见布劳威尔的观点不会全错；另一方面，当时连爱因斯坦本人也都被卡在这两大阵营之间而不知所措，可见双方至少都没有明显的缺陷。如今回头再看，客观地说，希尔伯特的观点好像更占上风，但今后剧情会不会反转呢？现在还很难下定论，因为在进入计算机时代后，直观主义又有抬头之势了。

　　什么是直观主义？抱歉，不知道！至少没人能给出简短而全面的说明。有人给出过这样的空洞解释：直观主义就是用人类的构造性思维活动进行数学研究，它强调数学直觉，坚持数学对象必须可以构造。退一万步说，就算我们费尽九牛二虎之力终于说清了啥叫直观主义，我们仍然没法从"门道"上说清当时双方的论战，因为希尔伯特参加论战时的身份是形式主义学派掌门人。就算我们又费尽九牛二虎之力终于说清了啥叫形式主义，仍然没法说清当时论战的"门道"。因为从学派高度来看，当时参加论战的还有一个名叫逻辑主义的数学派别，他们的祖师爷是了不得的罗素。实际上，罗素和庞加莱当时正在另一个擂台上打得不可开交。反正，面对布劳威尔一生主要从事的那场神仙大战，我们作为普通人，只能尽力让大家看看"热闹"，除非也像过去的同类传记那样罗列大量专业术语来吓人，可惜这不是我们的风格。

　　好了，闲话少说，书归正传。

　　话说 1881 年 2 月 27 日，在荷兰北部的一个古老的小镇上诞生了一个男婴路易森·埃格伯图斯·扬·布劳威尔（Luitzen Egbertus Jan Brouwer）。他的祖父是一位校长，爸爸也是一位校长，妈妈也来自盛产校长的家族。生活在如此书香世家，他当然从小就热爱学习。

早在9岁时，布劳威尔就进入了当地的一所高中学习（是的，你没看错，就是高中而非小学），在14岁时顺利毕业。可惜，他没资格报考大学，因为他所在的高中太落后，竟然没开设高考必需的希腊语和拉丁语等课程。于是，他家不得不迁到一个较大的城市，他在那里用了两年时间才补齐所有高考课程，终于在16岁时考入阿姆斯特丹大学数学学院。不过，起初他对数学并没有兴趣，甚至觉得数学很无聊，反而更喜欢哲学和文学。他加入了学校的一个文学社，与一位后来成为著名诗人的同学成了终生的密友。他压根儿就没拿数学当数学，而是用哲学家的深邃眼光和诗人的大胆联想来贬损数学，他说道："（数学）真理虽因其不变性而迷人，却也因它没有生命而令人恐惧。"

但布劳威尔的数学天赋难以阻挡，他竟然很轻松地在大三时成了国家级数学学会的会员，还在那里认识了将拓扑学引入荷兰的数学家曼诺利。在后者的影响下，他终于真正爱上了数学。关于自己与数学的长期"恋爱"过程，布劳威尔曾用哲学语言回忆说："（在曼诺利的影响下，）我开始研究数学，就像在黑暗中摸索一样。在两年多后，我虽对曼诺利充满敬意，但仍觉得数学家只是自然科学的仆人或真理的收藏家……后来，曼诺利那简洁而光明的论文和演讲终于使我满心愉悦，使我逐渐发现了数学之美。"于是，布劳威尔加入了由教授和优等生组成的牛顿社，并在与高人的辩论中发现了四维几何的一些重要结果，让教授们刮目相看。凭着这些成果，布劳威尔在23岁时顺利获得硕士学位。

硕士毕业后，已经真正爱上数学的布劳威尔在23岁时与一位比自己年长11岁的漂亮姐姐结婚，并决定开始攻读数学博士学位，但其着力点是完全不同的哲学角度。他在给那位诗人密友的信中说："我将在哲学主义的信条下研究数学，把自己关在小屋中，以'不懂几何者不得入内'为座右铭，开始准备我的博士论文《数学的价值》。"但后来他的具体落实情况与此大相径庭，他根本没把自己关在小屋中，而是在文学、哲学、艺术和神秘主义等人文领域内横冲直撞。他更没落实"不懂几何者不得入内"的计划，反而敞开大门让逻辑学、集合论、公理化、位势论、非欧几何、数学基础、向量分布等在自己的头脑中自由出入，同时还以极大的热情关注着罗素与庞加莱当时正在进行的有关数学逻辑基础的大论战。后来的事实表明，罗素的这场论战其实只是布劳威尔随后参与的论战的初赛，只不过在后来更激烈的决赛中，攻防双方将替换为布劳威尔和希尔伯特。实际上，布氏在自己的题为《论数学基础》的博士论文中已开始"亮剑"了，或者说已开始建立自己的直观主义数学哲学了。更准确地说，他在整体上倾向于庞加莱的观点，反对罗素和希尔伯特的思想，但又极不同意庞加莱的数学存在性理论，认为它不能排除悖论的破坏性等。

布劳威尔在 26 岁时顺利获得博士学位，但他并未立即发起论战，反而几乎从零起步，完全依靠自学研究起了与自己今后将长期坚持的数学直观主义相矛盾的拓扑学。仅仅一年后，他就在 1908 年的第四届国际数学家大会期间，从参会的数学家那里找到了研究拓扑学的灵感。1909 年，他在被聘为阿姆斯特丹大学讲师后，与弟弟一起到巴黎度假，顺道拜访了庞加莱、哈达玛和波莱尔等著名数学家，自然受益匪浅。书说简短，仅仅用了 5 年中的部分时间，布劳威尔就将自己打造成了永垂青史的"拓扑学奠基者"。他在 1910 年发表的《布劳威尔不动点定理》及拓扑维数不变性的证明使他成为当时的全球顶级拓扑学家。鉴于这些拓扑学成就，布劳威尔在 31 岁时晋升为阿姆斯特丹大学数学教授，同时当选为荷兰皇家科学院院士。但非常意外的是，他在教授和院士的就职演讲中，竟然只字未提被外界看好的拓扑学成就，反而大谈特谈他那即将在数学界引起轩然大波的数学直观主义。从此以后，他开始与希尔伯特领导的形式主义学派展开了激烈的学术论战，甚至最终严重伤害了双方的友谊。

在学术论战前，布劳威尔其实是希尔伯特的忠实粉丝。1909年夏天，他在度假时偶遇了比自己年长19岁的希尔伯特。他抑制不住内心的激动，立即用诗一样的语言给那位诗人密友写信说："我见到了世界上首屈一指的数学家，多次与他一起散步，并像虔诚的信徒一样与他交流。这是一束穿过我的生命的美丽而明亮的阳光。"希尔伯特对布劳威尔的第一印象也很好，他认为这个后起之秀是难得的数学天才。他从1911年起多次邀请布劳威尔访问自己所在的哥廷根大学，在1912年推荐布劳威尔成为了阿姆斯特丹大学的教授，在1919年为布劳威尔提供了当时作为世界数学研究中心的哥廷根大学的一个数学教授职位。此时，双方的论战早已如火如荼，以致布劳威尔无情地拒绝了希尔伯特的这番好意。这让后者很恼火，最终两人彻底决裂。

关于布劳威尔与希尔伯特的这场世纪数学大战，若仅从"看热闹"的层面上看，"肇事者"显然是被后人描述为"愤世嫉俗、神经过敏、情绪化和顽固"的布劳威尔。实际上，早在1908年，布劳威尔就完成了一篇论文《关于逻辑原理的不可靠性》。他提出了一个著名论断："逻辑依赖数学，而不是数学依赖逻辑。"若该论断被接受，它显然就能轻松解决当时人们面临的第三次数学危机：既然逻辑并不是先验的和不可违反的，那么根本上就不存在从公理出发的数学，所以罗素悖论的出现就无所谓了。布劳威尔还进一步攻击道：（罗素坚持的）公理化方法和（希尔伯特坚持的）形式主义方法都很害怕出现矛盾，因此无法得到有价值的东西。布劳威尔还宣称："一个错误的理论即使没有因为出现矛盾而告终，也仍然是错误的。"让其他数学学派难以接受的是，布劳威尔还奇怪地否定了数学中的一个最基本的定律——排中律。这可是一个相当大胆而"狂妄"的举动，因为排中律认定：任何数学命题必须要么正确要么错误，不可能有第三种情况。而布劳威尔则认为，既正确又错误的悖论也是可以接受的。

布劳威尔的后续进攻当然还有很多，此处不再罗列，也不对其正确性加以评判，毕竟数学界至今还没有定论。为了这场论战，布劳威尔不惜任何代价。他在 1919 年甚至否定了自己的拓扑学成就，因为它们与自己的直观主义相矛盾。刚开始时，希尔伯特并没有太在意布劳威尔的攻击，甚至还对布劳威尔的数学天分非常欣赏。但是，随着布劳威尔的步步紧逼，特别是布劳威尔在 1920 年的一些令人信服的直观主义成果问世后，许多数学家开始动摇了，甚至连希尔伯特的得意弟子外尔博士也在 1921 年"叛变"了。于是，忍无可忍的希尔伯特从 1922 年起开始全面反击。也许是希尔伯特的反攻太猛烈，布劳威尔开始动用非学术手段。比如，他借助自己是著名刊物《数学年鉴》的编委身份，对来稿中其他学派的文章区别对待，而且越来越过分。看不惯布劳威尔这种做法的主编克莱因决定辞职，副主编希尔伯特决定将布劳威尔赶出编委会。作为编委之一的爱因斯坦被迫在"是否同意开除布劳威尔"的民主投票中表态。可怜的爱因斯坦两手一摊，舌头一吐，脖子一缩，只好表示弃权。他坦承道："很遗憾，我好像一只无辜的羔羊被扔进了数学的'狼群'中。" 1928 年 10 月底，可怜的布劳威尔真的被赶出了编委会。仍不服输的布劳威尔赶紧给自己的另一个好朋友、希尔伯特的太太去信，希望她能出面让她的丈夫手下留情。可惜无力回天，布劳威尔还为此生了一场大病。

至于后来的剧情嘛，无非就是布劳威尔领导的直观主义学派继续与希尔伯特领导的形式主义学派杀得昏天黑地。在布劳威尔 62 岁那年，希尔伯特去世，这场论战才暂告一个段落。9 年后，布劳威尔从阿姆斯特丹大学退休。又过了 14 年，布劳威尔也在 1966 年 12 月 2 日以 85 岁高龄去世。从此，直观主义与形式主义之间的论战才偃旗息鼓，始终没能分出胜负。

第十回
亚历山德洛夫派，点集拓扑开未来

光绪二十一年（1895 年），在中日甲午战争中惨败的清政府被迫签署丧权辱国的《马关条约》，割让台湾等地。次年，清政府一错再错，与俄国签署《中俄密约》，导致大片国土丢失。这一年，诺贝尔去世，伦琴发现 X 射线，马可尼发明无线电，贝克勒尔发现放射性。这一年的 5 月 7 日，在俄国偏远地区的一个名医家里，诞生了后来成为亚历山德洛夫学派领袖和"点集拓扑学奠基人"的帕维尔·谢尔盖维奇·亚历山德洛夫（Pavel Sergeevich Aleksandrov）。

亚历山德洛夫的爸爸是沙俄末期的左派激进分子，他从莫斯科大学医疗系毕业后，主动放弃在大城市发展的机会，自愿来到贫困地区的社区医院，很快成为一名外科专家。爸爸的开朗性格和生活态度对亚历山德洛夫的人生观产生了很大的影响，他从小就爱劳动，爱思考，更爱交朋友。亚历山德洛夫的妈妈是一位受过良好教育的贤妻良母，几乎把所有的爱都献给了丈夫和子女。

儿时的亚历山德洛夫体弱多病，不便上学，因此他的早期教育全由妈妈负责。大约在 13 岁读中学期间的一节数学课上，当老师讲完非欧几何学的创立故事后，少年亚历山德洛夫激动不已，一下课就追着老师索要更多的参考书。老师自然高兴，不但向他推荐了好几本书，还亲自辅导他读懂了其中的内容。从此，亚历山德洛夫迷上了数学，对自己的数学能力充满信心，因为他竟在中学期间就熟悉了非欧几何学和微积分等本该大学才学的内容。更幸运的是，这位中学老师不但是亚历山德洛夫的第一个贵人，还是一个文理双修的全才。在他的影响下，亚历山德洛夫对人文学科也很有兴趣。后来的事实表明，亚历山德洛夫的良好人文修养在很大程度上提升了他的人格魅力，甚至帮助他创建了亚历山德洛夫学派。

17 岁时，亚历山德洛夫以全优成绩从中学毕业，然后进入父亲的母校莫斯科大学，成为一名物理数学系学生。非常幸运的是，当时学校刚刚罕见地出现了两位国际一流的明星教授，他们就是比亚历山德洛夫年长 13 岁的鲁金和叶果洛夫。由于他俩正处于数学科研巅峰期，信心和干劲都很足，很快就形成了以鲁金为核心的莫斯科函数论学派。亚历山德洛夫自然成了鲁金的开门弟子之一，甚至在大一时就参加了叶果洛夫领导的函数论研讨班，大三时完成了第一篇论文。他的学术水平虽然有限，但至少已敢做科研了。

21 岁时，亚历山德洛夫从大学毕业，然后留校任教。次年，他根据鲁金的建议，试图攻克一个超级数学难题——连续统问题。结果他出师不利，自信心受到巨大打击，以致转行到外地的一个剧团当编导，结交了文艺界的许多名流。可是，亚历山德洛夫内心深处的数学情结并未消失。两年后，他所在的剧团来到莫斯科巡演。当他与鲁金老师久别重逢时，他对数学的激情突然爆发了。他马上到斯摩棱斯克大学任教，还定期到母校参加鲁金教授等组织的学术活动，结识了比自己年轻两岁的、时任鲁金助手的乌雷松。两人一见如故，很快就成了最亲密的朋友。

1921 年，25 岁的亚历山德洛夫以编外教授的身份调入莫斯科大学，开始了与乌雷松的传奇式合作。1922 年暑假，他俩利用在莫斯科郊外度假的机会，在拓扑学领域取得了自我感觉良好的首批成果，可惜并未引起国内同行的注意，当然也未引起国际同行的注意，因为他们的成果是用俄文发表的。1923 年，他俩获得了一个难得的留学机会，共同前往当时的全球数学研究中心——德国哥廷根大学。他俩一边向那里的大师学习，一边积极宣传自己的研究成果和研究思路，很快就找到了知音，甚至得到了克莱因和希尔伯特等顶级数学家的高度赞扬。于是，他们的论文很快发表在欧洲的主要数学刊物上，引起轰动。同年，他俩又到波恩大学和阿姆斯特丹大学短暂访问了一段时间。通过这次留学，他俩不但成功地推销了自己，而且从诺特、库朗和布劳威尔等数学大师那里了解了不少先进成果、有效的团队组织方法、卓越的科研思路和最新的数学动态等。当然，他们也收获了对未来事业大有帮助的深厚友谊。后来的事实表明，亚历山德洛夫的成功在很大程度上归功于他善于结交良师益友。

由于第一次留学的成就突出，1924 年 8 月他俩获得了第二次留学机会。这次他们来到法国，先在巴黎逗留了几天，接着就躲到了附近海边的一个小渔村，希望借助这里的安静环境，再攻克几道拓扑学难题。1924 年 8 月 17 日，年仅 26 岁的乌雷松意外地葬身于海边浴场！在出事当天，乌雷松还写下了他俩最新合作的论文的第一页。失去挚友的亚历山德洛夫几乎崩溃，他立即放下所有工作，在接下来的两年间前往荷兰，与布劳威尔一起潜心整理乌雷松的遗稿，以此纪念自己的这位朋友。亚历山德洛夫与乌雷松合作的这些工作奠定了后来的亚历山德洛夫学派的坚实基础。该学派在此后几十年中发展成了国际拓扑学研究中心。

从 1925 年开始，亚历山德洛夫在接下来的 7 年中取得了自己的一系列最重要的拓扑学成就。在此期间，他大部分时间都待在国外，定期前往哥廷根参加学术交流，开设拓扑学讲座，参加诺特的研究班等。特别是在1926年，他又结识了与乌雷松同岁的瑞士数学家霍普夫，两人很快成了朋友。后来，霍普夫扮演了乌雷松的角色，他俩合作完成了至今仍是经典的《拓扑学》一书。这标志着亚历山德洛夫的科研成就达到了顶峰。1927年，亚历山德洛夫在美国结交了更多的拓扑学家。他们共同研讨了相关问题，也将苏联的成果全面推向了国际。

在亚历山德洛夫的众多益友中，学术地位最高的数学家当数后来成为"20世纪最有影响力的数学家之一"、被称为"概率论公理系统创始人"的柯尔莫哥洛夫，他比亚历山德洛夫年轻7岁。他俩的首次见面也很传奇。他们在彼此认识前已在莫斯科大学数学系一起待了四年多。起初他们互不认识的原因还可理解，因为当时柯尔莫哥洛夫只是一个学生，而亚历山德洛夫已是著名教授，而且长期在国外讲学。柯尔莫哥洛夫于1929年毕业后留校，他俩便成了同事。即使如此，他俩仍未见过面。在这一年的假期中，他俩在荒郊野外的独木舟旅行中偶遇，通过闲聊才惊讶地知道对方竟是自己的同事。

亚历山德洛夫与柯尔莫哥洛夫后来的友谊更是奇迹。其实，他俩刚认识时并不和谐，经常互相指责。在初次相遇的回程途中，闲不住的柯尔莫哥洛夫总喜欢与身边的旅客推心置腹。这使得亚历山德洛夫颇不高兴，他甚至暗示这种交际太肤浅，批评柯尔莫哥洛夫交友不慎、不够成熟。柯尔莫哥洛夫却不买账，反而用概率论来为自己的行为辩解。他俩谁也不服谁，回校后还通过书信，从哲学高度对正确的交友方式进行了频繁的讨论。虽不知他俩最终谁说服了谁，但是过了磨合期后，他俩就成了铁哥们儿。50年后，亚历山德洛夫在回忆录中写道："在过去的整整半个世纪里，我俩的友谊从未间断过，也从未有过任何争吵。在任何事情上，无论此事对我俩的生活或哲学来说有多么重要，我俩都从未有过任何误解。即便是在某个问题上有分歧，我俩对彼此的观点也完全理解。"

数学家亚历山德洛夫与柯尔莫哥洛夫的友谊的开始很让人意外，因为那竟不是缘于数学研究而是缘于野外旅行，但他们的旅行和科研分不开。在初次相遇那年，他俩一起乘船沿伏尔加河穿越高加索山脉，来到塞万湖中的一个小岛上，享受每天游泳、爬山和晒太阳的惬意生活。同时，亚历山德洛夫与霍普夫合作完成了前述的那本传世名著《拓扑学》，柯尔莫哥洛夫则奠定了扩散理论的基础。从 1930 年开始，他们一起访问了柏林、哥廷根和巴黎等数学圣地，亚历山德洛夫介绍柯尔莫哥洛夫认识了自己的许多老朋友，比如希尔伯特、外尔、库朗等。这在很大程度上帮助了后起之秀柯尔莫哥洛夫。特别是他俩到法国后结识了勒贝格、弗雷歇和莱维等数学家，这更让柯尔莫哥洛夫如虎添翼。柯尔莫哥洛夫功成名就后，他俩干脆合资在莫斯科郊外买了一座别墅，每周花上一整天前来爬山、滑雪，或者只穿夏衣在冰天雪地里徒步 30 千米。当然，其间他俩又产生了不少数学研究的灵感。再后来，这栋别墅变成了学生们经常光顾的研讨场所，甚至成了国际数学俱乐部的营地。哈达玛、弗雷歇、巴拿赫和霍普夫等国际著名数学家都曾先后到这里居住过，既享受野外风光，又彼此激发灵感。

从 1932 年起，36 岁的亚历山德洛夫开始把主要精力放在国内，在教育和科研等领域同时发力。其中，在教育方面，亚历山德洛夫的特色和效果最明显。亚历山德洛夫为苏联培养了好几代数学家，包括庞特里亚金等国际一流数学家。在当时苏联的数学界，几乎每一位著名拓扑学家都是亚历山德洛夫的直接或间接弟子。

从教育特色上看，亚历山德洛夫培养学生的方式很罕见，那就是所谓的拓扑学旅行法。他带着学生四处旅行，既有持续数日的远程划船，也有横渡伏尔加河的游泳，还有莫斯科近郊的滑雪，更有夏日里的长途徒步。

旅途中不但有激烈的数学讨论，还有针对沿途所见所闻的自由辩论。

亚历山德洛夫对待学生的态度也很感人。他特别关心学生，经常与学生同吃同住，既像严父又像慈母。在工作和生活上，学生们只要遇到困难就会向亚历山德洛夫求助。在这一点上，亚历山德洛夫还真像他的那位主动下乡行医的父亲。

亚历山德洛夫特别注意学生的心理感受。当学生来家中讨论问题时，他总会播放一些优美的古典音乐来缓解紧张的气氛，让学生畅所欲言。他还经常带学生听歌剧，鼓励大家全面发展，以便在心情愉快的环境中激发更多的灵感。

亚历山德洛夫的教育之所以如此成功，是因为他有一套完整的教育理念。他认为学生不仅要拥有丰富的科学知识，而且要拥有很高的文化修养，因为科研天赋无非包括智力、意志和激情三部分。其中，激情具有关键的支配地位，只有它才能促进智力和意志的发展，形成科学创造所必需的力量。亚历山德洛夫的这种教育理念可能来自他青年时期的亲身感受。

在科研方面，亚历山德洛夫建成了亚历山德洛夫学派。此外，他的教育和科研工作相辅相成。正是他那生动活泼的教育方式吸引了众多青年才俊，壮大了科研队伍，取得了更大成就。

在社交方面，亚历山德洛夫也很成功。他不但获得了众多荣誉，而且兼任了许多重要职务。他经常亲自举办或鼓励学生举办各种科普讲座等公益活动。

1982 年 11 月 16 日，亚历山德洛夫在莫斯科安然去世，享年 86 岁。

第十一回
韦伊猜想魔力大，代数几何催新芽

伙计，就算你没听过韦伊，也可能听说过他提出的韦伊猜想，因为它们对 20 世纪数学发展的影响太大。由于这些猜想的证明，德沃克于 1962 年获得了科尔数论奖，格罗腾迪克于 1966 年获得了菲尔兹奖，德利涅于 1978 年获得了菲尔兹奖，并于 1988 年、2008 年和 2013 年先后获得克拉福德奖、沃尔夫奖和阿贝尔奖等。其实，韦伊本人也十分了得，他是 20 世纪最有影响的数学家之一，是 20 世纪最有影响的数学团体布尔巴基学派的主要创始人，是曲线上黎曼猜想的证明者，是抽象代数几何学的奠基人，是解决希尔伯特第十二问题的重要功臣。韦伊群、韦伊表示、韦伊配对、韦伊除子、韦伊上同调、莫德尔－韦伊定理等学术成果都以他的名字命名。他是 1979 年沃尔夫数学奖、1980 年斯蒂尔奖、1980 年巴纳德奖和 1994 年京都基础科学奖的获得者。另外，他还有一个非常重要的、在几乎所有传记材料中都不可或缺的身份，即他是著名哲学家西蒙娜·韦伊的哥哥。为了突出重点，这里只将他的妹妹当成配角，用以补充他缺失的生平信息。他们兄妹俩在许多方面刚好相反，君若不信，请读下文。

1906 年 5 月 6 日，在巴黎的一个犹太人家里诞生了一个大胖小子，他的名字叫安德烈·韦伊（André Weil）。三年后，他将有一个可爱的小妹妹。此后，这兄妹俩一唱一和，分别在数学和哲学领域演绎着彼此互补的传奇人生。韦伊的父辈本来生活在当时属于法国的洛林，在 1870 年的普法战争中，洛林被德国占领，于是父辈从洛林逃到了巴黎。

韦伊的爸爸以行医为业，出身于书香门第的妈妈则尽心抚养两个完全不同的神童。哥哥从小身体结实，妹妹却孱弱多病。哥哥幼年早慧，5 岁能阅读，但少言寡语，妹妹则能言善辩，是典型的"话痨"。据说，大约在妹妹三岁半时，有一次韦伊带着她乘电车，结果她一路上唠叨个不停，气得邻座老太太愤然下车。她说道："天哪，这是个孩子还是个鹦鹉？"哥哥生性木讷，妹妹则感情丰富。第一次世界大战爆发后，妹妹得知前线士兵没糖吃时，年仅 5 岁的她竟战胜诱惑，拒绝吃糖。哥哥文静如处子，妹妹活泼如脱兔。就算兄妹打架，就算哥哥更方便揪妹妹的辫子，通常也是妹妹获胜。不过，在大多数情况下，兄妹俩非常和睦。在哥哥的精心指导下，妹妹曾给爸爸送上过一份特殊的生日礼物，让爸爸高兴得合不拢嘴。那天待爸爸坐定后，年仅 6 岁的妹妹用稚嫩的童音朗读了法国著名剧作家拉辛的一段诗文。兄妹俩后来经常互相帮助。成年后的妹妹以研究哲学为主，也精通数学，而哥哥则相反，以研究数学为主，也精通哲学。

韦伊思维敏捷，勤奋好学，自学能力特别强。早在读中学时，他就掌握了拉丁语、希腊语和梵语，这为他后来了解古代文化和东方文化奠定了基础。中学毕业前一年，他偶然遇到了人生中的第一位贵人，即他后来的老师、当时已功成名就的巴黎高等师范学院著名数学家哈达玛。在贵人的建议下，他阅读了另一位著名数学家若尔当的名著《分析教程》。

16 岁时，韦伊考入了巨人云集的、号称数学家摇篮的巴黎高等师范学院。他不但聆听了皮卡和勒贝格等当时杰出数学家的讲座，还参加了哈达玛的数学研讨班。韦伊成天泡在图书馆里，钻研前沿数学论文。不可思议的是，面对众多令人头皮发麻的超难数学著作，韦伊却显得很轻松，他津津有味地说："不太难，但确实字字珠玑！"

除数学外，韦伊还对哲学特别是东方哲学情有独钟。恰巧那时有一位著名的东方学家列维，他经常鼓励韦伊说："读吧，读吧，若不读它，就难以理解印度，更何况它是那么美妙！"在列维的影响下，韦伊开始研读梵文版的《薄伽梵歌》。他不仅被书中的哲理所征服，而且被其中蕴涵的精神所打动。在未来的岁月里，这部印度经典极大地影响了他的人生选择。

可正当韦伊忘情于数学和哲学研究时，他的天才表现却差点要了妹妹的命。在他 17 岁那年，妹妹竟然很认真地想到自杀，原因只是"我天资平庸，而哥哥如此卓越"。历尽数月挣扎后，妹妹蓦然醒悟，从此开始相信"不管是谁，即使天资等于零，只要渴望真理并锲而不舍地追求之，就会进入天才特有的真理王国"。从此以后，妹妹的精神面貌焕然一新，不但顺利考入大学，还很快表现出了哲学天赋和"罕见的精神力量"。从此以后，兄妹俩经常通信，交流学习数学和哲学的体会。哥哥将哲学作为研究数学的工具，妹妹则将数学作为练习哲学冥想的手段。妹妹常请哥哥解释其数学成果，哥哥也竭力用浅显易懂的语言认真回答。若哥哥陷入迷茫，妹妹就会及时来信，从哲学高度予以点拨。实际上，后来的史学家正是通过兄妹俩的大量信件才还原了他们的本来面目。

19 岁时，韦伊大学毕业，然后自费前往意大利游学，结识了当时的一大批杰出数学家。他们对韦伊后来的科研方向产生了重要影响，他们告诉了他尚未解决的莫德尔猜想。于是，韦伊决定将该猜想作为自己的首个科研目标，开始对它进行深入研究。当然，作为一位文理兼修的奇才，韦伊在意大利期间绝对没有放过那里的艺术享受。

　　一年后，韦伊依靠洛克菲勒奖学金，绕道比利时和荷兰，于 20 岁那年到达德国哥廷根。他本来希望访问那里的泛函分析权威库朗教授，结果发现投错了师门。他只好一边断断续续地到希尔伯特的讨论班上旁听，一边百无聊赖地接触当时方兴未艾的量子力学，可总也找不到感觉。正当他计划打道回府时，却意外地结识了自己的第二位贵人、时年 44 岁的"抽象代数之母"诺特。他有幸从她那里掌握了近代代数的最新成果，这对他后来成为"抽象代数几何学奠基人"起到了决定性的作用。韦伊在德国有位十分活跃的姨妈，这使得他有幸结识了众多名流。他不但开阔了眼界，还在他们的帮助下，在攻克莫德尔猜想方面取得了阶段性成果。当他兴高采烈地将这些成果告知哈达玛并希望尽快发表时，对方却狠狠地批评了他一通，警告他"别试图发表阶段性成果"。后来的事实表明，哈达玛的这一当头棒喝非常及时，对韦伊取得大成果很有帮助。此后，他就不再追求数量，而只重质量了，而且治学相当严谨，不再浮躁，甚至留下了一句影响至今的哲学名言"严格性对于数学家就像道德对于人"。

　　22 岁时，韦伊将自己的前述阶段性成果整理成博士论文，顺利获得巴黎高等师范学院的博士学位。此后，他本想去斯特拉斯堡大学任教，结果被拒。他只好按规定服完一年义务兵役，接着第二次去意大利访问了一段时间，然后于 1930 年去了一个谁也想不到的地方。他在列维教授的鼓动下，竟去遥远而落后的印度阿里格尔穆斯林大学当了两年教授，在那里很快融入当地生活。他待人友好，对学生更亲切，甚至成了一位名副其实的印度通。他周游了印度全境，还拜见了甘地，对他的非暴力理想更加崇敬，可惜后来韦伊的非暴力行动却把自己送进了牢房、此乃后话，暂且不表。

　　1932 年，韦伊从印度回来后到马赛大学当了一年讲师，然后总算进入斯特拉斯堡大学。他在那里工作了 6 年，完成了人生的两件大事。其一，他在 31 岁那年娶回了一个自己满意的媳妇。其二，他在当时法国最权威的两位数学家嘉当和哈达玛的帮助下，与其他 6 位年轻数学家一起正式启动了布尔巴基学派的团队建设工作。后来，该学派使早已落后的法国数学再度辉煌，重新成为全球数学研究中心。原来在第一次世界大战期间，敌对的德法两国采取了完全相反的策略。法国坚持人人上战场，结果大批数学家遭到屠杀，本来是全球数学研究中心的战胜国法国的数学水平一落千丈。而德国则将学者保护在后方，所以战后，作为战败国的德国反而成了全球数学研究中心。为了扭转这种尴尬局面，以韦伊等人为代表的法国数学家自发组织起来，开始了以布尔巴基学派的兴起为标志的数学复兴工程。

当该复兴工程初见成效时，第二次世界大战于 1939 年打响了。咋办呢？难道又要眼睁睁地看着第一次世界大战的悲剧重演吗？在甘地的非暴力思想的影响下，韦伊坚信自己的义务是研究数学而非打仗，于是他决定逃避兵役，在 1939 年夏天携妻出境，先后游历了英国、挪威、丹麦、瑞典和芬兰等。他进入芬兰后，竟被莫名其妙地关进监狱，被当成间谍判了死刑。也许韦伊命不该绝，在行刑前一天，主管此案的警察局长在下班回家的路上偶遇了芬兰最著名的数学家林纳。这位局长在无意间对林纳说道："明天要枪决一名法国间谍，那个家伙声称认识您。我们当然不会为这种谎话打扰您，毕竟认识您的人太多了。""那个人叫什么名字？"林纳追问了一句。"安德烈·韦伊。"林纳听后大惊失色，赶紧以自己的名誉担保，建议改死刑为驱逐出境。直到 20 年后，对此案一头雾水的韦伊才从时任国际数学家大会主席林纳那里知道了整个过程，自是一番后怕。

死罪虽免，但活罪难逃。早已成为惊弓之鸟的韦伊于 1940 年从芬兰逃回祖国后，他再度锒铛入狱。这次，他的罪名是"逃避兵役"，被重判 5 年有期徒刑。狱中的无聊生活竟使韦伊得以潜心思考，他在区区三个月后就取得了自己的第一项代表性成就，证明了曲线上的黎曼猜想。他在狱中兴奋地向妻子报喜说："近期的收获超出预想。我甚至开始担忧，若只在监狱里才能如此高效，今后是否该每年都进来待三个月呢？"可惜狱中的安静生活很快就被打破了。在德国的强大攻势下，法国只坚持了 44 天就彻底沦陷，以致所有囚徒都得服兵役，并随节节败退的法军撤往英国，去承受更加悲惨的伦敦大轰炸。

混乱之中的韦伊好不容易弄到签证，在 1941 年举家迁往美国，勉强挤进了名不见经传的利哈伊大学，从事着"从愚蠢的课本上抄下烂熟的公式，以使这个文凭工厂正常运转"的工作。由于薪水微薄，韦伊只得依靠洛克菲勒基金会的资助维持生计。就在这段最艰难的日子里，韦伊竟取得了自己的第二项代表性成就，奠定了抽象代数几何学的基础。1943 年 8 月 24 日下午 5 点，韦伊的妹妹因病去世，年仅 34 岁。

第二次世界大战结束后，韦伊在 1945 年前往巴西圣保罗大学任教，1947 年被芝加哥大学聘为教授，1948 年取得第三项代表性成就，提出了后来支配代数几何学发展达几十年的一系列猜想。1958 年，韦伊进入普林斯顿高等研究院，从此安定下来，直到退休，然后继续从事数学史研究。

1986 年，韦伊的太太去世，这给了他致命一击。他在勉强写完纪念妻子和妹妹的传记后，身体急剧衰弱，视力大减，方位感丧失，迷路成了家常便饭。不过，他并不服老。在接待访客时，他总喜欢拿出报纸假装阅读，以证明自己头脑清醒。但他不知道，其实他经常把报纸拿反。

1998 年 8 月 6 日，韦伊在家中去世，享年 92 岁。为了纪念他的伟大贡献，后人将 2004 年发现的 289085 号小行星命名为"韦伊星"。

第十二回

盲人庞特里亚金，辉煌成就靠母亲

伙计，你相信吗？一个从 13 岁起就全盲的孩子竟能借助半文盲母亲的眼睛，一举成为卓越的数学家，人们甚至以他的名字命名了许多重要成果，比如庞特里亚金定理、庞特里亚金示性类、庞特里亚金最小原理、庞特里亚金弱极值原理等。他的庞特里亚金对偶定理被认为是 20 世纪拓扑学最重要的成就之一，他的庞特里亚金极大值原理被称为是现代控制论的三大里程碑之一。一个盲人凭啥能成为卓越的数学家，难道只是身残志坚吗？欲知详情，请读下文。

1908 年 9 月 3 日，在莫斯科郊外的一个犹太血统的平民家里诞生了一位眼睛特亮的大胖小子，他的名字叫列夫·塞米约诺维奇·庞特里亚金（Lev Semyonovich Pontryagin）。

庞特里亚金的母亲是位裁缝，只读过一年小学。他的父亲是一位读过 6 年小学的会计。可惜在庞特里亚金 6 岁那年，第一次世界大战爆发，父亲便被沙俄抓了壮丁，结果刚上战场就被德军俘虏，直到第一次世界大战结束后才被遣返回国。这本该是庞特里亚金家族为国奉献的一件光荣事，可哪知后来竟成了庞特里亚金读大学时的一个污点。此乃后话，这里暂且不表。

庞特里亚金从小就对身边的事物充满好奇，对机械更感兴趣。但凡家里有啥物件坏了，他都会抢着维修，十分享受成功的喜悦。8岁时，他进入小学。13岁时，有一次家里的气压煤油灯坏了。他在修理时，煤油灯突然发生爆炸，飞溅的玻璃碴刺破他的眼球，致使他的双目从此失明。突如其来的打击让全家陷入极度悲哀之中。父母担忧儿子的前程，他们一边帮儿子树立坚强的人生信念，一边绞尽脑汁，想法解决儿子今后的生计问题。起初，父母本想仿照许多盲人的做法，希望儿子以演奏音乐谋生。结果庞特里亚金苦练了三年钢琴，最终还是以找不到乐感而失败。后来，庞特里亚金自己提出要继续上学，至少要读完中学。父母喜出望外，妈妈立即放下所有工作，把全部精力都放在儿子的身上，白天送他上学、陪他上课，晚上帮他复习，把课本上的内容慢慢念给他听。

中学毕业后又该干啥呢？妈妈异想天开，要送儿子上大学。起初他们打算读文科，毕竟文科资料更容易用盲文表示或由他人朗读。经过一番努力后，庞特里亚金对文科根本没兴趣。后来，妈妈突发奇想，干脆让儿子试试盲人最不可能学习的数学专业，毕竟单单数学公式的阅读就是一个天大的障碍。可哪知庞特里亚金很快就爱上了数学。于是，本来就生活拮据的父母节衣缩食为儿子请来数学辅导老师。同时，半文盲的妈妈也开始认真旁听，重点学习如何将数学公式读给儿子听。后来，母子俩还发明了一套专用的"数学口语"，使得所有数学符号都能进行有效听读。由于拥有超强的记忆力和想象力，再加上妈妈的陪伴，庞特里亚金的数学成绩突飞猛进，终于做好了报考大学数学专业的所有准备。

在入学考试报名时，庞特里亚金又遇到了新麻烦。原来苏维埃推翻了沙皇的统治，建立了新政权。庞特里亚金的家庭出身不是工人和农民，而且父亲为沙皇卖过命（参加过第一次世界大战），因此他的政审不过关。换句话说，庞特里亚金压根儿就没资格读大学。这下子可急坏了妈妈，她像疯子一样到处求爷爷告奶奶，反复证明自己的家庭一直很穷，一直备受旧政权的剥削和压迫，当初丈夫上战场也是受害者。经过一番拼命折腾后，她总算替儿子拿到了准考证。儿子也非常争气，在17岁那年轻松考入莫斯科大学物理数学系。

进入大学后，真正的挑战才开始。首先，学校离家很远，庞特里亚金每天早晚乘公交车就得耗费至少两小时，还得由年近五十的妈妈亲自接送。妈妈必须陪读，她不但要向师生请教如何读数学公式，还得从头开始学习德语、英语、数学、打字、写信和抄写笔记等。雪上加霜的是，庞特里亚金19岁那年，爸爸突然去世，从此一家人生活更难，妈妈不得不一边打工一边照顾儿子。聪明的妈妈在庞特里亚金背后挂上一个"信息牌"，以求路人为他提供必要的帮助，从而解决了他每天上学的往返问题。至于听讲数学新公式的问题，他们只好利用工休日突击攻关了。

这样，庞特里亚金仅靠耳听和心记奇迹般地学完了四年本科，而且成绩特别优秀。毕业后，他又顺利考上了数学专业的研究生，在23岁时获得硕士学位。由于庞特里亚金在读书期间的表现实在太优秀，事迹太感人，他很快就为自己引来了一位伯乐——著名数学家亚历山德洛夫。这位两耳不闻窗外事的院士后来成了庞特里亚金的博士导师。正是在这位院士的悉心指导下，庞特里亚金在读书期间完成了四篇拓扑学论文。它们由老师帮助翻译成德文后在国际上引起了轰动，从而奠定了庞特里亚金在代数拓扑领域中的先驱地位。

研究生毕业后，由于科研成就突出，庞特里亚金留校任教，在27岁那年获得莫斯科大学博士学位，同时晋升为正教授。这时，庞特里亚金又做出了一个惊人的决定，他要撰写一本当时相当前沿的专著《连续群》。在两年内，他口述了 40 万字的草稿。虽然初稿中的问题不少，但亚历山德洛夫对初稿进行了精心修改，重编了相关章节，再由庞特里亚金的母亲打印和填写公式。最终在庞特里亚金 30 岁那年，该书在美国普林斯顿出版，他一举成名，震动全球数学界。为此，31 岁的庞特里亚金被任命为苏联科学院数学所拓扑几何研究室主任，同年当选为通讯院士。

庞特里亚金不但把科研做得好，教学工作也很棒，授课方式更奇特。据说他坐在讲台一侧口授，声音不低不高，不快不慢，句句清晰，语气笃定，无一废字，极便于听众做笔记。从外观上看，他的讲课很像高僧闭目讲经，一边口述，一边仔细听助教在黑板上拼写和读数学公式，并不时提示纠错，甚至还能精确地区分许多很容易混淆的数学符号。每当助教太紧张时，他还会开个小玩笑，活跃课堂气氛，缓解助教的压力。对于黑板上的板书内容，庞特里亚金好像"看"得更清楚。他讲课通俗易懂，还会联系实际，很少引用抽象概念，让学生们全无玄虚之感。

由于高科技在第二次世界大战中发挥了关键作用，所以战后苏联政府便号召科学家联系实际开展工作，相关领导也建议庞特里亚金转向应用数学研究。本来已是国际拓扑学大师的庞特里亚金毫不犹豫就照办了，他很快就为自己放弃拓扑学之举找到了自我安慰的理由，认为"拓扑学虽美，但太抽象，不实用，知音更少"。为此，他的导师痛心疾首，仰天长叹。本来世界领先的苏联拓扑学从此一落千丈，后继乏人。庞特里亚金在放弃拓扑学后，很快就在现代控制论领域取得突破，树立了控制论学科的里程碑，取得了名为"庞特里亚金极大值原理"的成果。

最后，再来说说庞特里亚金的婚姻生活，而这又是一番苦涩的滋味。

庞特里亚金终生与妈妈相依为命。妈妈的辛勤操劳，妈妈的护犊情深，怎么歌颂也不为过，但妈妈的专断最终毁了儿子的幸福婚姻，为庞特里亚金的人生徒添了悲剧色彩。1941 年 6 月 22 日，苏德战争爆发。庞特里亚金已是国家重点保护的对象，被疏散至遥远的喀山地区。这时，庞特里亚金遵从妈妈之命，匆匆结婚，然后撤离莫斯科。战争期间，婆媳二人相安无事，可战争危机刚过，婆媳大战就爆发了。妈妈因嫉妒儿媳夺走了儿子，便对儿媳加以百般限制、千种约束，事事冲突，天天吵架。儿媳忍无可忍，离家出走，逼得庞特里亚金只好于 1952 年与她离婚。6 年后，庞特里亚金又遇到意中人，并于 1958 年再婚。此时妈妈虽已年近 80，但性情依旧，甚至更加专横，又与儿媳不和，再吵了 10 多年，直到 1972 年以 92 岁高龄去世。此时，庞特里亚金也已 64 岁。

1988 年 5 月 3 日，伟大的数学家列夫·塞米约诺维奇·庞特里亚金在莫斯科去世，享年 79 岁。

第十三回
数学游侠厄多斯，爱尔特希写传奇

    细心的读者也许从本回的标题中发现了异样，甚至可能误以为本回将有两位主角——厄多斯和爱尔特希。其实，这两个译名以及厄尔多斯、埃尔德什等指的都是同一个人。由于这些译名在不同的资料中很常见，我们只好将它们一一列出。下面统一采用当前通行的译名保罗·厄多斯（Paul Erdös）。由于他的故事太多，若面面俱到，我们反而看不清庐山真面目；再因篇幅所限，所以我们只从神童中的神童、白痴中的白痴、大侠中的大侠这三个方面，对他进行简单的介绍。至于其他方面嘛，各位只管尽情地想象就行了。

    先看神童中的神童。人们都说数学界的神童多，但像厄多斯这样的超级神童还真没几个。你看，他于第一次世界大战爆发前一年的 3 月 26 日生于即将成为战场、即将掀起排犹高潮的匈牙利布达佩斯的一个犹太血统家中。也就是在这一天，他的两个年龄分别为 3 岁和 5 岁的姐姐却因败血性猩红热而双双夭折，悲喜交加的父母生怕他重蹈覆辙，故从小就对他百般呵护，甚至舍不得让他上学，担心他又染上猩红热之类的疾病。从此，一个呆子，准确地说是超低情商的呆子脱颖而出，同时一个超高智商的神童也势不可当地冉冉升起。

他的父母都是高中数学老师，很会育人，所以厄多斯的早期教育全靠父母在家中完成。但后来的事实表明，其实父母的家庭教育也纯属多余，神童何需老师？早在蹒跚学步时，厄多斯就开始研究日历，计算妈妈哪天放假，哪天能带自己去公园。3岁时，虽然他还不会写字，但已能心算三位数和四位数的乘法了。他对此不屑一顾，认为这不过是小菜一碟。实际上，此时他已开始见啥算啥了。比如，他会抢先询问客人的生日，然后一看闹钟，便开始计算客人已活了多少秒。他甚至还计算过乘火车到太阳旅行的时间。4岁时，他又独立发现了负数，并耐心地辅导妈妈说："如果用1减2，你将得到一个比零小1的数。"妈妈差点惊掉下巴。紧接着，他又独立发现了死亡，不但知道人会死，还知道所有的生物都会死。更恐怖的是，他发现自己今后也会死，于是号啕大哭，又让妈妈目瞪口呆。6岁以后，他更加与众不同，不但痴迷自然科学，而且阅读了大量医书，甚至对文学和社会问题等都很关心。他的记忆力和理解力更是好得出奇，一目十行，过目不忘。所以，他从不藏书，因为他的大脑就是一台高速复印机，每到一家图书馆就"哗啦啦"一通复印，然后他所看过的内容便存储在记忆中，只等随取随用。当然，他也有学得很差的东西，比如英语发音不准。这得归咎于爸爸对他的从小误导，因为爸爸从未听过正宗的英语发音。

大约从10岁起，厄多斯爱上了数学，朝思暮想要成为数学家，而原因竟是爸爸给他讲了"素数的个数为无穷多个"的一种巧妙的证明方法。从此以后，他就陶醉在求解数学问题的乐趣中。每当报上登出趣味数学有奖难题时，他就会抢先寄出答案。若自己的名字出现在获奖名单中，他就会和全家人一起像过节那样高兴。所以，成名后的他深情地回忆说，是父母的巧妙引导才使他爱上了数学并拥有了独特的解题能力。当然，在中学阶段，除了数学成绩外，他的历史、政治和生物等科目的成绩也都遥遥领先。

他在 17 岁时从中学毕业。在选择大学专业时，妈妈希望他学医，爸爸希望他当工程师，而厄多斯自己则要学数学。于是，他进入布达佩斯大学数学系。从此，班上集体活动的压轴节目就成了这样的：任何人随便说出一个四位数，厄多斯瞬间算出该数的平方或立方，大家经验证无误后，再报以热烈的掌声。在大学里，厄多斯接受了严格且系统的数学训练，深刻地领会了数学研究的方法和实质，为随后 60 余年的数学研究生涯打下了坚实的基础。他对素数的理解远比别人深刻。刚到大二时，他就闪电般地完成了自己的首篇论文，证明了"任何整数 n 与 $2n$ 之间都至少存在一个素数"。虽然该结果早在此前 80 多年就被其他数学家长篇大论地证明过了，但厄多斯的证明仍以其精妙而轰动了匈牙利数学界，甚至英国数学家也来信要求与他合作，德国数学家更称赞他为"布达佩斯的魔术师"。4 年后，21 岁的他轻松拿下数学博士学位。接下来该咋办呢？全家人很纠结。若他继续留在匈牙利，此时排犹活动已开始，连人身安全都难保证。若到国外去，厄多斯这个全无自理能力的人能活下去吗？几经权衡后，父母还是一咬牙，同意儿子前往英国继续深造。从此，英国、美国、以色列等国家相继出现了一个呆子中的呆子。

像厄多斯这样的超低情商的呆子很难找到第二个。他呆得不可思议，呆得惊天动地，呆得前无古人，呆得后无来者。他的呆不仅来自后天的影响，更有先天的遗传，因为他的爸爸就是一个典型的书呆子。第一次世界大战刚爆发，呆父就老老实实地被抓了壮丁，甚至都忘了拿自己年仅 1 岁的独子来做挡箭牌。刚上战场，呆父又呆头呆脑地冲向敌方阵地，结果毫无悬念地成了头名俘虏，被发配到西伯利亚做苦力，直到战争结束后才被放回来。此间，只留下孤儿寡母相依为命，这自然又让妈妈更加宠爱厄多斯。他直到 11 岁时才首次自己弯腰系鞋带；21 岁单独赴英国后，他才被迫学会如何在面包上抹黄油，因为此前这些小事都归妈妈管。不过，自从学会抹黄油后，他就开始吹牛了，甚至宣称自己"也许能做出麦片粥，还能煮鸡蛋，只是从未试过而已"。据说，当时在大街上或众目睽睽之下，若有人突然大声自言自语，甚至手舞足蹈，那么这个人要么是小孩或神经病，要么就是刚刚抓住了灵感的厄多斯。

伙计，别以为他的上述呆事就登峰造极了，其实那只是序幕而已。当他进入思考状态时，真正的呆子大戏才会开幕。有一次，他去一位教授家里做客，哪知突然陷入了一场数学大战，遇到了好几个超级难题。这下可惹火了这位数学大侠，他发誓"不获全胜决不收兵"。于是，一周过去了，他全无离开之意；两周过去了，他仍待在那位教授家中；三周过去了，他还在与难题杀成一团。看样子，这位教授要成他的助手，教授太太要成他的佣人了，因为他在这里只管衣来伸手，饭来张口，还经常忘记关水龙头，不会用淋浴器时要发脾气。又过了一段时间，教授太太只好委婉地下了逐客令。这时，他才如梦方醒，赶紧道歉说自己忘了是在别人家。于是，他高高兴兴地离开了，后来仍与这位教授保持着长期友好的关系。又有一次，他应邀到另一位教授的家里聚会，可哪知谈笑风生的他突然像断了电的机器人一样，坐在那里一动不动。任凭别人跟他说话，他都是听而不闻，视而不见，搞得主人十分尴尬。一个多小时后，只见他突然一拍脑袋大叫道："哦，原来如此！"顿时，机器人又通电了，谈笑风生的厄多斯又回来了。还有一次，一位老朋友病重住院，他罕见地想到该去慰问一下这位数学家。一见面，他就兴高采烈地祝贺道："哇，太好了，你竟然还活着，我以为你死了，正琢磨如何给你写讣告呢。"接着，他不管三七二十一就开始与有气无力的教授讨论起高深的数学问题来，搞得教授夫人极不高兴，恨不能立即将他赶出去。而这教授一听到数学问题，顿时就两眼放光。他的夫人只好摇头叹道："唉，疯病只能由疯人治！"

厄多斯的此类故事实在太多，三天三夜也说不完。据说，他曾 50 年没看过小说，40 年没看过电影。有一次，一位同事带他去航天中心现场观看火箭发射，结果他连头也没抬，只顾思考自己的问题。还有一次，朋友请他去看哑剧，可表演还没开始他就睡着了。不过需要指出的是，只要不在发痴期内，厄多斯其实相当正常，业余爱好也很多，围棋、象棋、桥牌和乒乓等样样拿手，而且善于运用心理战术在棋赛中获胜。他的历史知识更令人叫绝。有一次，他偶然遇到了一位著名的匈牙利历史学家，结果在与对方进行了长达数小时的热烈讨论后，对方还以为遇到了同行中的后起之秀呢。厄多斯的言行非常机智幽默。他曾在大会上用数学方法严格地证明了自己的年龄为 25 亿岁。他说："我小时候看到书上说地球已 20 亿岁了，现在的书上则说地球已经 45 亿岁，证毕。"有人问他为啥始终不结婚，他却显得非常惊讶，声称自己早在 10 岁时就已将数学新娘娶回家了。也许在他看来，数学家本不该结婚，否则就犯了重婚罪，因为数学家就该以数学为家嘛。本来生活拮据的他却经常在报刊上出钱悬赏征解数学难题，有人算出他的悬赏总额后问他是否有钱兑现。他又用概率论严格证明了"同时解决这些难题的概率小于银行遭挤兑的概率"。

除了呆气，厄多斯还有侠气。他的侠气不但在数学界绝无仅有，即使在生活中也罕见。他好像天生就是来解决数学难题的，天生就与难题有不共戴天之仇。刚到英国的第二年，22 岁的他就提出了著名的"厄多斯猜想"。该猜想今天已被证明，人们对它的兴趣却未减弱，甚至直到半个多世纪后的 1993 年还有人在继续研究其新的证明方法。被称为数学游侠的他经常在世界各地的教授之间来回穿梭，共同解决各种数学难题，甚至很少连续七天待在同一个城市。每到一处，他都拒绝客套，直奔主题，远远地向主人喊道："我的脑袋现在闲了，你有啥难题，尽管拿来吧！"若对方暂无难题，他扭头便走；否则，就毫不客气地搬进主人家，开始忘我地工作。数天后，他要么解决了难题，要么精疲力竭地转移阵地，再流浪到别处去乞讨难题。他以不可想象的快节奏四处奔波，甚至其座右铭都是"另一位教授，另一个证明"。

有时，他嫌与一位教授讨论不过瘾，就闯入数学研究所，同时与十余位青年数学家一起，像围棋大赛中的车轮大战一样，与不同的人讨论不同的难题。他先与张三说几句，点醒对方后，再转身指导李四，同时积极思考王五的难题。当时数学界都非常喜欢他，因为他不但具有很高的解题本领，而且从不保守，从不介意别人偷了他的绝妙想法，更不担心被抢了功劳。大家都乐意与他合作，乐意将他请入家中，一起讨论问题，更乐意与他共同署名发表论著，以致他一生发表和出版了1500多篇论文和800多部专著，成为当代数学家中论著最多者，其中以他35岁那年发表的《给出素数定理的初等证明》为最高水平。即使70多岁时，他每年还要发表50多篇论文。他也是与不同国籍的数学家合作最多的人，曾与511位数学家合作撰写论著。他还是研究领域最广的数学家之一，其成果覆盖数论、图论、群论、集合论、插值论、概率论、组合数学、随机结构、实变函数论和无穷级数理论等，还创立了随机图论。

尤其感人的是，本身就很穷的厄多斯非常善良，不但特别孝敬父母，还乐于向更穷的人施舍，乐于资助更穷的人研究数学。他在1976年将节衣缩食积攒的一笔款项捐给了以色列，设立"厄多斯奖"。1983年，他又将自己刚获得的号称"数学界的诺贝尔奖"的沃尔夫奖奖金捐给匈牙利，设立了一个以他的父母的名字命名的奖学金，只留下区区720美元的基本生活费。无论何时何地，只要碰到乞丐，只要那时他的口袋里还有钱，他就会献出爱心，全然不顾自己的温饱问题。

厄多斯终生都在研究数学，每天只睡4小时，从不轻言休息。他说：

"要想休息的话，躺入坟墓后有的是时间。"他还常说："对我来说，研究数学就像呼吸一样自然。"1996 年 9 月 20 日，他在华沙参加一个学术会议时因心脏病突发而不幸逝世，享年 83 岁。

最后特别指出，科研成果贵精不贵多。本回主角的做法虽然看起来很热闹，但并不值得推广。若他更加聚焦在某些方面，也许成就会更大。

第十四回
分形几何学鼻祖，曼德尔布罗孤独

伙计，若你一刀劈向悟空，睁眼再看时，妈呀，他并未被劈成两半，反而变成了两个悟空。你也许觉得这很稀奇吧！其实在大自然中具有如此"神功"的东西多如牛毛，甚至比比皆是。比如，海岸线就永远无法被分成头尾两半，因为截取任何一段海岸线，将它放大再看时，它仍是一段标准的海岸线，其形状与此前的那段很相似。此外，山脉、叶脉、闪电、树枝、心电图曲线、股票行情曲线等也都具有这种特点。本回主角曼德尔布罗所开创的分形几何学研究的就是这种对象，分形几何学充满了想象力，也颇具挑战性，更揭示了自然界的许多本质。

至于到底什么是分形几何学，目前还真不好给出严格的数学定义，只能形象地说分形几何学是真正描述大自然的几何学。分形几何学作品既是数学，也是艺术，而且是非常优美的艺术。有人利用简单的迭代算法设计出了一幅绝美的三维分形结构图，被《自然》杂志评为

"2009 年度十大科学图片"之一。若问分形几何学的图案到底有多美，只能说是它难以言表。你只要上网一搜就明白了。不同的分形几何图形具有不同的艺术效果，有的能表达特别的科学意义，有的则只是纯粹的艺术；有的令人心旷神怡，有的则令人头晕目眩。当然，分形几何学绝不只是美，它还非常有用。在经济领域，可用它来分析股票价格；在生物领域，可用它来分析细胞生长规律；在物理学领域，可用它来分析湍流和临界现象等。有人声称，今后谁若不懂分形几何学，谁就不能称为科学文化人。

分形几何学曾与耗散结构和混沌理论一起并称 20 世纪 70 年代中期科学上的三大重要发现。分形几何学的核心是"分形"，它甚至改变了人类理解自然的方式，拓展了人类的认知范围，既能让人豁然开朗，又能让人陷入迷茫。比如，你的身高是多少？过去你也许会脱口而出："1.8 米！"但是，从分形角度看，面对如此简单的问题时，你就会迷茫。当精确到厘米时，你的身高也许是 1.812 米；当精确到毫米时，你的身高可能又变成了 1.8123 米；再精确到下一位小数时，你的身高可能又变成了 1.81231 米。因此，从纯数学的角度考虑时，你的身高的精确值就永远不知道了。类似的问题还有很多。实际上，在现实世界中，过去人们处理的所有数与形都只是针对某种精度而言的，存在进一步细化的余地。另一方面，对于过去的许多困难问题（比如股票行情预测等），若用分形思路去考虑，可能就是柳暗花明又一村了。实际上，分形几何学最早的研究灵感就来自股票研究。

好了，分形几何学的科普知识就只讲这些了。下面用一篇凄美的小传来简介本回主角——"分形几何学之父"、沃尔夫物理学奖得主曼德尔布罗。

1924 年 11 月 20 日，在波兰华沙的一个犹太移民家里，一位年近四十的高龄产妇生下了一个孱弱的男婴，他的名字叫伯努瓦·曼德尔布罗（Benoit Mandelbrot）。

这个小家伙的命运多舛。他的国籍虽为多灾多难的波兰，祖籍其实是更加多灾多难的立陶宛。单是在他父母这一辈，立陶宛先被俄国占领，在第一次世界大战中又被德国占领，战后宣布独立，几个月后又在 1918 年 12 月建立了苏维埃政权，1919 年再次宣布独立，形势越来越紧张。终于，知识渊博的妈妈决定离开祖国，带着经商的丈夫迁居邻国波兰，并在这里生下了曼德尔布罗。

可是他们才出虎穴又进狼窝，这时波兰也不安宁。在曼德尔布罗 2 岁那年，一位军官在政变后自任总理，并在波兰实行独裁，后来还与希特勒合作。于是，波兰夹在了敌对的苏德之间，形势再一次紧张起来。曼德尔布罗的学业断断续续，学校教学极不规范，他连认字和写字都没认真学过，小学快毕业时也没背过乘法口诀，只懂得 5 以下的数的乘法。但曼德尔布罗拥有超强的几何记忆力和理解力，这主要归功于三个因素。其一，他的爬行和走路就是在一块几何图案丰富的高加索地毯上学会的，该地毯是他的父母结婚时收到的贺礼，他很早就爱上了几何图形。其二，他的父亲是一位地图收藏家，这让他从小就喜欢看地图，并能熟记地图上的标识。其三，也是最重要的因素，他很早就学会了下棋，下一种纯粹几何游戏的波兰象棋，还是常胜将军。他的高超棋艺是他的一位数学家叔叔采用奇特的方法训练出来的。在叔叔的启发下，他自己摸索出了许多怪招。叔叔从不教他该走哪步，将下棋规则解释清楚后，双方直接博弈，叔叔最多在关键步骤问上一句"确定吗"。刚开始时，曼德尔布罗屡战屡败，但很快就轮到叔叔屡战屡败了。下棋不但增强了曼德尔布罗的几何思维能力，而且增强了他的自信心。另外，叔叔对曼德尔布罗的性格也有很大的影响，难怪他后来也像叔叔那样不遵从数学界的既有传统，竟独辟蹊径开创了完全不同的新学科！刚开始时，数学界压根儿就不承认分形几何学是一个数学分支，这让他颇感孤独。

曼德尔布罗 11 岁那年，已经 50 岁的妈妈再次做出英明决定，逃离波兰，举家迁往法国巴黎，投奔已先期逃来的那位叔叔。其实，这次移民对妈妈来说更难，因为出逃前她已是一名教授，而到法国后，她不但远离了自己的朋友和社交圈，而且住进了贫民窟，沦为孤独的家庭主妇。后来，曼德尔布罗非常感激父母，感激他们冒死为自己创造了更好的生存条件。全家逃离波兰两年后，希特勒在 1939 年 9 月 1 日闪电般地占领了波兰，打响了第二次世界大战的第一枪。

曼德尔布罗的妈妈为啥每次都能及时移民，逃脱灾难呢？据曼德尔布罗说，在长期动荡不安的生活中，妈妈养成了一个奇特的习惯，即随时看报。不过，她并非看新闻，而是想预测即将发生的事情，以及它们将对全家产生何种影响。看来，莫非妈妈在无意间也使用了分形理论？按照该理论，分析报纸上的"微观尺度"事件，有助于预测今后的"中观尺度"事件。妈妈对子女寄予厚望，只要有利于子女成长，她就会斩钉截铁地做出决定，不畏艰难。

全家人逃到巴黎后，噩运当然还没到头。在德军侵占波兰后的第三天，法德两国也开战了。法军节节败退，巴黎很快沦陷，曼德尔布罗一家又不得不连夜逃往法国南部的蒂勒镇。仅仅几个月后，法军在 1940 年 6 月 22 日宣布投降。直到 1944 年 8 月 25 日，戴高乐将军才收复巴黎。在第二次世界大战期间，曼德尔布罗不足法定服役年龄，因此他从未上过战场，而是在一家工厂里当学徒，目睹了战争惨景。由于长期处于焦虑状态和危险之中，他从小就谨小慎微，总想远离闹市，甚至不惜绕道而行。难怪他后来创建的分形几何学也远离了正宗数学的"闹市区"。此时的他对数学压根儿就没兴趣，也没基础。他只是喜欢学习，不仅向书本学习，还向大自然学习。难怪他创建的分形几何学也是一门典型的自然几何学。

第二次世界大战结束后，曼德尔布罗一家人终于可以缓口气了，可他面临的灾难并未结束。此时，他开始模仿妈妈，做事不计后果，喜欢孤注一掷，好像随时都在逃难途中似的。除了经济状况持续糟糕外，更糟糕的是，他发现自己很难融入法国社会。他不喜欢法国邻居间的那种冷淡关系，不喜欢法国人过于规则的社区生活，甚至认为绝对的规则很危险。这显然是他长期漂泊的后遗症。他后来回忆说，此时他已开始沉迷于各种不规则的现象，而这些"不规则"后来竟成了他创建分形几何学的铺路石。他完全依靠自己的天赋和直觉考取了巴黎高等工科学校，开始学习数学，但他无法融入当时法国的数学界，尽管他深知法国数学很强大。他曾参加过法国著名的数学团体——布尔巴基学派，可该学派摒弃一切图形，过分强调逻辑分析和形式主义。这使他难以忍受，最终成为一名叛逆者。他是一个典型的形象思维者，不管面对何种解析问题，他的脑海里总会浮现相应的图形，并以图形来展开思考。

在各种灾难的连续打击下，曼德尔布罗只好不停地漂泊。他先是来到美国，在24岁时获得加州理工学院的硕士学位。后来，爱情又让他回到法国，他在28岁时获得巴黎大学博士学位。但是，特立独行的他始终得不到法国主流数学界的认可，甚至连他的一位老朋友在评价他的博士论文时也半开玩笑地说："你所研究的课题有一半属于虚无，另一半连虚无也算不上。"但曼德尔布罗仍我行我素，完全不在乎同行的嘲笑甚至鄙视。待到博士毕业后，问题就来了，因为他这匹千里马不但找不到伯乐，甚至找不到工作。他只好来到瑞士，进入完全陌生的学术圈，在知名心理学家皮亚杰的手下当了一名小助手。后来，在29岁时，他终于下定决心，带着媳妇再次来到美国。书说简短，曼德尔布罗虽将到而立之年，但他仍漂泊不定。一方面，他频繁更换就业岗位，受聘过的单位多得无法罗列，他最初在普林斯顿高等研究院工作过一年。另一方面，他涉足的科研领域更是多得惊人，据不完全统计，至少有数学、地学、哲学、物理学、经济学、生理学、天文学、情报学、计算机科学、信息与通信、城市与人口、设计与艺术等。

令人哭笑不得的是，几乎每个学科的专业人士都不拿他当自己人，数学界认为他是艺术家，艺术界以为他是物理学家，物理学界又说他是数学家，反正他好像什么家也不是。

终于，时间到了曼德尔布罗 34 岁那年，他来到了 IBM 公司的沃森研究中心。该中心只负责支付高额工资，而全然不在乎他研究的东西到底是啥。于是，他就在这里撒开了欢儿，尽情地依靠自己的几何直觉，开始研究众多看似毫无规律的现象，比如棉花价格的涨落、尼罗河水的变化、电话网络的噪声以及海岸线的长度等。每当取得成果时，他就兴高采烈，自信心爆棚；每当遭受失败时，他就垂头丧气，情绪跌入低谷。终于，经济学界首先承认他是经济学家了，哈佛大学聘请他为经济学客座教授。紧接着，物理学界承认他是物理学家了，哈佛大学聘请他为应用物理客座教授。直到 43 岁那年他在《科学》杂志上发表具有划时代意义的论文《英国海岸线有多长》后，数学界终于承认他是数学家了。在他 49 岁时，分形几何学基本成型。58 岁时，他出版了成名作《大自然的分形几何学》。顿时，分形几何在数学、物理学等多个领域引起轰动，大街小巷的时髦青年也将分形几何图形印在 T 恤上。

正当全球掀起分形几何学热潮时，曼德尔布罗却急流勇退，甚至成为旁观者。这也许是他又在躲避"闹市区"吧。至于他后来的故事嘛，我们就不必细说了，反正他仍是四处漂泊，孤独地漂泊。63 岁时，他成为耶鲁大学数学系正式员工，直到 75 岁时才成为终身教授。

2010 年 10 月 14 日，漂泊一生的曼德尔布罗在美国辞世，享年 85 岁。

第十五回
不顾晚节阿蒂亚，数学巨擘成就大

伙计，如果有人高调地宣布自己证明了已有 160 多年历史的、世界三大猜想之一的黎曼猜想，而全球数学界一片哗然，你对该人会有何看法呢？你一定以为这又是某位业余数学爱好者在瞎折腾吧。抱歉，这次乌龙事件的主角可不是业余数学爱好者，而是被誉为"20 世纪最伟大的数学家之一"的英国皇家学会前会长、剑桥大学三一学院前院长、1966 年菲尔兹奖得主、2004 年阿贝尔奖得主、1981 年费尔特里奖得主、1987 年费萨尔国王国际科学奖得主、1987 年本杰明·富兰克林奖章得主、1987 年尼赫鲁勋章得主、1988 年英国皇家学会科普利奖章得主、1983 年被英国皇室授予爵士头衔的迈克尔·弗朗西斯·阿蒂亚（Sir Michael Francis Atiyah）。

如此伟大的数学家，如此拿奖拿到手抽筋的巨擘，如此被数十个国家争相选为院士的罕见奇才，咋会"大意失荆州"呢？欲知详情，请读下文。

1929 年 4 月 22 日，阿蒂亚生于英国伦敦。他的祖父是来自黎巴嫩的一名移民医生，外祖父是英国约克郡教会的一名牧师。他的父母均来自中产阶级家庭，都是从牛津大学毕业的高才生。他的母亲是苏格兰人，但因他的父亲长期服务于苏丹政府，还是一位来自黎巴嫩东正教家庭的作家，发表了不少关于中东问题的具有争议的作品，所以在很长一段时间内，他们并未被英国主流社会接纳，阿蒂亚只好跟随父亲在苏丹和埃及度过了大部分童年时光。或许是因为受父亲渴望融入英国主流社会的影响，或许是因为幼年萌生了学术热情，阿蒂亚很早就立志要考入剑桥大学，并开始刻苦学习。他在 5 岁时进入苏丹教会学校读小学。阿蒂亚 10 岁时，第二次世界大战爆发，苏丹、埃及和英国都陷入了战争旋涡。阿蒂亚的剑桥梦也几乎成为泡影，不过他从未放弃上学，继续认真读书。

与许多数学家类似，阿蒂亚从小就对数学产生了浓厚的兴趣，显现了极高的数学天赋，被父母认为是天生的数学家。刚开始时，他其实更喜欢化学。在开罗的维多利亚学院读中学时，他还专门花费了整整一年的时间来学习高等化学。在学习有机化学时，他还兴趣盎然，可学到无机化学时，他便被大量需要死记硬背的内容吓坏了。于是，从 15 岁起，他决定献身以演绎推算为主的"只有原理和基本思想的数学"。随后，他去了埃及第二大城市亚历山大，在那里的一所国际英语寄宿学校里学会了十几种外语。

在阿蒂亚 16 岁那年，第二次世界大战结束，他们一家人随即移居英国，开始全面融入英国社会。阿蒂亚进入英国最大的私立走读男校——曼彻斯特文法学校读高中，受到了当时英国最好的高中数学教育。在这里，他开始参加剑桥大学的奖学金考试，并爱上了几何学。这将是他取得终生主要成就的领域。高中毕业后，他按规定服完兵役，并在 20 岁那年如愿以偿地以前三名的成绩考入剑桥大学三一学院，然后在这里接受了扎实的经典数学训练。此时的阿蒂亚已成长为一名爱好烹饪、园艺、历史和古典音乐且热衷于徒步旅行的小帅哥了。

26 岁那年是阿蒂亚的幸运之年。这一年，他双喜临门。一喜是在著名的拓扑几何学专家、"霍奇猜想"的提出者霍奇爵士的指导下，他以题为《拓扑方法在代数几何中的应用》的论文获得了剑桥大学博士学位。二喜是他在博士毕业后把自己的漂亮博士师妹莉莉娶回了家。其实，这位莉莉是一个数学天才，也是阿蒂亚在事业上的帮手，更是他的贤内助。她为丈夫的事业做出了巨大的牺牲，再一次完美地诠释了"每一个成功的男人的背后都有一个默默付出的女人"。为了支持丈夫博士毕业后前往普林斯顿高等研究院继续深造，她竟毫不犹豫地辞去了本来已获得的英国某大学的讲师职位，陪丈夫一起漂洋过海来到美国，在此后的 60 余年中成了一名默默无闻的全职太太。阿蒂亚终生都对太太尊敬有加，每每发表重要论著或学术报告，他都会严肃而真诚地将其成果"献给亲爱的莉莉"。婚后，这对相亲相爱的夫妇生育了三个儿子。

自从携新婚妻子来到普林斯顿高等研究院后，阿蒂亚就开始了与众不同的科研生涯。他不但取得了众多轰轰烈烈的成功，还多次坦然面对引起全球轰动的失败，虽然这些失败本可以轻松避免。

关于阿蒂亚的成功，这里只是一笔带过，毕竟本回开头所列的众多荣誉和奖励都已给出了最有力的证明，无须再用其他形容词来复述。简单说来，他的科研成就横跨几何、代数、拓扑、微分方程、数学物理等领域。他的职业经历既简单又复杂，之所以说它简单，是因为他一辈子无非是在美国普林斯顿高等研究院、英国剑桥大学和牛津大学当教授；之所以说它复杂，是因为他在这三个单位之间不断进行着令人眼花缭乱的腾挪闪移，简直就像武林高手在跳梅花桩。幸好本回不是他的工作简历，否则还真难避免冗长的罗列。他成功的原因当然很多，不过与其他数学家相比，他的最大特点之一就是他幸运地遇到了几位最佳合作伙伴，他的几乎所有代表性成就是在与他人的共赢合作中完成的，其中既有幸运成分，也与阿蒂亚的活泼性格密切相关。在首次到达普林斯顿的当年，他邂逅了多位对其学术思想产生重大影响的关键人物，包括他一生中最重要的三位合作者辛格、博特和希策布鲁赫。看来结交益友确实很重要呀！具体说来，他与辛格合作证明的阿蒂亚－辛格指标定理被公认为 20 世纪最重要的数学成果之一，它将拓扑学、代数学与量子力学联系在一起，在复几何、微分方程、泛函分析以及理论物理学中均有应用。他与博特合作证明了阿蒂亚－博特不动点定理，他与希策布鲁赫合作，奠定了拓扑 K- 理论的基础，从而极大地发展了拓扑学，并在后来对弦理论的发展起到了关键作用。此外，他的成功还体现在培养了一大批著名数学家，其中不乏像唐纳森这样的菲尔兹奖得主等。

好了，说完阿蒂亚的成功后，现在就该重点介绍他的失败了。

当然，首先申明，此处既无褒义也无贬义，只是尽量客观地描述事实而已。之所以说无褒义，是因为任何人，无论他多么伟大，他所犯的错误都是错误，他所经历的失败都是失败，完全没必要去刻意美化，甚至颠倒黑白。之所以说无贬义，是因为任何人，无论他多么伟大，都可能犯错误，都不会完美无缺。因此，任何意义上的个人崇拜都是非常危险的，对任何权威特别是科学权威都不能盲从。当然，必须指出的是，与其他成功人士相比，阿蒂亚对名利看得淡，他的成功包袱好像更轻，甚至压根儿就没有。从时间上看，他的所有重大学术失败或"失去理智"的举止都出现在他生命的最后几年。此时，他已是耄耋老人，该有的名利也都有。无论从哪方面来说，他都有充足的理由安享晚年，从而避免任何学术失败，更无"晚节不保"的风险。许多好心人多次劝他适可而止，他的儿子也劝他说："数学家的最佳年龄是 40 岁左右，老年人虽可做些力所能及的工作，但没必要去试图攻克难关，更没必要提出一些稀奇古怪的想法。"可是，阿蒂亚的想法刚好与大家相反，他认为做数学研究既不能有性别歧视，也不能有年龄歧视。所以，他始终都对不同领域的知识保持着敏锐的直觉和洞察力，晚年也一直活跃在学术前沿。他之所以要继续研究数学，用他自己的话来说，是因为"已经研究 70 年了，无法停下来了"；他之所以要在晚年开始攀登最难攀登的数学高峰，是因为"已获得所有大奖，没什么可失去了，当然就敢冒年轻人不敢冒之风险"。

大约从 80 岁开始，阿蒂亚不断地在数学和物理学等领域"冒年轻人不敢冒之风险"。他冒的风险实在太多，经历的失败也数不胜数，而且年龄越大，他的胆子越大。下面只简要介绍他一生中所冒的最大的三个风险。

2016 年，87 岁的阿蒂亚用一篇语义含糊的论文声称，给出了一个悬疑 60 多年的"六维球面上不存在复结构"的证明，结果引起数学界的广泛质疑，最后他的"证明"被证明是错误的。这可算是他所冒的人生第三大风险。

2017 年，88 岁的阿蒂亚告诉《泰晤士报》的记者，他已成功地将前人的长达 255 页的法伊特 – 汤普森定理的证明过程简化成了区区 12 页。15名业内权威专家认真评审后，要么明确表示质疑，要么不愿发表肯定意见。这个证明最终未被任何期刊发表。这可算是他所冒的人生第二大风险。

阿蒂亚所冒的人生第一大风险，是他在 2018 年 9 月 24 日，在他的妻子刚刚去世 4 个多月后，在他的长子、长媳、侄子等已去世十几年后，在最权威的数学论坛之一——海德堡获奖者论坛上宣布自己"证明"了数学中最难证明的黎曼猜想。他精神饱满地演讲了 45 分钟，介绍了"证明"过程。在演讲开始时，89 岁的他最后一次庄重地将该成果"献给亲爱的莉莉"。在开场白中，他坦然而幽默地调侃说："证明黎曼猜想将让你举世闻名。但若你已经很有名，那么你可能因此而声名狼藉。"演讲结束后，现场鸦雀无声，无人反驳，也无人叫好，出现了罕见的尴尬场面。1 分钟后，有一位外行听众提出了一个不是问题的问题：这就算证明了黎曼猜想？

其实，阿蒂亚根本没必要做这次演讲，因为他此前已在网上公布了该论文的预印本，许多数学家都对其"证明"的正确性表示怀疑，甚至有些数学家干脆直接拒绝讨论该"证明"，完全以对待外行的态度来对待这位伟大的数学家。一些数学家在接受媒体采访时只是答非所问地说："我问过其他专家，大家都说这篇文章没能提供一般数学家要求的严格证明。"唯独加州大学河滨分校的一位"耿直哥"说："该证明只是将一个大胆的主张叠加在另一个之上，没有任何关联的论证和真正的证据。"当《科学》杂志的记者采访阿蒂亚的学生时，他们虽不愿批评自己敬爱的老师，但他们的含糊措辞已透露出明显的悲观情绪。

仅仅三个多月后，伟大的数学家阿蒂亚于 2019 年 1 月 11 日去世，享年 89 岁。

阿蒂亚去世后，英国皇家学会立即发布讣告，重申他是"当代最伟大的数学家之一"，还客观地说"他曾宣称自己证明了黎曼猜想"。

虽然阿蒂亚去世了，虽然他对黎曼猜想的"证明"不够严谨，但他"不受名利羁绊，敢于做任何想做的事情"的精神相当难能可贵。君不见许多著名科学家在功成名就后反而背上了沉重的名利包袱，甚至宁愿让自己的许多大胆想法被历史淹没，也不愿将它们公布，只因担心它们会影响自己的名声。我们当然无意指责任何人，但是与扼杀大胆想法的行为相比，将这些想法哪怕是不成熟的想法公之于众的行为也许对整个人类更有益，毕竟后人有足够的学术鉴别力，而且能理解和原谅前辈的学术失误。

第十六回

希帕蒂娅嫁真理，千古悲剧数第一

本回主角是有信史记录以来的第一位女数学家，同时也是天文学家和哲学家。在数学和天文学方面，她的主要成就如下。

第一，她新编了欧几里得的《几何原本》，使它成为迄今为止《几何原本》的标准版本。在她生活的年代，《几何原本》已成书 600 多年，但因没有印刷术，当时流行的《几何原本》都是几经辗转抄写的版本，难免出现各种错误。于是，她与父亲一起搜集了能找到的《几何原本》的版本，然后反复比较，认真修订，并增加了大量评注，形成了全新的《几何原本》，一直传世至今。

第二，针对当时丢番图的重要著作，她独立撰写了《丢番图评注》，既提出了不少新见解，也补充了若干新问题，有的评注写得很有深度。

第三，她还评注了当时另一位顶级数学阿波罗尼斯的代表作《圆锥曲线论》，并以此为基础撰写了轰动一时的教材和普及读本。

第四，在认真研读了当时著名天文学家托勒密的著作后，她撰写了《天文准则》一书，还与父亲合写了《天文学大成评注》等。此外，她还制造了一种天文观测星盘和一种天文计时器，发明了一种能提取蒸馏水的设备、一种能测定流体比重的仪器和一种水平仪等。

看过上述成果后，你也许觉得她并不是很厉害，独创性成就也不突出。确实，与男数学家相比，她并不突出，但她在女数学家中确实出类拔萃，堪称第一。在科学家中，女科学家已是凤毛麟角；而在数学家中，女数学家就更少了。据统计，在大学数学教授中，女性不足 1.6%。究其原因，可能是男性喜欢逻辑思维，女性则喜欢形象思维，而数学又是典型的注重逻辑思维的学科。

除了她是第一位女数学家外，我们为她立传的原因还有她是第一位死于宗教迫害的科学家，以致"理性的光辉随着她的惨死而熄灭"。因此，她也是科学发展史上的一个重要的里程碑。

史料记载，公元 415 年 3 月的某一天，她像往常一样身着哲学家的长袍，乘着漂亮的马车到亚历山大博物院，给那里的众多弟子讲学。行至恺撒瑞姆教堂时，一伙暴徒在亚历山大城主教的授意下突然冲出，拦住马车，迅速把她拖进教堂。他们威胁她说："若想活命，就得亲吻十字架，进入修道院，成为基督徒。还要放弃数学等邪说，不准讲课！"她厉声拒绝，毕竟她的唯一信仰就是真理。她早已声称自己"嫁给了真理"，当然不允许真理被玷污。于是，暴徒们便灭绝人性地把她扒得一丝不挂，拔光她的头发，用锋利的蚌壳割掉她的皮肉，用碎瓷片将她的血肉从骨头上刮下，还用铁钩将她的骨肉扯离，直到她全身血肉模糊，奄奄一息。即使如此，面对恶魔们再次逼问"是要数学还是要命"时，她用尽全身力气吐出了惊雷般的两个字："数学！"气急败坏的暴徒们最终砍去她的手脚，将她颤抖着的身躯投入熊熊烈火之中。从此以后，学者们纷纷逃出亚历山大城，致使该城迅速衰落，失去了古代学术中心的地位。

这场悲剧到底是咋回事呢？还是让我们从头说起吧。

公元 370 年，在埃及亚历山大城的一个著名数学家和天文学家的家里，诞生了一位天使般的小姑娘，她的名字叫希帕蒂娅（Hypatia，又译为海巴夏、希帕蒂亚、希帕提娅和海帕西娅等）。可惜，此时她并不知道，甚至她的父亲也不知道，一朵乌云开始慢慢向他们头上飘来，科学即将开始衰退，黑暗即将降临。早在此前 45 年的公元 325 年，罗马皇帝君士坦丁已开始将宗教作为统治工具，逐渐把数学、哲学和教育等置于宗教的控制之下。此后，宗教开始疯狂地摧毁埃及和希腊文化，甚至有的信徒公开叫嚣"数学家应被野兽撕碎或活埋"。

希帕蒂娅的童年很幸福，此时那朵乌云还没飘到埃及。她的父亲是亚历山大博物院的院长，在那里讲授和研讨各种高深学问。许多著名学者和数学家常到她家做客。受此影响，她从小就对数学充满兴趣。父亲不遗余力地全面培养这个极有天赋的宝贝女儿，教她在风浪中游泳，在烈日下划船，在陡坡上攀登。父亲也教给她了许多科学知识，她在 10 岁左右就掌握了丰富的几何知识，甚至懂得如何利用金字塔的影长测量其高度。虽不知她当初到底是如何测出金字塔的高度的，但是她的这一举动受到了父亲及其好友的赞扬，这增强了她的学习兴趣，她很早就开始阅读当时的数学巨著。

17 岁时，她已成为一位思想独立、体格健壮、学识渊博的才女。这一年，她参加了亚历山大城的一次大型芝诺悖论辩论会。据说她在这次辩论会上口若悬河，新观点和新思想层出不穷，赢得了满堂彩。这让她名声大震，从此全城人都知道她是一位容貌美丽、聪明好学的非凡女子。在 20 岁前，她已读完了当时所有的数学名著，包括欧几里得的《几何原本》、阿波罗尼斯的《圆锥曲线论》、阿基米德的《论球和圆柱》以及丢番图的《算术》

等。她还编著了三部学术著作。接着，她开始了"行万里路，读万卷书"的游学活动。

20岁那年，她来到希腊雅典，一边讲学，一边深入学习数学、历史和哲学。她对数学的精通，尤其是对欧几里得几何的深刻见解令雅典学者钦佩不已，他们诚心奉她为杰出数学家。许多男青年对她爱慕至极，求婚者络绎不绝。但她一心做研究，不想恋爱，拒绝了所有求爱者。她公开宣称："我只嫁给一个人，他的名字叫真理。"后来，她又到意大利访问。在她22岁那年，基督教已被罗马皇帝定为国教，许多基督徒开始肆意打压科学，严禁其他基督徒"沾染希腊学术这个脏东西"。

25岁时，她结束游学，回到家乡亚历山大城。这时，她已成为一位著名数学家和哲学家。接着，她像父亲一样也成了亚历山大博物院的教师，主讲数学、哲学、天文学和力学等，同时从事相关科学研究工作。这时，那朵乌云已飘到亚历山大城的上空，宗教势力已逐渐渗入博物院，教徒们开始干扰学术活动。可她仍深爱着科学，不改初心，反对宗教束缚和专制。由于她的学术名声太大，世界各地的许多学者都涌入亚历山大城，拜她为师。大家喜欢听她讲课，赞美她学识渊博，讲话如行云流水，引人入胜。短短几年后，她就超过父亲成了亚历山大城最耀眼的学术明星。许多基督徒都成了她的学生，其中最著名的学生有两位。一位是后来成为托勒密城主教的西奈修斯，他向她请教的信件至今尚存，信中问及如何制作星盘、计时器和液体比重测试仪等。他还热情地赞扬她不仅是一位老师，更像一位慈爱的母亲和善解人意的姐姐。另一位是当时亚历山大城的总督，他经常当面向她请教，聆听她的公开演讲，对她更是赞不绝口。

非常意外的是，正是由于她与部分基督徒的友好关系才使得教会开始担心教徒的忠诚，担心教徒们的信仰会变为科学。当时教会的目标是要彻底铲除包括科学在内的所有异教信仰，巩固好不容易才获得的统治地位。

于是，教会便开始攻击她，污蔑她是"异教徒"和"女巫"。特别是在她42岁那年，教会向亚历山大城派来一位新主教西瑞尔。他是一个狂热的基督徒，权欲熏天，不但要包揽所有教务，而且想干涉市政公共事务，这就使得他与她的基督徒学生、亚历山大城总督产生了矛盾。于是，主教千方百计抹黑总督。有一次，总督外出时竟受到些基督徒围攻，险些丧命。事后，总督处死了那些围攻者，这招致主教更加不满，两人的关系形同水火，主教开始将总督的亲近者都当成敌人。于是，可怜的她就成了主教的攻击目标。

后来，这位主教推行了一整套反对"异教和邪说"的计划，将新柏拉图主义的哲学明确列入"邪说"清单。此举对她来说非常危险，因为她就是当地新柏拉图主义学派的领袖。可她对该危险信号仍未警惕，不但没示弱，还拒绝放弃其哲学主张，坚持宣传科学，提倡思想自由。据记载，她经常穿着哲学家的长袍，在城市中心公开宣讲柏拉图和亚里士多德的学说。她的演讲清晰而富有雄辩，行为谨慎而文明，全城市民都对她爱戴有加，甚至许多听众从外地专程赶来，演讲处搭满了帐篷，挤满了冠盖马车和随从奴隶。这就更让主教既妒忌又愤怒，深感危机重重。于是，主教便开始在基督徒中散布谣言，将她描述为蛊惑人心的女巫，暗中鼓励狂热分子对她采取过激行动。面对狂徒的屡次公开挑衅，她毫不退让，经常将对方驳得哑口无言。终于，狂徒们怒火中烧，决心拔掉这颗眼中钉。于是，在没有审讯、没有调查、没有证据的情况下，她就被定罪了。一场有计划、有预谋的暗杀活动开始了，前面所述的那场悲剧就上演了。

希帕蒂娅之死引起了长期而巨大的震动。即使1000多年后，18世纪法国启蒙思想家、文学家、哲学家伏尔泰以及欧洲启蒙时代的史学家代表吉本等仍在不断反思，一致认为此次悲剧是"非理性宗教迫害理性异教"的象征，整个亚历山大城的教会和主教西瑞尔都被钉上了历史的耻辱柱，特别是这位主教遗臭万年。

关于希帕蒂娅的具体死因，可谓众说纷纭。有的说此次暴行虽是基督徒自发性的过激行为，却是教内鹰派和鸽派斗争的结果，她不幸成了主教与总督斗争的牺牲品。有的说此次暴行是主教一手策划的阴谋，惨案发生后，主教并未追究暴徒的责任，只是敷衍了事。有的说这是罗马皇帝直接支持的阴谋，有的说这是暴民所为，凶手中既有基督徒，也有其他人。还有的说希帕蒂娅参与了叛乱活动，所以她该死。更有的说她本身就是女巫，甚至污蔑她"把所有时间都投入在研究魔法、天体观测及乐器上，以魔法巧计哄骗了许多人，以致总督都被她玩弄于股掌之间，使总督对她过度崇敬，再也不像从前那样热衷于教堂活动"。

希帕蒂娅死后，即使在基督教内部，各方反应也迥然不同。狂热分子赞颂主教"终于摧毁了亚历山大城中偶像崇拜的最后余毒"；温和的基督徒继续崇敬她，甚至将她的地位提升成美德的象征，将她描写成"圣女"和"贞女"。

确实，希帕蒂娅优雅、睿智、博学，值得众多追随者崇拜，所以许多诗人都称她为"无瑕的星辰"，甚至《教会史》也赞扬她"在文学与科学领域的造诣远远超越同时代的人"。

代数篇

本篇介绍的数学家主要有塔塔利亚［1499，以及卡尔达诺（1501）］、沃利斯（1616）、棣莫弗（1667）、热尔曼（1776）、泊松（1781）、德·摩根（1801）、雅可比（1804）、格拉斯曼［1809，以及库默尔（1810）］、西尔维斯特［1814，以及凯莱（1821）］、切比雪夫［1821，以及马尔可夫（1856）和李雅普诺夫（1857）］、艾森斯坦（1823）、弗雷格（1848）、哈达玛（1865）、诺特（1882）、鲁津（1883）、费希尔［1890，以及皮尔逊（1857）］、内曼［1894，以及瓦尔德（1902）］、西格尔（1896）、阿廷（1898）、范德瓦尔登（1903）、格罗滕迪克（1928）等。

第十七回
塔塔利亚大结巴，卡尔达诺竟自杀

1499年，在意大利的一个邮差之家诞生了本回第一位主角尼科洛·方塔纳（Nicolo Fontana）。父亲很重视他的早期教育，从他4岁起就开始教他读书写字。在他6岁时，父亲死于送信途中，全家人从此陷入困境。更为不幸的是，在他13岁时，法军攻入他的家乡，他随难民一起逃进教堂。侵略者一拥而入，见人就砍。后来，妈妈在尸堆中找到奄奄一息的他，发现他的头盖骨、腭部和舌头受伤。经妈妈的精心照料后，他居然活了过来，但舌头从此不好使唤，吐字不清。他被大家叫作塔塔利亚，这个名字的意思是大结巴。久而久之，他的真名反倒被忘了，他干脆自称塔塔利亚。后来的史料也都采用此称呼，所以，我们也称他为塔塔利亚，绝无歧视之意。

由于太穷，塔塔利亚只在14岁那年象征性地上了两周课，便因交不起学费而辍学。此后，他在妈妈的帮助下，完全凭借先天的聪慧和后天的勤奋，无师自通地掌握了拉丁语、希腊语和数学，开始在意大利各地讲授数学，以此为生。他研究数学的思路奇特，敢于攻克难关。在 36 岁那年，他公开宣布自己发现了三次方程的求解方法。消息一出，竟激怒了另一位著名数学家。此人表示不服，也不相信，便发来挑战书，要求在 1535 年 2 月 22 日对塔塔利亚进行公开挑战。具体办法是：双方每次向对手出一道关于求解三次方程的数学难题，谁解得快且结果正确，谁就得 1 分，总共进行 30 轮，得分多者最终获胜。书中暗表，这位著名数学家为啥不服和不信呢？原来他的老师在临终前曾传授给他了一些谁也不知道的求解三次方程的方法。凭着这些方法，他在历次求解方程的数学竞赛中都是冠军，所以他必须维护自己的权威，必须继续稳坐头把交椅。

刚接到挑战书时，塔塔利亚非常紧张，因为当时他的三次方程求解方法并不能通用，只能用于求解某些特殊情况。作为攻擂方，他的思想包袱较轻，所以他赶紧静下心来，闭门思索。结果，他真在比赛前 10 天找到了带条件的通用三次方程求解方法。他欣喜若狂，一边反复熟悉新方法，一边精心构造了 30 道难题，使得它们只能用新方法才可解出。比赛开始后，塔塔利亚仅用两小时就解出了对方的全部难题，而对方只交了一张白卷。

塔塔利亚瞬间名声大震，誉满欧洲。可他并不打算立即公布自己的求解方法，一是因为它还不能通用（实际上，直到 40 岁时，他才最终找到了三次方程的通用解法，即今天所称的"卡尔达诺求解法"或"卡当求解法"）；二是因为他当时正在全力以赴翻译欧几里得的《几何原本》的意大利文版，同时计划撰写一部数学巨著，并以自己的这个三次方程求解方法作为全书的亮点；三是因为按当时的习惯，方程求解方法无异于数学江湖的葵花宝典，当然不可轻易示人。所以，尽管许多人想来拜师，但都被他拒之门外。

有一位著名的宫廷御医三番五次屈尊拜师，大有不达目的誓不罢休之意。御医的真诚，特别是御医所表现出来的勤奋，让塔塔利亚看到了自己幼年时的影子。终于，塔塔利亚破例收下了这位徒弟。经过一段时间的考察后，再加上这位御医反复庄严发誓"要对老师传授的求解方法绝对保密"，塔塔利亚一时冲动，将三次方程的求解方法传授给了那位御医。可哪知这位御医言而无信，竟在不久后将师父的秘密公开发表在了自己的专著《大衍术》中。此书一出，御医就成为了数学界的权威，塔塔利亚辛辛苦苦找到的三次方程求解方法被众人张冠李戴地称为"卡尔达诺求解法"或"卡当求解法"，并一直沿用至今。

忍无可忍的塔塔利亚在御医失信后的第二年公开谴责了他的行为。在揭露了真相后，他要求与御医决斗，即双方各出一份考题，限期半月交卷。可到了决斗之日，那位御医没敢露面，只派来了一位仆人。哪知本该稳操胜券的塔塔利亚却意外地败在了那位仆人的手下。塔塔利亚自然不服，双方又在 1548 年 8 月 10 日进行了第二次决斗，从上午 10 点一直持续到晚上。结果，塔塔利亚败得更惨。从此，塔塔利亚名誉扫地，只好默默无闻地培养弟子，著书立说。后来，他编写了一本被誉为"16 世纪最好的数学著作之一"的《论数字与度量》，该书中论及的弹道理论后来对伽利略产生了重要影响。

1557 年 12 月 13 日，塔塔利亚满怀怨恨去世，享年 58 岁。

伙计，你也许会纳闷，一个仆人咋能打败大名鼎鼎的塔塔利亚？原来，这位仆人并非一般的仆人，他就是本回的第二位主角，名叫利洛多维奇·费拉里（Lodovico Ferrari）。可惜他的生平信息几乎没有。目前我们只知道他非常聪明，1522 年 2 月 2 日生于意大利的一个贫苦之家。他从 15 岁起就成为那位御医的仆人，一边听从使唤，一边旁听御医讲课，结果竟学会了拉丁语、希腊语和数学，甚至在 18 岁时开始代替那位御医担任数学老师。特别是当那位御医从师父那里拿到三次方程的求解方法后，他不但完全破解了其中的奥秘，而且乘胜追击，找到了四次方程的通用求解方法。他以此为法宝，在比赛中轻而易举地打败了那位御医的师父，从此名利双收，甚至被皇帝聘为老师，后来还成为收入颇丰的税务员。可惜，一夜暴富的仆人费拉里终因纵欲过度而毁了健康。1565 年 10 月 5 日，伟大的数学家、一元四次方程求解方法的发现者费拉里不幸去世，享年仅仅 43 岁。关于其死因，另一种说法是他死于亲妹妹之手。

书说至此，终于轮到那位御医登台了。他就是史上罕见的怪人、本回的第三位主角吉罗拉莫·卡尔达诺（Girolamo Cardano）。他本该称为卡尔达诺，但许多资料按他姓氏的英文拼法（Cardan）将他称为卡当、卡丹或卡尔丹等。为简洁计，下面称他为卡当。

卡当于 1501 年 9 月 24 日生于意大利，他比第一位主角年轻两岁，比第二位主角年长 21 岁。他是意大利文艺复兴时期的百科全书式学者，集数学家、占星家、哲学家、医学家、音乐家、密码学家、物理学家等于一身。他流传至今的著作多达 7000 多页。在医学方面，他是第一个对斑疹伤寒做出临床描述的人。在代数方面，他除了前述的《大衍术》外，还是最早使用复数的人。在概率论方面，他发表了首部概率论专著《论赌博游戏》，因此他是古典概率论的创始人。在密码学方面，他是著名的密码算法"卡当栅格"的发明者。此外，他还发明了许多机械装置，包括万向轴、组合锁等。总之，他曾与达·芬奇齐名，还是微积分发明者莱布尼茨的偶像。但他有许多缺点，甚至劣迹斑斑。莱布尼茨客观地评价说："卡当是一位缺点众多的伟人，否则他将举世无双。"

卡当是达·芬奇的一位律师朋友的私生子，他的生母是一位聪明能干的寡妇。怀孕期间，30 岁的生母曾饮用过多种药剂，千方百计堕胎，可命硬的卡当仍号叫着来到人间，生母反而死于难产。哺乳期又暴发瘟疫，结果乳母惨死，他却再次奇迹般地闯过鬼门关。经过多次生死折腾后，卡当自然体弱多病。他早年所患的各种儿童病症暂且不说，成年后他终生都备受各种疾病的折磨。折磨他的疾病有痔疮、痛风、疝气、瘟疫、哮喘、虱病、黏膜炎、膀胱病、失眠症、间日疟、急腹痛、抑郁症、皮肤病、肠道炎、消化不良、先天性心悸、血液循环不良等。总之，除了妇科病外，凡能叫得上名的疾病几乎都与他有缘。

作为私生子，卡当从小受尽旁人的嘲讽、歧视和虐待，比他年长50岁的生父对他很严厉。卡当生活在如此恶劣的环境中，性格孤僻冷漠，成天只是以书为伴。智力超群的卡当外表虽文静，内心却不甘寂寞，从小就开始折腾，长大后更能折腾。他一会儿把自己折腾为宫廷的座上宾，一会儿把自己折腾为监狱中的死囚。他一会儿是精英，一会儿又是人渣，让人眼花缭乱。至于他到底是如何折腾的，还请大家继续往下看。

起初，卡当在博闻多识的生父的指导下研读文学、数学和占星术等。19岁高中毕业后，他不顾生父的强烈反对，考入医学专业。他选择学医并非出于兴趣，更不是有啥基础，而仅仅是迷信算命的结果。实际上，后来他的许多生死决策都是靠算命。

倔强的生父为了让卡当回心转意，便狠下心断绝了他的经济来源。父亲本希望儿子能像自己一样学习法律。可是倔强的卡当针锋相对，开始研究赌博技巧，轻松解决了学费难题，以致他终生都好赌成性，还撰写了奠定概率论基础的专著《论赌博游戏》。尽管赌博给他带来了众多不幸，但他靠赌资在25岁时顺利获得了医学博士学位，然后在帕多瓦附近的一个小镇上行医，很快就成了当地的名医。

30岁时，卡当结婚。在妻子连续生下二子一女后，他的生活压力骤然增大。为了养家糊口，他携全家移居米兰，希望进入某家公立医院，端上铁饭碗。但仍因其私生子的身份，米兰医师协会将他拒之门外。无奈之下，他只好独自开业行医，收入大幅减少。后来，在父亲的一位贵族朋友的举荐下，卡当在33岁时开始兼任米兰专科学校的数学教师，挣点外快，从此开始研究数学。由于他的医术确实高明，他终于在38岁时被米兰医师协会主动请来。从此，卡当实现了财务自由，找他看病的达官贵人络绎不绝，他甚至还被聘为宫廷御医。42岁时，他再升任帕维亚大学医学教授。也正是在这段巅峰期，卡当拜塔塔利亚为师。在取回真经后，他于44岁那年出版了自己的数学名著《大衍术》。

就在卡当的事业全面高歌猛进时，他的家庭却出了大问题。在他59岁时，他最喜欢的小儿子因谋杀偷情的妻子被判死刑。他唯一的女儿好不容易嫁给了贵族大公，本该衣食无忧，结果因不能生育而被抛弃，最后沦为妓女，死于梅毒。仅剩的长子像卡当那样好赌成性，还游手好闲，整天沉迷于酒色，经常偷窃家中的财物。气愤之极的卡当亲自割下了长子的耳朵。孙子们也碌碌无为，甚至连家中的女佣都是小偷，马夫也是酒鬼。总之，卡当身边的人好像全是人渣。

难以忍受多重打击的卡当决定离开米兰这个伤心地。在61岁时，他受聘为波伦亚大学医学教授。他终生痴迷占星术，对算命深信不疑。在几次预言应验后，他更坚信了自己的本领。在69岁时，他竟胆大包天给耶稣免费算了一卦，结果被没耳朵的长子举报侮辱上帝，受到宗教裁判所的审判，甚至被纤为异教徒，要处以火刑。他赶紧表示痛改前非，发誓放弃异端邪说。在受尽两年折磨后，他被踢出监狱，但从此丢了工作，毁了名誉，变得一无所有。

走投无路的卡当只好改行，以算命为生。哪知他很快又成了著名的占星家，甚至在70岁得到了教皇的聘请，享受了永久年薪。可是刚安稳下来，卡当又开始折腾了。他在众目睽睽之下为自己的阳寿算了一卦，结果是自己将于1576年9月21日去世。他对此深信不疑，四处宣传，引起八方关注。大家都信以为真，甚至连教皇也为他备好了墓穴。可"死期"将至时，75岁的卡当仍活蹦乱跳，全无异样，完全不像将死之人。咋办呢？若是换了别人，也许就哈哈一笑，或认个怂就行了。可卡当为了维护自己的名誉，竟在服毒后，自己睡进了墓穴中。

卡当确实很奇葩，好像永远都在折腾中。他一会儿穷困潦倒，一会儿极度辉煌。他一会儿沉默寡言，勤勉用功，一会儿又挥霍无度，寻欢作乐，把家中的一切甚至连老婆的首饰都败得干干净净。他一会儿很守规矩，穿着讲究，一会儿又衣衫褴褛，行为无故失控，简直就像一个神经病。对此，他在自传中坦承自己之所以折腾别人是因为那样就能感受到生命的存在，之所以折腾自己是因为能获得解脱。他经常鞭打自己，死掐自己，咬自己，伤自己，希望从中解脱。

卡当的一生既是悲剧，也是奇迹。纵然他有许多缺点，后人也得感谢他的巨大贡献。

第十八回

沃利斯启发众人，脾气大训斥牛顿

伙计你猜，谁有资格和胆量训斥牛顿，准确地说是训斥功成名就后的牛顿，而且牛顿还不敢顶嘴，只得老老实实赶紧改正，终于公开发表了拖延 30 余年的微积分理论。此人不是别人，正是本回主角沃利斯。他之所以如此生猛，倒不是因为他比牛顿大 27 岁而倚老卖老，也不是因为他与牛顿是剑桥大学的校友而在师弟面前摆谱，还不是因为他与牛顿经常进行书信交流而关系亲密，更不是因为他俩都是当时英国的高官和著名教授（实际上牛顿的官阶更大，学术地位更高），而是因为牛顿的微积分思想在很大程度上得益于沃利斯的成果，用美国数学史学家博耶的话来说就是"牛顿承认他在分析和级数方面的第一次发现受到了沃利斯所著的《无穷小算术》的启发"。牛顿自己曾说："刚开始研究数学时，我正好读到了沃利斯的《无穷小算术》，它考虑了级数，并用级数插入法求出了圆与双曲线的面积。"牛顿将沃利斯计算圆面积的方法推广到了计算任意曲线所构成的区域的面积，从而建立了积分理论。牛顿将沃利斯在《摆线论》中计算曲线弧长的思想推广后就得到了微分理论，将沃利斯的极限概念的雏形精细化后就完善了整个微积分理论。

除牛顿之外，沃利斯还启发其他科学巨人获得了其他重大成就。他在研究碰撞时，首先提出了物理学中的第一个守恒定律——动量守恒定律，可惜当时不够严谨。后来，比沃利斯年轻 13 岁的惠更斯在此基础上进一步推广并建立了严谨的动量守恒定律，从而使自己成为伽利略之后和牛顿之前最伟大的物理学家。因此，惠更斯的这枚军功章上也该有沃利斯的一半功劳。其实，沃利斯属于那种不可或缺的开拓型科学家，他敢想敢干更敢猜，哪怕在一定程度上牺牲科学研究的严谨性和逻辑性，也要大刀阔斧地向前冲。他只管在前面挥汗拓荒，惠更斯和牛顿等则在后面精耕细作，从而形成优势互补的高效科研流水线。他在启发后人建立并完善数学分析的理论体系方面也功不可没。他大胆采用了类比法和不完全归纳法等许多不成熟的方法以及无穷大和无穷小等当时不太明确的概念进行各种代数运算，从而获得了许多前所未有的结果。虽然这些结果可能不够严谨，但对后人具有启发作用。沃利斯说："我之所以要把（不够严谨的）类比法和不完全归纳法当作很好的方法，是因为它们确实常使我发现新规律，或为发现新规律奠定基础。"

除拓荒之外，沃利斯也能精耕细作，他非常清楚科学研究必须讲究严谨，更知道数学在严谨化过程中的重要作用，用他自己的话来说就是"要精确测定物体的运动规律，除了数学度量和数学比例外，别无他法"。沃利斯的严谨成果当然不少，他的代表作《圆锥曲线论》首次摆脱了前人"视圆锥曲线为圆锥的截线"的纯几何观念，巧妙地运用笛卡儿坐标来讨论二次曲线；首次有意引进负向横坐标，对坐标几何思想的完善和传播起到了不可替代的作用。他的另一部代表作《代数学》首次完整地说明了零指数、负指数、分数指数等的意义，确认了无理数也是数，给出了实系数二次方程复根的几何表示；首次引入了沿用至今的无穷大符号，并定义它为无穷小的倒数；首次用代数方法而非传统的几何方法证明了欧几里得几何中的许多定理，从而大大地推动了代数学的发展。沃利斯在数学和物理方面的成果还有很多，比如著名的沃利斯公式等，这里就不罗列了。沃利斯被公认为是他那个年代"最有才华和最有创造力的科学家之一"，也是当时仅次于牛顿的数学家。他引领了英国数学界长达半个多世纪，最终他与牛顿共同努力，将当时全球数学研究中心从法国和荷兰转移到了英国。

沃利斯还是当时最杰出的密码破译者，甚至因为从青年时代起就破译了多份重要的密码文件而促使英国议会专门为他设置了一个重要岗位——首席密码学家。该官职与牛顿所担任的造币厂厂长相当。更为有趣的是，他从事数学研究的动机竟然是为了提高密码破译能力。后来的事实表明，他的数学研究和密码破译工作实现了相互促进的良性循环。

除了理工科之外，与牛顿类似，沃利斯在行政管理和文科方面也很出色。他还是牛津大学档案馆馆长，他发明的档案编目法一直沿用至今。在很多档案上，现在还留有他的笔迹。他还发表了许多关于弦乐、音阶、风琴等的乐理论文，长篇大论地探讨过音乐与数学的关系。

那么像沃利斯这种能冲能闯、能粗能细、能理能工、能学能官的复合型人才到底是如何炼成的呢？欲知详情，请读下文。

1616 年，努尔哈赤继大汗位建立后金，哥白尼的日心说遭禁，伽利略因支持哥白尼的日心说而被审判。这一年 11 月 23 日，在英格兰肯特郡的一个名人之家，诞生了一个哭声嘹亮的大胖小子约翰·沃利斯（John Wallis）。他的父亲是一个教区的主教，很受当地人的尊敬。所以，父亲也希望儿子今后继承自己的事业，成为神职人员。可惜在沃利斯 6 岁那年，父亲就去世了。

沃利斯作为父亲的第二任妻子的第三个孩子，在妈妈的精心照顾下，从小就受到了良好的家庭教育，记忆力特强。他在 9 岁时开始上小学，一口气学习了拉丁语、希腊语、希伯来语和逻辑学等课程。但因当时学校并未开设数学课，所以直到 15 岁那年的圣诞假期，他才从哥哥那里首次接触了算术。他很快就发现自己具有惊人的心算能力，竟能随口算出任何一个 53 位数的平方根，而且精度能达到小数点后的 17 位。他从此爱上了数学，但并未打算成为数学家。他在 16 岁时考入剑桥大学伊曼纽尔学院，然后按照父亲的遗愿进入神学院。

在大学期间，沃利斯"身在曹营心在汉"。虽不知他的神学课程学得如何，但他确实广泛地选修了地理、天文、医学、解剖学、伦理学和形而上学等与神学无关的自然科学和人文科学课程。据说沃利斯特别善辩，他在班上当堂驳倒过解剖学老师正在讲授的"血液循环革命理论"，把老师气得翻白眼，把同学们惹得嘘声不断。21 岁时，他获得文学学士学位，在 24 岁时获得神学硕士学位，同年被委任为牧师。

大学毕业后，沃利斯的学术轨迹更加让人捉摸不定，猛然看上去他好像是东一榔头西一棒槌。作为一位专职牧师，他却突然爱上了数学，开始认真钻研比自己年长 20 岁的、同时代的数学家笛卡儿的论著，还翻译了若干古代数学经典，很快展露出了卓越的数学才能，以数学家身份参加了伦敦自然科学家学术会议。同时，他也撰写了不少宗教方面的文章，出版了多部神学、语法学和逻辑学著作。29 岁那年，沃利斯结婚后定居在伦敦，他对数学越来越着迷。1649 年 6 月 14 日，沃利斯竟被任命为牛津大学萨维尔几何学教授。这可是一个令大多数数学家都羡慕不已的、类似于牛顿的卢卡斯数学教授席位的难得岗位。坦率地说，当时沃利斯还没做出能配得上这个岗位的公开成果。这也许该归功于他的那些不能公开的密码破译成果。

在接下来的 54 年中，沃利斯一直待在萨维尔几何学教授这个岗位上。

非常奇怪的是，在 38 岁那年，他突然获得了神学博士学位。莫非他又想回归神学？更奇怪的是，沃利斯作为如此著名的一位数学家，他流传至今的后半生个人信息几乎为零，这难道又与其首席密码学家的身份有关吗？若只读文字史料的话，沃利斯后半生的生平事迹只需用两个字就能概括，那就是"吵架"。

据说沃利斯的精力旺盛，吵架能力超群。无论是口头辩论还是笔头辩论，他都稳操胜券。若问吵架哪家强，沃利斯肯定是大王。他总是兴高采烈地自吹自擂，很难承认自己从他人那里汲取过营养，但绝对不忘别人从他的思想中所受到的启发。任何人胆敢批评他一句，他至少得连珠炮似的回敬十句百句。反正，他属于那种"本领大，脾气也大"的主儿。

沃利斯与人吵架时间最长的一次竟超过 20 年，从 1657 年连续吵到 1679 年，直至双方吵成互相敌视的仇人，直至吵到对方去世后没人还嘴，他才不得不罢休！这次吵架的起因竟是对方对他的代表作《无穷小算术》批评了几句。更可笑的是，这次吵架其实完全没有必要，因为对方压根儿就是一个外行，沃利斯不值得对其批评做出无休止的回应。后来，这位外行采用激将法，宣布自己解决了当时的一个著名数学难题。果然，沃利斯暴跳如雷，开始全面反驳了。

沃利斯与人吵得最"玄幻"的一次是他在 74 岁至 76 岁期间与一群教徒的吵架。至于谁对谁错，咱们就不知道了。反正，沃利斯为此一连发表了 8 封公开信和 3 篇布道教义。为了解释这些教义，他还创造性地利用类比法，把教义中神圣的三位一体比喻为立体几何中的立方体。由于本回不关注神学，所以我们只是点到为止。

沃利斯与人吵架杀伤力最大的一次是他差点把自己千辛万苦、历经十几年才创建的英国皇家学会吵散，而吵架的原因又微不足道。原来他在该学会的会刊上发表了一篇文章，介绍自己发明的一种聋哑语言的使用效果，还列举了一位有名有姓的患者。可哪知该学会中的另一个与沃利斯差不多的怪人也发明了一种聋哑语言，也让那位患者使用过。所以，那个怪人就埋怨沃利斯的说法不公正。于是，双方谁也不服输，针锋相对地展开了笔头大战，最终将皇家学会的会员分裂成两大阵营，甚至差点闹到关门的地步。

沃利斯与人吵得最爽的一次是他对莱布尼茨的攻击，因为他直接指责比自己年轻 30 岁的莱布尼茨"剽窃了牛顿的微积分研究成果"。当莱布尼茨前来请教密码破译术时，他以保密为由，予以拒绝。他后来将这些破译术传授给了自己的孙子，看来这并非国家机密。莱布尼茨没与他一般见识，让他大获全胜，所以这次只算吵了半个架。这类"吵半个架"的情况还有很多，因为他是一个极端的民族主义者，特喜欢攻击外国人，甚至对笛卡儿等人也未嘴下留情。

沃利斯与人吵架效果最好的一次是他对牛顿的训斥。原来在论著发表方面，他俩的态度截然相反。沃利斯喜欢抢先发表，牛顿则喜欢谋定而后动。经常审阅牛顿论著的沃利斯在晚年不得不反复致信牛顿，批评他拖延微积分的发表，敦促他尽快发表其代表作《光学》。他在信尾还补充道："我的这些批评也适用于你的其他秘而未宣的成果。"牛顿接受了这些批评，不但及时发表了《光学》，还在同一年完整地阐述了微积分。

可惜，沃利斯已在此前一年的 1703 年 11 月 8 日（另一种说法是 10 月 28 日）因病在牛津去世了，享年 86 岁。

第十九回
棣莫弗虽知生死，数学家难求富贵

伙计，请听题：在一大口袋黑白相混的芝麻中，怎样才能知道其中到底有多少黑芝麻，又有多少白芝麻，黑白芝麻的比例是多少呢？老实人可能采取愚公移山的办法，先一粒一粒地数完整袋芝麻，再精确报告结果。可当这个口袋特别大，甚至无穷大时，又咋办呢？有人可能信口雌黄随便报个数，反正别人又没法验证。可当他碰到聪明的数学家后，又该咋办呢？因为数学家自有妙招来解决这个看似无法解决的问题。实际上，数学家只需从口袋中取出一小匙芝麻，然后老老实实地数出其中黑、白芝麻的数量并计算二者的比例，最后将它们重新放回口袋中并混合均匀。接着再从口袋中取出第二匙，重复前述过程，获得黑、白芝麻数量的第二个比例，然后将这匙芝麻放回口袋中。如此这般重复多次，所得到的比例的平均值便是口袋中黑、白芝麻数量的比例的近似值。若精度要求更高，只需重复上述过程更多次就行了。人们已经严格证明，若上述过程不断进行下去，则所得的比例的平均值的极限就是口袋中黑、白芝麻数量的精确比值。

到底是哪位数学家想出了如此绝妙的方案呢？嘿嘿，他就是本回主角、概率论的主要奠基者之一——棣莫弗。当然，更准确地说应该是比棣莫弗大13岁的伯努利发现了端倪，而棣莫弗最终给出了具体方案。其实，对于学过概率论的人来说，棣莫弗这个名字肯定不陌生，因为概率论的核心定理之一就叫棣莫弗－拉普拉斯中心极限定理。该定理给出了这样一个惊人的结论：二项分布的极限其实就是非常简洁的正态分布。此外，棣莫弗的名字还经常出现在许多重要场合，比如被张冠李戴地称为斯特林公式的棣莫弗公式、棣莫弗定理等。其实，棣莫弗还是使用概率积分的第一人，是给出独立事件乘法定理的第一人。棣莫弗的名著《机遇论》堪称概率论的三大奠基性成就之一，另外两大成就分别是更早一些和更粗糙一些的伯努利《猜度术》，以及更晚一些和更严谨一些的拉普拉斯《概率分析理论》。

棣莫弗在他生活的那个时代非常有名，甚至成了数学家的代名词。比棣莫弗年轻21岁的"18世纪英国最伟大的诗人"、《道德论》的作者波普在他的一部重要作品《人类小品》中吟诵道："是谁教会那些蜘蛛无须借助直尺就能绘出平行线，和棣莫弗一样稳稳当当？"即使在数学界，即使不考虑棣莫弗的英国皇家学会会员、柏林科学院院士和巴黎科学院院士等闪闪发光的头衔，棣莫弗的学术地位也非常崇高。比棣莫弗年长24岁的牛顿在晚年时常对一些向他请教数学问题特别是概率论问题的人说："去找棣莫弗先生吧，他比我更精通这些问题。"但是，如果跳出数学领域，你将发现一个完全不同的棣莫弗。君若不信，请读下文。

亚伯拉罕·棣莫弗（Abraham De Moivre）生于人类历史上在位时间最长（72年零110天）且对棣莫弗的人生产生了重大影响的法国国王路易十四亲政后的第6年，即1667年5月26日。

作为始终信奉偶然中隐藏着必然或纯粹偶然事件也有其规律的哲学家，

棣莫弗刚刚呱呱坠地就见识了当年发生的许多看似偶然的小概率事件，比如后来被拿破仑灭掉的拉古萨共和国发生了强烈地震，致使全国四分之三的人口死亡，房屋大都被毁。看来即使抛开哲学问题，概率事件也值得认真研究，虽然事前可能存在不确定性，但事件一旦发生，对当事者来说就成了必然，就会产生令人意外的后果。

棣莫弗的父亲是法国维特里勒弗朗索瓦的一个贫困山村的一名赤脚医生，收入相当微薄，全家仅能勉强维持温饱。不过，信奉新教的父亲倒也安贫乐道，并不贪图不义之财。他经常教育儿子勤俭节约，棣莫弗将这个良好的习惯保持了终生，也对钱财淡漠了一辈子。受父亲的影响，棣莫弗也信奉了新教，准确地说是新教中的加尔文宗，它宣扬一切事物皆由上帝预定，与个人本身是否努力完全无关。由后来的事实可见，在对待钱财的问题上，棣莫弗深受加尔文宗天命论的影响，但在数学研究方面，他好像就不再遵守这些教义了，因为他几乎是在逆天而行。

棣莫弗的早期教育是由他的老爸在闲散时间断断续续地完成的，所以整体上属于放羊式教育。稍大一点后，他进入了当地的一所免费天主教学校读书。该校的宗教气氛很淡，教学条件很差，师资匮乏，所以学习环境轻松而自由。至于能学到啥知识，那就全看学生自己的意愿了。棣莫弗在这里锻炼出了很强的自学能力，同时也养成了无拘无束的习惯。再后来，他离开家乡，进入城里的一所清教徒学院继续求学。这里按清教徒的高标准来严格要求每个学生的起居和学习，不但戒律森严，而且死气沉沉，更令人窒息的是要求全体学生宣誓效忠教会。早已自由散漫惯了的棣莫弗当然拒绝服从这些死板的规定，于是他受到了严厉惩罚，被罚背诵各种宗教教义，以致后来他因更熟悉教义而对宗教事务更投入。此外，该校不重视数学教育，棣莫弗只好偷偷自学，从此就迷上了比自己年长 38 岁的惠更斯关于赌博的著作，特别是惠更斯于 1657 年出版的《论赌博中的机会》一书。

17 岁那年，棣莫弗来到巴黎，遇到了自己的第一位贵人，即法国的杰出数学教育家、热心传播数学知识的奥扎拉姆，在后者的鼓励下开始自学欧几里得的《几何原本》等数学经典。可惜仅仅一年后，18 岁的棣莫弗就与许多狂热的教徒一起卷入了震惊欧洲的、发生在新教徒和旧教徒之间的宗教骚乱，被捕入狱。由于这场宗教骚乱的影响巨大，棣莫弗出狱后被迫移居英国伦敦，所以有必要对它加以简要介绍。此前的法国本来对宗教信仰持较宽松的态度，新、旧教徒之间能和睦相处，可待到自称"太阳王"的路易十四打算独裁后，形势大变。为了获得无上权力，太阳王决定统一法国人的宗教信仰，禁止宗教自由，打击新教徒。特别是在棣莫弗入狱前，太阳王颁布了所谓的"枫丹白露敕令"，推翻了他的前任在此前颁布的对新教更加宽容的"南特敕令"。于是，新教的许多教堂被毁，学校被关，这自然引起了新、旧教徒之间的冲突。太阳王的这种愚蠢举动最终迫使包括棣莫弗在内的 20 多万新教徒移居国外。后来的历史学家认为，这是路易十四的一个致命错误，因为许多逃亡者都是能工巧匠，他们本来可以为法国做出更大的贡献。

再说逃到英国的棣莫弗。他抵达伦敦后立刻发现，哈哈，自己因祸得福了！英国有许多优秀的科学著作，于是他如饥似渴地沉浸在知识的海洋中，甚至都顾不过来找个能挣大钱的职业。他从小就习惯了粗茶淡饭，所以几经权衡后，为了兼顾糊口和读书，他决定以读书为主，以做家教为辅。大约在 21 岁那年，他偶然读到了牛顿刚刚出版的名著《自然哲学的数学原理》（以下简称《原理》），顿时就被深深地吸引住了。他本想一口气把多达50 余万字的三卷本《原理》读完，但为了生存，他不得不在多个学生家之间穿梭。于是，他忍痛把这部巨著拆散，每天随身携带几页，这样就可以在赶往学生家里的途中挤时间学习。他以这种蚂蚁搬家的方式，很快就读完了《原理》，从此学术基础更加扎实，终于可以开始研究数学问题了。

25 岁时，棣莫弗拜会了比自己年长 11 岁的第二位贵人，即牛顿的亲密朋友、哈雷彗星回归时间的精确预言者、时任英国皇家学会秘书的天文学家哈雷。可能有人会质疑了，已经声名显赫的哈雷咋能接见一位默默无闻的家庭师呢？原来棣莫弗带去了一份特别的见面礼，那就是棣莫弗的第一篇数学论文《论牛顿的流数原理》。哈雷一看，哇，真不简单，赶紧找机会在英国皇家学会的一次重要会议上代表棣莫弗宣读了此文，引起了学术界的好评。从此，棣莫弗就与哈雷成了好朋友。在哈雷的努力下，无文凭、无背景、无头衔的"三无"人员棣莫弗在 30 岁那年竟当选了代表英国最高学术水平的英国皇家学会的会员。

后来在伯努利的启发下，棣莫弗又完成了另一篇更重要的论文《抽签的测量》，首次明确了独立事件的乘法定理，给出了二项分布公式，讨论了掷骰子等赌博问题。这次，哈雷看完论文后更加高兴，干脆直接将它呈给了当时已是全球头号科学家的牛顿。牛顿一看，也对此文很欣赏，后来经常在各种场合盛赞棣莫弗。两人很快也成了好朋友。从此以后，棣莫弗受到了数学界的尊重。在 43 岁那年，他与伯努利等一起被英国皇家学会委任为"牛顿－莱布尼茨微积分优先权调查委员会"的委员。此职虽无任何工资和津贴，但足以表明棣莫弗在当时数学界所受到的尊重程度。该委员会的核心任务是要代表英国向世人证明牛顿确实拥有发明微积分的优先权。51 岁时，棣莫弗又对《抽签的测量》一文进行扩充，将它写成了一本名叫《机遇论》的学术专著，它便是棣莫弗最重要的代表作。71 岁时，他又对这部专著进行了完善，补充了中心极限定理，从此概率论基本成型，人类终于能用可测可算的频率来逼近玄妙莫测的概率。这显然是人类认识自然的一个重大进展，该方法一直被统计学家沿用至今。

与其辉煌的数学事业形成鲜明对比的是，棣莫弗的生活非常可怜，若用一部世界名著来描述，那就是《悲惨世界》。他终生未婚，贫困潦倒，主要生活费都来自他本来并不喜欢做的家教。他经常抱怨说："周而复始地从一家到另一家给孩子们讲课，单调乏味地奔波于雇主之间，纯粹是浪费时间。"为了改变生活困境，他在确保不影响科研的情况下做过多次努力。比如，他利用自己的概率论知识，替保险公司解决一些确定保额的实际问题，或为报社撰写一些科普文章，甚至借助自己高超的国际象棋技艺来挣钱。无论他如何努力，也仅够勉强糊口，偶尔去趟咖啡馆就算相当奢侈了。

晚年时，棣莫弗的健康每况愈下，先是双目失明，后来越来越感觉疲劳，甚至患上了嗜眠症。他只想睡觉，每天睡觉的时间也越来越长。他发现自己每天睡觉的时间构成了一个等差级数，于是他利用数学公式一算，精准地预测了自己去世的时间是 1754 年 11 月 27 日，因为对应的等差级数中的那一项刚好是 24 小时，不会再有苏醒时间了。果然到了这天，贫困一生的棣莫弗永远长眠于位于伦敦的陋室中，享年 87 岁。

第二十回
自学成才热尔曼，数学江湖花木兰

伙计，就算你不在数学圈中，也肯定听说过费马猜想，它曾与四色猜想和哥德巴赫猜想一起并称为世界三大数学猜想。不过，由于该猜想已在全球数学家们 358 年来前赴后继的努力下，最终在 1994 年 10 月 25 日 11 点 4 分 11 秒被彻底证明，所以下面将费马猜想称为"费马定理"。其实，费马定理的描述非常简单，即方程 $x^n+y^n=z^n$ 在 n 是大于 2 的整数时没有正整数解。

费马定理的产生非常传奇。据说费马热衷于收集古代文献手稿及希腊典籍。在 1637 年左右，他在一次旅途中偶然获得了一本名叫《算术》的书。它是由古希腊数学家丢番图在公元 3 世纪撰写的一部奇书。于是，费马一边旅游一边阅读，在该书的空白处写下了读后感。于是，一个伟大的定理就这样诞生了，因为他只用了一行字就在页缝中写下了费马定理。

更神奇的是，关于费马定理的正确性，费马也只是在页缝中写道："我发现了一个美妙的证法，可惜页缝的空间太小，写不下。"从此，数学家们被这个定理折腾得死去活来：想否定它吧，找不到反例；想肯定它吧，又不知道从哪里下手；想放弃吧，更不甘心，因为它看起来一目了然，甚至连中小学生都能明白。为了证明或否定费马定理，数学家们想呀想。一年过去了，毫无进展；十年过去了，仍无动静；百年过去了，大家还只是大眼瞪小眼。终于，在费马定理提出 116 年后，18 世纪数学界最杰出的人物之一欧拉经 10 年努力，费尽九牛二虎之力，在使出了一招"无限下降法"后，总算在 1753 年写给哥德巴赫猜想的提出者哥德巴赫的信中说，他证明了 $n=3$ 时的费马定理。当然，这只能算万里长征的第一步。

说话间，又过了 63 载，到了 1816 年。巴黎科学院发现，欲证明费马定理，只需证明 n 是奇素数的情况就行了，而且认为费马定理可能正确，并设立了大奖和奖章。从此，费马定理的证明引来了更多的一流数学家，其中包括本回主角、自学成才的女数学家热尔曼。她在证明费马定理的漫长历程中，树起了继欧拉之后的第二个重要的里程碑。她巧妙地证明了"当 n 和 $2n+1$ 都是素数时，若费马定理有反例，则 x、y、z 中至少有一个是 n 的整倍数"。后来，为了纪念她的这一重大贡献，人们将 $2n+1$ 为素数的素数 n 称为"热尔曼素数"。她还证明了当 n 是小于 100 的素数且 x、y、z 互素时，费马定理也正确。在此基础上，1825 年狄里克雷和勒让德分别独立证明了费马定理在 $n=5$ 时成立；1839 年，数学家们再下一城，证明 $n=7$ 时也成立。关于费马定理此后 150 多年的证明历程，还有更多的精彩故事，此处就不再继续叙述了，因为得请主角热尔曼登场了。

1776 年 4 月 1 日，在巴黎的一个富豪家中诞生了一位可爱的小姑娘。知识渊博的父母万分高兴，赶紧给她取了一个好听的名字叫索菲·热尔曼（Sophie Germain）。父母把她当作掌上明珠，从小就精心培养她养成良好的生活习惯，提高综合素质，使她具有很强的自学能力。

热尔曼的爸爸既是一名成功的银行家，也是一名成功的政治家，曾当过议员。爸爸特别喜欢读书，甚至拥有一座大型藏书楼，收集了各类书籍。作为爸爸的小尾巴，热尔曼经常陪爸爸泡在藏书楼中，一来二去，也就喜欢看书了，还经常被书中的精彩情节感动得热泪盈眶。有一次，她读到了古希腊数学家阿基米德为数学而牺牲的故事。那个故事讲道，公元前212年的某一天，苦苦支撑了三年之久的叙拉古城终于被强大的罗马军队攻破。虽然敌方统帅三令五申"不得伤害城中的阿基米德"，但在那个没有照片的时代，悲剧仍不可避免地发生了。当一个罗马士兵夺门而入时，他看见一个傻老头正对着地上的几何图形发呆。这个士兵刚想过来问话，老头突然吼道："别弄坏我的圆！"这个士兵勃然大怒，顺手就是一刀。可惜呀，人类历史上伟大的科学巨星就这样陨落了。

　　看完阿基米德的故事后，热尔曼便深深地爱上了数学，立志要成为像阿基米德那样的数学家，甚至愿意为数学奉献一切。可如何才能成为数学家呢？须知当时的法国正在酝酿大革命，社会矛盾空前激烈，各阶层之间谁看谁都不顺眼。在热尔曼13岁那年，武装冲突爆发了。为了安全起见，父母没让她进入学校学习，而是让她在家中自学，反正家中有的是书，必要时可以请几个家庭教师来辅导。于是，热尔曼便不知天高地厚地开始在数学江湖中"千里走单骑"。她在自学了拉丁语和希腊语后，开始攻读牛顿和欧拉的原著，完全不顾什么循序渐进。实际上，在她的眼里许多条条框框早已被打破。她认为代数只不过是文字几何，而几何只不过是图形代数。当然，后来的事实证明，她的许多做法并没错，至少在她身上是完全正确的，因为她自学的效果确实非常好。

　　1794年7月27日，恐怖统治终于宣告结束，社会进入相对稳定时期，甚至还新成立了一所大学——巴黎综合理工学院。拉普拉斯、蒙日和拉格朗日等躲过大革命浩劫的数学大师都进入该校任教。热尔曼本想进入该校读书，可当时法国规定大学不接受女生注册。无奈之下，她只好旁听，既没资格参加考试，也没资格拿文凭，甚至连交作业的资格都没有。当时有一位名叫勒布朗的男生不想学习，热尔曼便抓住机会，主动提出给他当"枪手"，替他听课，替他记笔记，还替他做作业。总之，真正的勒布朗先生只需挂个名就行。完全依靠自学的热尔曼发现大学数学其实并非传说中那么可怕，她自然就更喜欢数学了。

一段时间后，任课老师拉格朗日发现了异样，因为班上曾经的"学渣"勒布朗先生最近好像突然变了一个人似的。他虽然听课时仍心不在焉，经常旷课，但所提交的作业非常漂亮，解题思路清晰而巧妙，完全不像是从其他学生那里抄来的，因为没有学生能比他做得更好。更奇怪的是，虽然拉格朗日经常鼓励学生们动手撰写数学论文，但响应者始终寥寥无几，而这位勒布朗先生与众不同，经常给自己寄来一些数学论文，对自己的论著发表深刻见解，也有一些新成果。经过一番顺藤摸瓜后，拉格朗日找到了勒布朗先生背后的"枪手"。更令拉格朗日惊讶的是，这位"枪手"竟是一位比自己年轻40岁的、羞涩而漂亮的花木兰。她虽未替父从军，但确实在替一位先生与数学难题作战。得知真相后，拉格朗日不但没生气，反而非常高兴，因为他发现了一匹难得的、自学能力惊人的千里马。从此以后，拉格朗日同意热尔曼名正言顺地来听自己讲课，还可以像其他男生一样交作业，一样参加考试，更欢迎她经常与自己讨论数学问题，只是仍然没有学分，更不可能有文凭。所以，热尔曼是拉格朗日的得意弟子，自然也得到了他的许多真传。热尔曼的研究水平越来越高，而且能随时接触前沿数学课题。

22岁那年，热尔曼及时得到了法国数学家勒让德刚出版的《数论》一书。从此，她就开始研究费马定理，并且全面系统地学习了德国数学家高斯的有关论文。为了避免习惯性的性别歧视，她以勒布朗先生的名义联系了比自己年轻一岁的高斯。她经常给高斯写信，请教相关问题，交流学习心得。1801年，高斯用拉丁语撰写了自己的数学名著《算术研究》，热尔曼也在第一时间开始精研此书。经过三年多的不懈努力，她竟然通读了这本当时很少有人能读懂的专著，还记录了大量读书笔记。从1804年起，她与高斯的通信更加频繁。这让高斯感到非常高兴，大有遇到知音之感。当初高斯完成此书后，本来将手稿寄给了当时作为全球数学研究中心的法国科学院，请求审阅后出版，但遭到无情拒绝。无奈之下，高斯只好自费出版该书。如今"勒布朗先生"如此喜欢该书，而且其见解又如此深刻，高斯当然非常高兴。但这位"勒布朗先生"到底是谁呢？过去咋没听说过呢？后来，高斯偶然从拉格朗日那里找到了答案，于是他对热尔曼更加敬佩，甚至在信中称赞她说："你对一般抽象科学及神秘数字的品位确实难能可贵，令人赞赏不已。"再后来，面对热尔曼攻克数学难题的众多成果，高斯这位平常很少表扬人的高傲的数学王子竟在一个重要的公开场合高度赞扬她说："当一个女子成功地越过无数障碍，深入到数学中最难的部分时，她毫无疑问已具有非凡的勇气和才能，她也无疑是一位超级天才。"

热尔曼与高斯的缘分当然不止于此。正当他俩频繁通信时，拿破仑带领法国军队横扫欧洲大陆。在1806年左右，已30岁的热尔曼偶然从父亲那里得知，法军即将进攻德国的汉诺威城。热尔曼顿时大惊，因为高斯正住在这座城中。她立即想起了阿基米德的故事，担心高斯也会惨死于某位法国士兵之手。咋办呢？她当然不能给高斯去信，否则会泄露机密，而且根本来不及。情急之下，她只好请爸爸竭尽全力帮忙，决不能让古希腊的悲剧重演。负责这次进攻的将军是她父亲的好友，热尔曼便请求父亲带着自己拜访这位将军，声情并茂地反复向对方陈述保护高斯的重要性。终于，将军被她的真诚所感动，在攻城时下达了保护高斯的秘密指令。后来的事实表明，高斯确实平安无恙。

热尔曼的贡献显然不限于数论。在她 35 岁那年的 1811 年，法国科学院针对弹性表面的数学表达式，悬赏征集相关论文。她以三篇高质量论文于 1816 年获得大奖，从而成为第一位受到法国科学院奖励的女性。但很奇怪，她既没有出席颁奖典礼，也没前往领取金质奖章。不知这是否与另一项禁令有关，因为当时法国科学院不接待除院士夫人以外的任何女性，故她始终无法进入法国科学院参加学术讨论。1823 年，这项禁令才被解除。此外，她在声学和哲学等方面也有成果。限于篇幅，这里就不再细述了。

虽然热尔曼的成就突出，但因当时的性别歧视，她始终未得到公开承认，甚至没能获得任何学位。直到 1830 年，在高斯的极力推荐下，德国哥廷根大学才终于向她颁发了荣誉博士学位证书。高斯在他的推荐信中罕见地赞扬道："她向世界证明，女性也能在最精细和最抽象的领域做出杰出贡献，向她授予荣誉学位理所当然！"

可惜 1831 年 6 月 27 日，热尔曼这位冒充了一辈子男性的花木兰终因女性常见的乳癌而去世，享年 55 岁。

更遗憾的是，作为终生研究数学并取得巨大成就的数学家，她的死亡证上本该填写"女数学家"的那一栏中被无情地写上了"无业未婚妇女"。唉！

第二十一回

泊松分布揭秘密，泊松人生创奇迹

　　提起泊松，我们马上就会想到如雷贯耳的泊松分布，它是日常生活中很普遍的一种离散概率分布，其数学曲线看似平原上突现的孤峰，它几乎会出现在各个学科分支中。不同的学者会将它译为卜瓦松分布、普阿松分布、布瓦松分布、布阿松分布、波以松分布、卜氏分布等。此处也算借机做个名词统一吧。

　　泊松分布是啥意思呢？稍严格点说，它是指：当一个随机事件，如某电话机收到的呼叫次数、某公交车上的乘客人数、某放射性物质发射的粒子数、显微镜下某区域内的白细胞数等，以固定的平均瞬时速率，随机且独立出现时，这个事件在单位区间内出现的次数将会近似地服从泊松分布。更形象地说，泊松分布就是指泊松发现的这样一种普遍现象：在足够大的人群中，随意指定一个指标，那么大部分人的该项指标值都会分布在其平均值附近，或者说很少出现异类。有趣的是，在人生的重要方面，泊松自己却屡屡违反泊松分布。

若按泊松分布，在一群科学家中，大家的成就应该彼此相当，泊松却把其他科学家远远甩在了身后，他在数学和物理学等领域都取得了不少奠基性的成就，其证据便是为纪念他而沿用至今的众多令人眼花缭乱的专业术语，如泊松比、泊松流、泊松核、泊松积分、泊松方程、泊松过程、泊松级数、泊松变换、泊松代数、泊松括号、泊松公式、泊松定理、泊松斑点、泊松求和法、泊松稳定性等。实际上，若没有他开创的数学物理方法，可能就没有随后的麦克斯韦方程，也就不会有电磁波的发现，更谈不上无线通信。此外，泊松还解决了静电学和静磁学中的许多重大问题。至于现代通信中比比皆是的泊松分布现象，更使得他在通信领域中的地位不可动摇，虽然通信成就对他来说只是九牛一毛。

若按泊松分布，作为风云人物，他在长达半个世纪的科学生涯中，在近 10 次残酷的改朝换代斗争中，总该受到至少一次冲击吧，几乎不可能"任凭风浪起，稳坐钓鱼台"吧。实际上，与他同时代的其他法国科学家的命运几乎都服从泊松分布，只是轻重程度不同而已。例如，"现代化学之父"拉瓦锡被早早地砍了头，物理学巨人安培等被改朝换代搞得家破人亡，更多的科学家则像静电学开创者库仑那样迅速销声匿迹，过上了隐居生活。当然，也有极个别科学家靠出卖灵魂来苟延残喘。反观泊松，他基本上守住了道德底线，而且事业上硕果累累，社会地位的提升更是势不可当。总之，他的一生堪称传奇，在各主要方面都属泊松分布中的异类。君若不信，咱就来复盘他的人生轨迹吧。

1781 年，即乾隆四十六年，是鸦片战争中抗英名将关天培诞生之年，也是莫扎特的歌剧《克里特王》首次公演的那一年，还是海顿的《善有善报》首演的那一年、人类首次发现天王星的那一年以及美国独立战争胜利的那一年。这一年 6 月 21 日，在法国卢瓦雷省的一个底层小市民家里诞生了一个营养不良而后来运气奇好的婴儿，他就是本回主角西莫恩-德尼·泊松（Simeon-Denis Poisson）。

泊松的妈妈既聪明又勤劳。在做家务时，她经常将儿子放在摇篮中，以致成名后的泊松在被问及何时开始研究摆动理论时，他风趣地说："我在摇篮中时就已经熟悉了摆。"泊松的父亲曾是一名普通的法国军人，也许是怀才不遇，也许是无一技之长，他在军队里始终未受到重用，退役后也只当了一个默默无闻的小职员。从此，他开始痛恨贵族阶层，并给儿子灌输了许多阶级斗争的思想，希望将儿子培养成钢铁般的革命者，培养成腐朽制度的掘墓者。不过，从后面的事实来看，泊松好像完全违背了父亲的意愿。他始终对政治不感兴趣，只关心自己的科研和教学。他一辈子都"两耳不闻窗外事，一心只读圣贤书"，一辈子都在埋头写作，一辈子都喜欢教书。他甚至常说："人生只有两样美好的事情，即发现数学和教数学。"泊松的心中始终没有仇恨，反而朋友遍天下。他乐意帮助他人，也经常受到他人的帮助，甚至是暗地里的帮助，从而数次在不知不觉中躲过了劫难。泊松既与贵族打成一片，因为他该高贵时就能很高贵，难怪著名数学家阿贝尔曾说"泊松知道怎样做到举止非常高贵"。泊松也能与底层人士交心，因为他从不摆架子，深得平民喜欢。泊松还特别低调，无论是做人或做事，他都不刻意张扬，而是顺其自然。总之，泊松就这样从一个穷小子起步，在乱世中走向了自己的人生巅峰。他不但学业有成，还最终成为贵族中的贵族。不知他的父亲会做何感想，会不会仇恨自己的贵族儿子？

在泊松 8 岁那年，法国大革命爆发，波旁王朝被推翻。后来，泊松的父亲总算有机会出头，被革命政府任命为村长，家里的日子也随之好转，有能力将 17 岁的儿子送进著名的巴黎综合理工学院。当然，泊松的入学考试成绩也是响当当的第一名。

泊松一入学就受到校方重视。刚开始时，他奉父命学医，可入学后发现自己对问诊确实没兴趣，只好转向数学，从此便如鱼得水，甚至很快就成了数学家拉格朗日和拉普拉斯的得意门生。实际上，最早发现泊松的数学天才的人是差点被革命者赶出法国的"敌国特务"拉格朗日，当时泊松刚入学。经过短短几节函数理论课后，拉格朗日慧眼识珠，发现了台下的这匹千里马。后来，他俩成了好朋友，泊松得到了拉格朗日的多方照顾，学业进步迅速。早在大二期间，当其他同学还在忙于课堂作业时，泊松就已发表了两篇学术论文。如今回头再看，这两篇论文的水平一般，第一篇只是论述了"贝祖消去法"，第二篇也只是给出了有限差分方程的积分数而已，但它们从别的方面对泊松后来的成功产生了巨大的作用。第二篇论文经著名数学家、椭圆积分理论的奠基人、曾被迫隐居的勒让德推荐后，发表在一本名为《新秀作品集》的新刊上。这对年仅 18 岁的泊松来说，不但是莫大的荣誉，更是特殊时期的及时雨，让他获得了进入科学巨人圈的机会。他很快就受到了当时已是拿破仑的宫廷重臣、后来又被拿破仑讥笑为"墙头草"的数学大师拉普拉斯的青睐。拉普拉斯甚至将泊松视为亲儿子，为他提供了终生的学术指导和呵护。书中暗表，为啥说当时是"特殊时期"呢？因为这一年（1899 年）是法国历史上的一个重要年份，法国经过近 10 年的你方唱罢我登场的动乱后，终于开始出现稳定的势头。拿破仑在这一年发动雾月政变，自任第一执政官，建立了持续 15 年的独裁统治。从科研角度看，此时的最大特点在于，政府不再声称"共和国不需要学者"了。实际上，拿破仑相当重视科学和科学家。泊松恰巧在此时发表论文，可谓是在正确的时间干了正确的事情。另外，必须强调，在拿破仑上台前的历次改朝换代中，"泊松未受冲击"当属正常现象，完全符合泊松分布。这是因为一方面，泊松本来出身低微，是革命者的"自己人"；另一方面，泊松此时还未成年，受到了父亲的护佑。

19 岁时，泊松以全优成绩从大学提前毕业，并被母校留任辅导员，专门为学习困难的学生答疑解惑。这个任务对他来说简直就是小菜一碟，因为早在当学生时，他的宿舍就门庭若市，各年级学生甚至许多师兄和师姐争相求教于他。他一边辅导学生，一边研究数学和物理，取得了越来越大的成果。两年后，他晋升为副教授。在25岁时，在拉普拉斯的大力推荐下，他又升为正教授，接替刚被拿破仑委以重任而离开的著名教授傅里叶。两年后，泊松再被重用为法国经纬局的天文学家。书中暗表，这里的经纬局可不是一般的政府机构，它的任务之一就是为拿破仑征服他国打前站，以科学考察为名去他国进行大地测量，实际上就是地形侦察。泊松在经纬局的工作肯定也很出色，他随后稳稳地坐上了"直升机"。拿破仑称帝4年后，28岁的泊松调任刚成立的巴黎理学院，任数学教授。在31岁时，他当选为巴黎科学院院士。

　　泊松34岁时，拿破仑第二次被赶下了皇位，很快死在一个孤岛上，波旁王朝第二次复辟。但是，作为拿破仑时期的"红人"，泊松的人生未受到影响，他在35时被聘为索邦大学教授，36岁时结婚，39岁时升为高级教授，40岁时成为响当当的贵族，被波旁王朝授予男爵爵位。泊松一如既往地低调，他从未利用过自己的男爵头衔，更不曾拿它向任何人炫耀过。在45岁时，他被授予俄国圣彼得堡科学院名誉院士，46岁时接任刚升为法国科学院院长的拉普拉斯此前的职位，成为法国经纬局的首席几何学家。书中暗表，这次翻天覆地的改朝换代为啥又没殃及泊松呢？主要原因可能有两个：一方面，泊松的老师拉普拉斯此时成了新王朝的宠臣，不但再次获封爵位，更成为新王朝的科学代言人；另一方面，波旁王朝并未把学者当成敌人，甚至千方百计拉拢和利用著名科学家。

　　泊松49岁那年，波旁王朝又被推翻，法国进入了另一个新王朝——七月王朝统治时期。新王朝本想清算前朝"红人"泊松，甚至已开始秘密商量如何撤销他的院士和男爵头衔等，但当时泊松的社会影响已非同小可，新王朝不敢轻举妄动。此时，法国科学院院长、著名物理学家、法国对外战争的民族英雄、曾经拯救过许多法国科学家的阿拉果又在不知不觉中伸出了援手。由此可见，泊松的人缘确实不错。原来，阿拉果不动声色，在一次新朝王公贵族聚集的大型宴会上，以著名数学家的身份突然隆重推出了泊松，使后者受到包括新国王在内的与会者的热烈欢迎。虽然其中难免带有礼节成分，但毕竟也是一种态度。于是，泊松平安渡过了这一劫，在7年后还被新王朝作为科学界的代表推选为法国贵族院成员。从此，泊松就成了贵族中的贵族。

1840年4月25日，泊松安然逝世于法国索镇，享年58岁。众所周知，这一年，闭关锁国且完全不重视科学和科学家的清政府在鸦片战争中惨败。

书说至此，也许有人觉不过瘾，还想知道泊松的更多生平事迹，但是流传至今的信史资料只有这些了。在这一点上，泊松倒是罕见地服从了泊松分布，因为生活在那个时代的法国著名科学家几乎都没留下多少生平信息。也许还有人质疑，为啥不介绍一些泊松的具体科学成果呢？唉，我们当然想介绍，可它们太抽象了，别说咱们普通人，就算是一般的数学家在泊松那浩如烟海的成果面前也会不知所措。因此，这里只好留点遗憾，请有特殊兴趣的读者另行研读吧。

第二十二回
行侠仗义德·摩根，关系逻辑奠基人

在中国，德·摩根之名非常响亮。早在清朝时，他就成了中国数学界的名人，因为他的《代数学》是最早传入中国的代数教材，他的符号代数思想使人类摆脱了算术的束缚，他的其他几部专著也是中国近代数学的首批宝典。当然，他现在的名气主要来自以下三个方面。其一，他是"关系逻辑之父"和"数理逻辑先驱"，他那著名的德·摩根定律更是指导计算机逻辑设计的核心定理之一。形象地说，该定律告诉我们："不是矮子或胖子的人"与"既高又瘦的人"是同一批人，或者说"不是胖且矮的人"与"瘦或高的人"也是同一批人。其二，他是数学归纳法的集大成者，如今数字归纳法已在数学中变得不可或缺。其三，他在微积分理论的完善、序列极限的收敛、复数的几何解释等方面也做出过重大贡献。此外，他还是四色猜想证明过程中的首位里程碑式的人物，也是著名的数学史学家。有人赞他为"现代数学史学家中最准确和博学之人"，他"在数学哲学和数学史方面的知识比同时代的任何人都渊博"。总之，他的成就对

19 世纪的数学产生过重大影响。但非常奇怪的是，德·摩根的中文信息竟然很少，本回只好填补空白。

1806 年 6 月 27 日，在英国驻印度马都拉的一个上校家中，诞生了一位右眼失明的男婴。他的名字叫奥古斯都·德·摩根（Augustus de Morgan）。在他不足一岁时，全家搬回英国。不久以后，父亲又返回印度，从此他很少见到父亲，只在 4～6 岁时接受过父亲的识字教育。10 岁那年，父亲病逝于归国途中，因此德·摩根主要由妈妈抚养长大。妈妈是一位奇女子。从家庭出身来看，妈妈来自数学世家，她的父亲和祖父都是数学家。她的祖父道森是概率论先驱棣莫弗的学生和朋友，曾著有《反对数表》等名著。但不知何故，妈妈及其 9 个姊妹都不喜欢数学家，都不以祖父是数学家为傲，甚至很少谈及祖父在数学方面的事迹，反而对军官很感兴趣，争相嫁给了在印度任职的军官。妈妈对宗教很痴迷，一心要把德·摩根培养成牧师。她从不让德·摩根错过任何一次重要的布道会，从而引发了德·摩根强烈的逆反心理。于是，布道会就成了德·摩根的头疼会，他一进教堂就忍不住要开小差，甚至忍不住用利器在桌面上刻满几何定理并署上自己的名字。实际上，"布道恐惧症"影响了德·摩根的一生，成年后的他非常反感宗教，甚至反感任何长篇大论。一旦有人对着他唠叨，他就会联想起布道，就会走神。培养牧师失败后，妈妈又想让儿子成为薪水丰厚的律师，结果又没成功。他后来坦称："在所有职业中，当律师最容易，但我选择做科学家，哪怕只能勉强维持温饱。"

德·摩根从小就很有主见。7 岁读小学时，他就开始喜欢数学，不但学习了算术，还学习了几何和代数等。当然，他也学习了多门外语，比如希腊语、拉丁语和希伯来语等。但他的数学才华一直被埋没，直到 14 岁读中学后，一位亲戚才意外发现他竟能用尺规绘出精美的几何图形。

读中学时的德·摩根可谓众人关注的焦点。一来，他靠拳头让自己成了全校的名人，因为班上有几位同学老拿他的瞎眼开玩笑，在若干次警告无效后，他终于动用武力让他们乖乖地闭上了嘴。实际上，德·摩根终生都好斗，甚至不惜代价也要争取胜利。二来，他靠违规成了全校的怪人。他所在的学校和当时的其他英国学校一样，都只重视死记硬背，采取填鸭方式来教育学生。这就引起了德·摩根的强烈反感和抗争，他不得不故意违反校规。后来成为教授后，他带头推行改革，抨击呆板的教育制度，主张以清晰的逻辑推理来代替死记硬背。这也许就是他能在数理逻辑方面取得突破的内因吧。其实，德·摩根的记忆力惊人，几乎过目不忘，他的抗争纯属行侠仗义。三来，他靠罕见的数学天赋成了全校的神人。大家惊讶地发现，他读数学书竟像读小说那样轻松和迅速，难怪他后来会在代数、几何、分析和逻辑等多个领域同时开花结果。

17岁那年，德·摩根顺利考入剑桥大学三一学院，很快以其聪明和勤奋赢得了老师的喜爱。他掌握了数学、哲学、文学、天文和历史等多方面的知识，甚至见书就读，哪怕是医书。虽然他不重视甚至很反感考试，但从大二起，他一直在班上名列前茅，还获得了各种高额奖学金，足以支撑其学费和生活费。另外，他还全面发展。他非常喜欢交朋友，不但与同学交朋友，还与老师交朋友，甚至不惜为朋友两肋插刀。他的业余爱好也不少，尤其吹得一手好长笛，还是剑桥大学业余音乐联合会的成员呢。

21岁那年，德·摩根以优异成绩毕业，不但获得文学学士学位，还在著名的剑桥数学荣誉学位考试中取得了一等第四名的好成绩。这意味着按当时的规定，他可留校任教成为研究员，不但能享受高薪待遇，而且能做自己感兴趣的任何事情而不必担心考核，两年后还可获得硕士学位。但前提是，他必须在一份宗教文件上签字，其大意是对宗教的认可。这当然逾越了他的底线，毕竟他儿时的"布道恐惧症"并未痊愈，实际上终生都没痊愈。

放弃了剑桥大学的留校机会后，德·摩根来到伦敦法学会，开始走上了妈妈希望的律师之路。但在他的心里，他仍希望早日进入某所大学从事数学研究和教学工作。一年后，机会终于来了。新成立的不带宗教色彩的伦敦大学设立了一个数学教授岗位。于是，经过一番激烈竞争，在战胜了32位强劲对手后，他终于在22岁那年进入了伦敦大学。关于他的这次成功应聘，其实并非人人都高兴或人人都能理解，毕竟律师的收入远远高于数学教授。比如，妈妈就不高兴。另一位大人物、伦敦大学的创建者之一、最终决定聘用德·摩根的数学家弗伦德对德·摩根的动机深表怀疑，至少不理解他的这种"弃明投暗"之举。当然，弗伦德教授后来就相当理解了，甚至相当高兴了，因为他后来成了德·摩根的岳父。此乃后话，这里暂且按下不表。

入职后，德·摩根很快就发现了伦敦大学的一个重大缺陷，即这里没有终身教授之职，或者说教授的权益得不到充分保障，校方可以随时解聘任何教授。这在德·摩根看来是件完全不可接受的事情。他认为：教授若要取得重大科研成就或培养优秀人才，首先就得思想独立；若要思想独立，就得经济独立；若要经济独立，就得拥有终身职位。于是，喜欢行侠仗义的德·摩根又开始与校方抗争，他不断给校方写信，反复要求设立终身教授之职，但校方始终不予理睬。1831年7月，当校方又无故解聘一位解剖学教授后，25岁的德·摩根愤然辞职，炒了伦敦大学的鱿鱼。

离开伦敦大学后，德·摩根并未停止研究数学，反而干得更欢。据不完全统计，仅仅是辞职当年，他就出版了两部很有影响的数学著作《算术基础》和《数学学习与困难》，随后几年更是异常高产。他还跨界成为了英国皇家天文学会的秘书长，充分发挥自己的组织才能，把天文学会搞得风生水起。5年后，伦敦大学终于放下架子，主动邀请他回校复职，并采纳了他当年的建议，在伦敦大学设立了终身教授职位。于是，德·摩根便在1836年12月重新成为伦敦大学教授。紧接着，他又在几个月后成功地将弗伦德的长女娶回了家。哇，这次他可赚大啦，因为新娘从小就受到数学家父亲的影响，非常喜欢数学和哲学，更喜欢德·摩根这样的数学家。婚后，她不但成了丈夫的得力助手，还给他生了7个很争气的小宝贝。长子后来成了著名的艺术家、发明家和作家。德·摩根是如何追到女神的呢？嘿嘿，办法很老套。原来，他只是在两年前将自己的一部新书《代数学基础》送给了她，于是就心想事成了。

回到伦敦大学后，德·摩根开始大展拳脚。他的科研成就之大自不必细说，比如在回校后的第二年，32岁的他就发现了那个让他成为"关系逻辑之父"的德·摩根定律，同时也总结出了数学归纳法。为了突出重点，下面只重点介绍他那可歌可泣的教学表现。一来，他对教学充满热情，讲课时思路清晰，生动简洁，引人入胜。再加上他本人英俊潇洒，幽默温和，声音洪亮，知识渊博，富有魅力，所以他很快就成了全校最受欢迎的老师之一，以致教室里总是人满为患。二来，他热爱科学，藐视权威，坚持真理，这种精神深深地影响了许多学生。三来，在教学内容的选取方面，他重"质"轻"量"，尤其重视培养学生的逻辑思维能力。四来，在考试方面，他坚决反对传统的机械式考试，尽量把考试当成激发学生创造力的手段，而非测验死记硬背效果的工具。五来，他还是英国在职教育第一人，每学期都要面向社会开设前沿讲座，用浅显易懂的语言将高深的内容传播出去。六来，更加难能可贵的是，他还亲自为中小学编写教材，积极帮助社会上的许多数学爱好者，其中包括著名诗人拜伦的女儿、人类历史上的首位程序员阿达。总之，他的这些教学改革举措确实对当时的学风产生了重大影响，推进了英国的教育体制改革。

在德·摩根的眼里，教学工作非常神圣，讲课、答疑、改作业和讨论问题都不能马虎。他不但严格要求自己，而且严格要求学生。比如，为了强化大家的时间观念，他坚持准点上、下课，甚至一上课就立即反锁大门，让迟到的学生进不了教室。若有个别调皮蛋试图砸门，嘿嘿，巡逻的保安正好派上用场。

由于教学方法得当，德·摩根一生培养了许多优秀学生，如著名数学家西尔维斯特、卢斯、托德亨特和古德里，法学家韦利和杰塞尔，经济学家巴戈霍特，历史学家霍奇金，化学家罗斯科，逻辑学家杰文斯等。特别值得一提的是，在德·摩根 46 岁那年，刚毕业的古德里提出了四色猜想，却不知如何证明。起初古德里只是向哥哥求助，后来不知所措的兄弟俩又来求助德·摩根。虽然德·摩根也没能解决该难题，但他让四色猜想成了数学界关注的焦点，甚至后来变得家喻户晓。实际上，他先把这个难题介绍给了自己的朋友、著名数学家哈密尔顿，让后者冥思苦想了整整 13 年而未果。后来，他又利用自己的影响，大力宣传这个难题，最终将它变成了面向社会公开征解的史上最著名的数学难题之一。

书说简短，正当德·摩根的事业蒸蒸日上时，他突然在 60 岁那年第二次从伦敦大学愤然辞职，而其动机又是行侠仗义。原来这一年伦敦大学拒绝聘用一位教授，而唯一原因竟是此人乃某宗教派别的牧师。德·摩根自己虽反感宗教，但他认为人人都有信教或不信教的自由，大学更不该以宗教观点来决定人员的聘用。德·摩根的古怪行为还有很多。比如，他拒绝了别人求之不得的英国皇家学会会员头衔，拒绝了爱丁堡大学授予的荣誉博士学位，辞去了皇家天文学会理事之职。

德·摩根的晚年很凄惨，单单是白发人送黑发人这一条就让他遭受了一次又一次的沉重打击。在他 47 岁时，长女去世；在他 60 岁时，次子去世；在他 64 岁时，次女又去世。每一次丧亲都让他悲痛欲绝，健康状况也日益恶化。

1871 年 3 月 18 日，伟大的逻辑学家德·摩根不幸去世，享年 64 岁。

第二十三回

拔河赢家雅可比，误入政坛险遭弃

提　起雅可比这个名字，对于学过高等数学的人来说，绝对如雷贯耳。雅可比函数、雅可比矩阵、雅可比符号、雅可比迭代、雅可比条件、雅可比方法、雅可比算法、雅可比变换、雅可比行列式、雅可比恒等式、雅可比坐标系、雅可比向量场、雅可比椭圆函数等，简直多得让人眼花缭乱。因此，雅可比的伟大肯定无须证明。但是，雅可比到底伟大在哪儿呢？这可就不容易说清楚了，一是因为他的成果涉及的方面实在太广，如数论、几何、代数、变分法、数学史、天文学、动力学、分析力学、数学物理、数学分析、微分方程和复变函数论等。二是因为他研究的东西都太抽象，难以用文字描述。若非要用专业术语介绍他的代表性成就，那么他就是椭圆函数论的奠基者，而椭圆函数是整个 19 世纪数学的宠儿，它的发现加速了复变函数理论的发展。若要强行介绍雅可比的成果，则本回将变成天书，所以此处只好略去 1 万字。对那些想读天书的人来说，我们建议他们直接参考雅可比的数学专著。过去 100 多年来，全球数学界对雅可比有了一些公认的评价，这才让我们对他能有一个直观的了解。他是数学史上最勤奋的学者之一，最伟大的数学家之一，也是像欧拉那样的多产数学家之一。解析数论的奠基者狄利克雷说："雅可比是自拉格朗日以来德国最卓越的数学家。"

好了，开场锣鼓之后，现在请主角闪亮登场。

1804 年 12 月 10 日，在德国波茨坦的一个犹太富豪家里，诞生了一个机灵的大胖小子，他的名字叫作卡尔·古斯塔夫·雅各布·雅可比（Carl Gustav Jacob Jacobi）。这个小家伙来到人间可是带着重要使命的哟。说好听一点，他的使命就是要与其他同行一起实现德国数学的伟大复兴；说直白一点，就是要将世界数学研究中心从法国抢到德国。刚刚呱呱坠地的他一边吃奶一边开始打量人间。

先看自己的家族情况。哦，自己是家中的老二，父亲是一位银行家，哥哥将是一名物理学家，弟弟将接替父亲掌管家族银行，妹妹将是一个幸福快乐的普通人。总之，家族可提供良好的环境，确保自己全力以赴与法国数学家"拔河"，早日将全球数学研究中心转移到德国，以完成使命。

再看当前"拔河大赛"的状况。妈呀，法国队占绝对优势！单单是世界级数学巨人就有达朗贝尔、拉格朗日、拉普拉斯、勒让德、傅里叶、蒙日、泊松和柯西等，而德国队当前场上的选手只有可怜巴巴的高斯一人，急需增援。德国队也有一些优势，比如有一个罕见的啦啦队长洪堡。此人不仅是一位著名科学家，还将为德国吸引和保护众多种子选手。法国队中的勒让德也将在事实上为德国提供帮助。另外，挪威数学家阿贝尔也将是一名义务啦啦队员，将激励雅可比做出更大的成就。看罢"拔河比赛"的状况后，雅可比的使命感顿时大增。只见他迫不及待地吃完奶，就赶紧进入了赛前准备。

多才多艺的雅可比在舅舅的指导下，很快就完成了早期教育，然后以极好的拉丁语、希腊语、历史、哲学和数学成绩完成了基础教育，小学跳级，中学跳级，在12岁时进入波茨坦大学预科班。可哪知由于跳级太猛，他竟因年纪太小而被挡在了大学门外，不得不在预科班中等待了一年又一年。在此期间，他不但掌握了几乎全部大学课程内容，还自学了欧拉、拉普拉斯和拉格朗日的许多名著，认真研读了比自己大27岁的偶像高斯的许多论文。更厉害的是，早在16岁那年，他就雄心勃勃地开始向当时的一个世界级难题发起冲锋，试图解决一般五次方程的求解问题。可惜他还没冲到终点，另一位比他大两岁的挪威数学家阿贝尔圆满地解决了这个难题，发现一般五次方程没有根式解。从此以后，雅可比又多了一位新偶像，甚至逢人便说："阿贝尔太厉害了，我都不知该如何夸他。"

17岁那年，雅可比终于达到入学年龄，考进了柏林大学。在此期间，他的综合表现自不必说，连校长都称赞他是一个全才。为此，父母很纠结，不知该让儿子今后到底干什么，因为无论干什么，他都会很成功，但同时也会失去其他方面的机会。但雅可比自己的目标很明确，要全身心地进行数学研究并赢得"拔河大赛"。说时迟那时快，4年后雅可比获得了柏林大学理学博士学位，并因成绩太优秀而留校任教，主讲难度极大的三维空间曲线等课程。他的教学天赋得到了充分体现，一举成为全校最受学生欢迎的讲师，甚至引起了教育部的关注。他善于将自己的观点贯穿在教学中，巧妙地启发学生独立思考。为了鼓励学生大胆向世界级难题进攻，破除"必须万事俱备后才能开始研究数学"的迷信，他举了一个让学生们哄堂大笑而又印象深刻的例子。他说："若你的父亲非要先看遍所有的姑娘才肯跟其中的一位结婚的话，那么他将永远都是光棍，而你也不会在这里听课了。"

22岁时，雅可比转入柯尼斯堡大学任教。由于他的数论成果得到了高斯的大力赞扬，德国教育部决定破格将当时只有 23 岁的他直接晋升为副教授，同年再评为柏林科学院院士，毕竟高斯很少称赞别人，更未像称赞雅可比那样舍得使用形容词。高斯果然很有眼力，仅仅在两年后，雅可比就在 25 岁那年发表了自己的第一项代表性成果《椭圆函数理论的新基础》，几乎与阿贝尔同时独立奠定了椭圆函数论的基础。只可惜阿贝尔在这一年 4 月 6 日逝世，年仅 27 岁。此前，他俩经常通信，互相鼓励，后来阿贝尔的成果还为雅可比提供了重要参考，雅可比成功地创立了多变量阿贝尔函数论等。仍是在这一年，雅可比带着自己的得意成果前往德国哥廷根大学拜访正在那里当教授的高斯。然后，他前往法国巴黎讲学，结识了勒让德、傅里叶、泊松等国际数学大师。特别难能可贵的是，此处我们要为勒让德点一个大赞，因为雅可比的成就几乎在一夜间就让勒让德在过去数十年间取得的光辉成就黯然失色，而面对如此残酷的现实，勒让德展现了崇高的科学精神，不但给予了雅可比这位比自己年轻 52 岁的后起之秀以公正而客观的高度评价，而且在随后的日子中经常与雅可比通信，全力予以指导，在自己的著作中醒目地介绍了雅可比的工作，从而留下了数学史上的一段佳话。

1831 年 9 月 11 日，27 岁的雅可比结婚了。婚后，他与妻子的爱情结晶像其数学成果一样多，他们生了 5 个儿子和 3 个闺女。至此，雅可比可谓事业家庭两不误，各方面都顺风顺水。此时，他已成为英国皇家学会会员，还是彼得堡科学院、维也纳科学院、马德里科学院、巴黎科学院的院士。特别值得称赞的是，这时雅可比已与德国著名数学家、天体测量学奠基人贝塞尔等一起成了德国数学复兴的核心人物。换句话说，在前述"拔河大赛"中，德国队又增加了两位身强力壮的主力队员。

从 1832 年起，雅可比的人生开始不顺了。虽然当年他有幸升任柯尼斯堡大学教授，但父亲不幸去世了。接着弟弟开始经营家族银行，但不知何故，8年后家族银行就破产了。雅可比的生活突然从天堂掉进了地狱。此事不但震惊了德国媒体，也惊动了几乎从来两耳不闻窗外事的高斯。高斯这位当时最伟大的数学家担心雅可比的研究会因此而受到影响。高斯格外关心雅可比，对他的干劲也很赞赏。一年前，高斯在度假期间返回柯尼斯堡的途中，专门会见了雅可比，并给予了他精心指导。当然，此时关心雅可比的人还有贝塞尔和洪堡等，大家随时准备伸出援助之手。可哪知雅可比本人竟像没事儿一样，继续疯狂地工作。他在给舅舅的信中表示"要把全部精力献给数学"，要"以最惊人的力量和最艰苦的思考来制服数学这个庞然大物，而不怕被它伤害"。当有人劝他注意休息时，他竟放出狂言："过度劳累确实可能危及健康，但那又怎样呢？没有神经、没有焦虑、没有劳累的卷心菜虽然很健康，但那又有啥意思呢？"

雅可比不科学的科学研究方法给自己带来了恶果，他的健康状况急剧恶化，患上了重度糖尿病，身体彻底垮了。德国皇帝一看就急了，赶紧全额资助雅可比到气候宜人的意大利度假。"愿意休息多久就休息多久。"皇帝大度地说道。若干年后，38岁的雅可比总算基本康复，疗养期间自然又出了许多成果，这里就不再逐一介绍了。由于多年离岗，雅可比在柯尼斯堡大学的职位竟被他人顶替，他只好隐居在柏林，成为无业游民。两年后，德国皇帝知道了此事，下令由皇室直接发放丰厚的津贴，雅可比则只需就近在柏林大学任教，想干什么就干什么，想怎么干就怎么干。

在德国皇帝的直接关心下，总算渡过了经济难关和健康难关的雅可比又可以无忧无虑地研究数学了。再加上他善于融合看似无关的领域，故常有"它山之石可以攻玉"的惊人之举。不知何故，当德国皇帝在1848年遇到难关时，已经40岁的雅可比却做出了一个显然不够成熟的惊人之举，结果差点毁了自己的前程。原来1848年欧洲爆发了史上最大规模的动乱，各国都爆发了武装起义。1848年2月29日，德国爆发了慕尼黑起义，学生、工人和市民等联合起来占据了军械库。3月18日，柏林革命爆发，民众聚集在皇宫广场上，要求出版自由和民主选举等。书说简短，德国皇帝被迫让步，变国体为君主立宪制。

在这场突如其来的运动中，雅可比格外活跃，慷慨激昂地发表演讲，还加入了一个自由派政治组织，被推为主要候选人。结果，他瞬间就成了众矢之的，几乎身败名裂。在大部分自由派人士的眼里，既然雅可比领取了皇室发放津贴，那么他就是保皇派的密探；而在保皇派的眼里，雅可比又成了白眼狼。最终，雅可比不但落选，还被各方抛弃，好不容易渡过难关的皇帝也停发了他的津贴。于是，雅可比只好搬进贫民窟，重新研究自己擅长的数学。当维也纳大学得知雅可比的困境后，马上前来抢人才，幸好被洪堡及时发现并坚决阻止。这位啦啦队队长赶紧闯进皇宫，经软磨硬泡说服了怒气冲冲的皇帝，最终恢复了雅可比的津贴，因为"德意志需要留住她的伟人"。

可惜不久以后，正患感冒的雅可比又染上了天花。最终，他在1851年2月18日卒于柏林，享年仅仅46岁。

后来的事实表明，虽然雅可比英年早逝，但因德国重视科学，又有洪堡这样的啦啦队队长，有高斯这样的重量级选手，所以，全球数学研究中心在雅可比去世后不久就从法国转移到了德国。法国科学界却经历了一系列磨难，科学院被查禁，拉瓦锡等一流科学家被砍头，老一代数学家先后故去，青年一代后继乏人。总之，法国最终输掉了"拔河比赛"，雅可比的使命也已完成，他终于可以安息了。

第二十四回

格拉斯曼命运惨，库默尔们不点赞

本回第一位主角名叫库默尔，他是现代数论的先驱。库默尔定理、库默尔函数、库默尔曲面和库默尔判别法都以他的名字命名。他的全名是恩斯特·爱德华·库默尔（Ernst Eduard Kummer）。他于1810年1月29日生于德国索拉乌（今波兰扎雷），时年德国数学王子高斯33岁。库默尔的父亲本是当地的一位名医，收入不菲，但库默尔三岁那年，从俄国大败而归的拿破仑军队经过他的家乡，患有伤寒病的士兵闯入他家，致使他的父亲染病而亡，此后全家人的生活异常艰难。因此，成年后的库默尔仇视法国，成为极端的爱国者，甚至将后半生的许多精力都献给了柏林军事学院，为后来的普法战争培养了大批军事骨干。

他的妈妈非常坚强，用柔弱之躯挑起生活重担，还咬牙供孩子们读完中学。库默尔在9岁时进入预科学校，18岁时考入哈雷大学神学院。入学后，在一位老师的影响下，库默尔意外地爱上了数学，并毅然转入数学系。

库默尔终生都热爱哲学，认为数学只不过是"哲学的预科学校"而已。

21 岁时，库默尔完成第一项数学成果，并因此获得博士学位。毕业后的头十年是他的科研的第一阶段，在此期间他先后在多所中学教书。他一边心不在焉地讲授初等数学，一边全心全意地研究高等数学，准确地说是研究函数论。至今网络上还流传着这样一个段子，调侃他上课时如何不专心，又如何利用数论巧妙地解围。话说有一次他竟忘记了 7 乘 9 等于几，结果被挂在黑板上了。这时，"学霸"甲说等于 61，"学霸"乙说等于 67。于是，沉醉于数论的他竟蒙对了结果：63！原来他知道 61 和 67 都是素数，不可能是两个大数之积，而 65 是 5 的倍数，所以，61 到 67 之间的奇数就只剩下 63 了。哇，教室里瞬间响起一片掌声，库默尔趁机擦了一把冷汗，回家后赶紧背诵九九乘法表。

无论上述故事是否真实，库默尔在担任中学教师期间确实取得了重大成果。有一次，他将自己的一篇论文寄给当时已是柏林科学院院士的雅可比和狄利克雷，很快就得到了对方的高度赞扬。这两位院士还为他提供了全方位的帮助。在他 29 岁时，两位院士推荐他当选为柏林科学院通讯院士；在他 30 岁时，狄利克雷的妻子的表妹嫁给了还只是中学老师的他；在他 32 岁时，两位院士推荐他成为布雷斯劳大学的教授。

从此，他开始了第二阶段持续 20 年之久的数论研究生涯，取得了众多成果。他在费马大定理的证明方面树立了第一个里程碑，证明了"在小于 100 的素数中，除了 37、59 和 67 以外，费马大定理对其他素数来说都正确"。至此，他成为研究费马大定理的最高权威，甚至拥有不可置疑的否决权。1847 年，著名数学家柯西信誓旦旦地宣布自己基本上证明了费马大定理，还通过了专家鉴定。结果，在全球数学界准备为他庆功时，库默尔却写来一张便条，轻轻松松地指出了柯西证明过程中的一个很隐蔽的错误。

至于库默尔的数论成就到底有多么伟大，这里就不细述了，只讲一个真实的故事。有一位名叫沃尔夫凯勒的富豪多次向自己心仪的女神表白，都遭到了拒绝。他便决定在午夜钟声响起时告别人世。当他写好遗嘱并备好自杀工具后，钟声还没响起。为了打发剩余的几小时时间，他顺手拿起了桌上的一篇文章来读。可哪知他不读不知道，一读就入迷了。作为一个数论的门外汉，他竟然被文中库默尔的巧妙思路深深地吸引住了。结果待他从美妙的推论中醒过神来时，午夜钟声早已敲过，已是次日凌晨了。这位富豪欣喜若狂，他立即做出了两个决定：第一，不再自杀；第二，出巨资设立一个以自己的名字命名的基金，奖励费马大定理的证明者。后来有人调侃说，库默尔的文章是自杀者的救命神器，许多人读完它后就不会再做傻事了。

库默尔的论文虽可救他人的命，却对他的家人无能为力。在他 38 岁时，他的第一任妻子不幸病逝。1855 年，狄利克雷离开柏林大学到哥廷根大学接替刚刚去世的高斯的职位，他极力推荐库默尔接自己的班。于是，45 岁的库默尔在刚刚转为正式院士后就成为了柏林大学的终身教授，进入自己的第三个科研阶段。

在这个阶段中，库默尔主要研究几何学。在此期间，他在人才培养和社会服务等方面做了许多工作。特别是在 51 岁时，他与著名数学家魏尔斯特拉斯一起在柏林大学开办了德国的第一个纯粹数学讨论班，吸引了世界各地的青年才俊。从 53 岁起，他又担任了柏林科学院数理学部的终身秘书长。58 岁时，他担任柏林大学校长，同年成为法国科学院院士，后来还成为英国等多个国家的科学学会会员。

此外，库默尔也是一位优秀老师，对教学活动很感兴趣。他接替狄利克雷兼任柏林军事学院数学教师，在这里 20 年如一日地讲授弹道学。他备课很认真，讲课很有吸引力，既清楚又有趣，成了当时全校最受欢迎的老师。他精心设计授课内容。面对本科生时，他重点讲解基础知识；面对研究生时，则重点讲授自己的最新成果，还与学生一起研讨，鼓励大家大胆探索，实现了教学和科研的相互促进。他很关心学生遇到的困难，大家都非常尊敬他。在几十年的教学生涯中，他培养了不少著名数学家，其中以克罗内克、施瓦兹和哥尔丹等最为突出。

库默尔为人直率，处事公正，待人真诚，但性格略显固执。72 岁那年，身体健康、智力超常的他却忽然以"记忆力衰退，思维能力下降"为由，非要退休。学校领导大吃一惊，千方百计挽留他也无济于事。他软磨硬泡了几个月后，在 73 岁时正式退休。对于他的这一举动，史学家们的看法不一，有的认为他太固执，有的认为他是在给年轻人让路。退休 10 年后，库默尔于 1893 年 5 月 14 日在柏林安然去世，享年 83 岁。

回顾库默尔的一生，他受高斯的影响极大，三个阶段的科研课题几乎全都得到了高斯的指导。此外，狄利克雷对他也有极大的影响。他多次公开表示，自己虽没听过狄利克雷的课，但狄利克雷才是他真正的老师。若干年后，著名数学家韦伊编辑出版了两卷本的《库默尔全集》，并在序言中写道："即使 100 年后，细心的读者仍会从中获得很大的教益。"

除了众多优点外，库默尔也有一个不可忽视的缺点，即他的数学思想比较保守。正是由于这个缺点，他在不经意间毁掉了本回第二位主角格拉斯曼的前程，后者在数学领域默默无闻地度过了本该相当伟大的一生。格拉斯曼去世若干年后才被追认为线性代数先驱和复数抽象几何的奠基者，后人以他的名字命名了众多核心成果，比如格拉斯曼数、格拉斯曼量、格拉斯曼定律、格拉斯曼坐标、格拉斯曼锥体、格拉斯曼平面和格拉斯曼代数流形等。下文只陈述事实，绝无指责库默尔之意，毕竟格拉斯曼的思想太超前，同时代的其他数学家也没认识到他的价值。

实际上，格拉斯曼比库默尔年长不到一岁，他的全名是赫尔曼·甘特·格拉斯曼（Hermann Gunther Grassmann），于 1809 年 4 月 15 日生于德国什切青（今属波兰）。他是全家 12 个孩子中的老三。爸爸是当地的一所高中的数理老师，妈妈是一位牧师的女儿，负责子女们的早期教育。

高中阶段，格拉斯曼就读于爸爸所在的那所学校，但他的表现一般。后来因为文科成绩突出，他在 18 岁时以高分考入柏林大学神学院，同时兼修古典语言、哲学和文学等课程，反而对爸爸擅长的数理专业没有兴趣，甚至在大学里都没听过一节数学课。但不知何故，待到 21 岁大学毕业回家后，他突然迷上了数学，从此开始自学数学。起初，他并未表现出多少天赋。虽经一年多的准备，他在高中数学老师的资格考试中只取得了低级教师资格。

到了 23 岁时，格拉斯曼成了当地体育馆的一名助理。可哪知正是在这一年，他取得了第一批重大数学发现，提出了线性代数理论等。虽然这些成就现在被追认为格拉斯曼代数和格拉斯曼流形等，但他在当时完全找不到知音，一般数学家看不懂，著名数学家又不屑看。当他兴高采烈地将这些成果作为博士学位论文提交给莱比锡大学教授莫比乌斯时，对方竟然不知道他说的是什么。为了谨慎起见，莫比乌斯将这篇论文转给了当时已成为函数论权威的库默尔。结果，库默尔无情地否定了这篇论文，致使格拉斯曼没能获得博士学位。至于这篇论文被否定的具体原因嘛，今天已不得而知，我们只知道此文确实太超前，很难得到一般人的赏识。此举不但严重打击了格拉斯曼的自信心，而且影响了他的职业发展。直到 30 岁时，他才勉强取得中级教师资格。

35 岁时，格拉斯曼取得了第二项重大成就，出版了《线性外代数》，奠定了现代数学的一个新基础。可惜，这项成就仍被数学界忽视了。更可惜的是，他本来有机会遇到知音，却又栽在了库默尔的手上。原来莫比乌斯并没忘记这位比自己年轻 19 岁的、当初没能拿到博士学位的中学老师，他在 1846 年邀请他参加了一场数学竞赛。格拉斯曼利用自己的新理论，以唯一参赛者的身份赢得了比赛。也是在这一年，他编写的一本教材《解析几何》得到了公众的好评，并获得了莱比锡科学协会的最高奖。于是，他凭借这一系列成果，向当时的德国教育部申请大学教师资格。若获得成功，他将有机会接触到更多数学巨人。非常不巧的是，他的申请书又被教育部在一年后转给了当时的新闻人物库默尔，因为库默尔刚刚发现了柯西在费马大定理证明中的错误。不出所料，库默尔又给他了一个差评，格拉斯曼的大学教师梦彻底破灭了。这一年，格拉斯曼 37 岁。

屡受冷落的格拉斯曼在 40 岁那年结了婚，后来养育了 11 个孩子，其中 7 个长大成人，还有一个儿子成为了大学数学教授。43 岁时，格拉斯曼的父亲病故，至此他才接了父亲的班，终于成为中学高级教师，达到职业生涯的顶点。

书读至此，细心的读者也许会问：格拉斯曼是一个普通的中学高级教师，经过 200 多年的历史沉淀，他的生平信息咋没被彻底淹没呢？问得好，格拉斯曼的少量生平信息是以语言学家和社会活动家的身份留存下来的。由于其数学成就总不被认可，大约从 53 岁起，他开始干起了老本行，研究语言学。他很快就成名了，出版了德语字典、语法书籍、民歌集等，设计了被称为格拉斯曼定律的印欧语系发音规则，还成为了一名权威的梵文专家。为此，他在 67 岁时被授予德国蒂宾根大学名誉博士学位。此外，他在物理学领域也有贡献，提出了至今仍保留在教材中的格拉斯曼色彩定律等。对了，在德国的君主立宪进程中，他曾是一位有影响力的社会活动家。

1877 年 9 月 26 日，格拉斯曼在什切青满怀遗憾地去世了，享年 68 岁。直到很久以后，人们终于发现了他在数学领域的价值。从此以后，他才开始在数学界产生长期而深远的影响，比如直接启发了分别比他年轻 40 岁和 60 岁的著名数学家克莱因和嘉当。

第二十五回
西尔维斯特凯莱，千里马骑士精彩

伙计，从题目上看，本回有两位主角。他们的年龄仅相差 7 岁，老兄叫西尔维斯特，老弟叫凯莱。

作为数学界的金牌律师，他俩好像没啥合作案例，虽然都曾是剑桥大学的"学霸"。

作为律师界的数学家，他俩可谓是一对黄金搭档，合作创立了一个数学分支"不变量理论"，被著名数学家贝尔戏称为"不变量的孪生兄弟"。他俩还在矩阵理论方面合作，取得了许多开创性成就，甚至连"矩阵""不变量"和"判别式"等名词都是由他们发明的。他俩的数学成就太多，涉及面太广，以他们的名字命名的数学成果就多达 50 余个，涉及非欧几何、线性代数、群论和高维几何等领域。他们发表的论文多达千余篇。

作为终生密友，他俩情同手足，是那种相互崇拜的兄弟。在中年时，老兄曾多次在文章中感谢老弟，他一会儿说"我感激他使我恢复了享受数学的乐趣"，一会儿又说"他平常的讲话恰似珍珠宝石"。即使到了古稀之年，老兄还在公开演讲中盛赞老弟，他说道："他虽比我年轻，却是我精神上的前辈，是他打开了我的双眼，清除了我眼里的杂质，使我终于看见了数学的高深奥秘。"至于老弟对老兄的尊敬，这里就不说了，因为老弟为人和善，对任何人都很尊敬，而老兄则几乎只尊敬老弟一人。单看脾气，他俩压根儿就没合作的基础，因为老兄的脾气暴躁，自大而张狂，老弟则性情温和，谦虚而内敛。形象地说，老兄更像一匹千里马，而且是特别烈性的那种千里马；而老弟则更像一位骑士，而且是那种温文尔雅的马术骑士。君若不信，请读下文。

1814 年 9 月 3 日，在伦敦的一个犹太商人家里，诞生了一位本来名叫詹姆斯·约瑟夫的男婴。但这小家伙的脾气很大，还特别有主意，后来竟自作主张改名为詹姆斯·约瑟夫·西尔维斯特（James Joseph Sylvester）。由于这个名字太长，下面简称他为西氏。

西氏的父亲很早就去世了，妈妈带着 9 个孩子艰难度日。他很晚才上学，但很早就表现出了超高数学天赋。在 14 岁时，他像烈马那样闯入了伦敦大学。但仅仅 5 个月后，他又像离群烈马那样被赶出了学校，因为他涉嫌持刀威胁同学，被勒令退学。无奈之下，妈妈只好送他进入利物浦皇家学院。从此，他开始努力学习，在一次数学竞赛中斩获大奖。在 17 岁时，他又像烈马一样闯入剑桥大学圣约翰学院。可惜两年后，他又被迫第二次离开大学。这次倒不是因为违反校规，而是因为生病，而且一病就是两年，所以他未能获得剑桥大学的文凭。但自从结识凯莱后，他终于开始走运，在 36 岁时顺利取得律师资格，在 37 岁时发现了著名的三次方程判别式，在 38 岁和 39 岁时连续发表两篇重量级论文，引起国际数学界的广泛关注。于是，这匹烈马决定重返数学江湖，并在 41 岁时进入英国皇家陆军学校，担任数学教授。他在此期间的工作表现自不必说，49 岁时当选巴黎科学院院士，52 岁接替德·摩根成为伦敦数学学会第二任主席。但在人事处理方面，他经常与校方争执，在名气正盛的 55 岁又一次被赶出学校。为了退休金一事，双方在媒体上展开了数场大战。

退休后，西氏又出人意料地闯入文艺圈，甚至出版了自己的诗集。他一直喜欢舞文弄墨，还精通法语、德语、希腊语和意大利语等。大约在 58 岁那年，西氏偶遇俄国著名数学家切比雪夫，结果他又心血来潮，再次杀回数学江湖，在 63 岁时进入美国霍普金斯大学，成为那里的数学教授。这一次，他这匹烈马终于找到了可以尽情撒欢的广阔草原，在这里干了整整 7 年，带领一帮优秀博士生开创了美国的纯粹数学研究。他在 64 岁时创办了美国的第一本数学杂志，66 岁时获英国皇家学会的最高奖——科普利奖章。

再次让人感到意外的是，西氏在 69 岁时回到英国担任牛津大学教授，很快成为不受欢迎的人，因为他上课时只讲自己的成果，让学生很难受。在 78 岁时，他被降职为副教授。这其实在变相赶他离开学校，只是没挑明而已。由于部分失明和失忆，他在 80 岁时正式退休，但未停止研究数学。1897 年 3 月 15 日，他因中风在伦敦逝世，享年 82 岁。

好了，西氏这匹烈马的故事讲完了，下面该骑士出场了。

这位骑士名叫亚瑟·凯莱（Arthur Cayley），1821 年 8 月 16 日生于英国萨里郡的一个商人家庭。他的祖上地位显赫，但他的父亲只是一位在俄国经商的小老板，妈妈具有俄国血统。作为家中的老二，凯莱的童年主要是在俄国与父母一起度过的。他的语言天赋很早就得以显现。除了母语英语外，他还精通法语、德语、希腊语和意大利语等。

在他 8 岁时，全家人随退休的父亲一起回到英国，凯莱开始在伦敦上学，很快就表现出了数学天赋。他特别擅长计算，喜欢解决难题。凯莱的各科成绩都很出色，14 岁就进入伦敦大学国王学院，几乎包揽了各种荣誉。可父亲只想把他培养成商人，以继承家业。这下可急坏了老师，老师主动找上门，苦口婆心地开导凯莱的父亲。老师说："你的儿子天赋异禀，有望成为数学金字塔尖的巨人。"

18 岁的凯莱自费考入剑桥大学三一学院数学系，一边阅读大量古典小说，轻松应付各门考试，一边开始研究数学。刚入学不久，他就在剑桥大学数学期刊上连续发表了三篇论文。大二时，他顺利获得奖学金；大三时，找不到形容词的数学老师在凯莱的名字下方画了一条横线，意思是"在第一名之上"。21 岁毕业时，凯莱以第一名的成绩通过了剑桥大学特有的荣誉考试，还拿到了著名的史密斯奖。因此，他有资格按传统留在剑桥大学任教，正式开始自己的数学研究生涯。他连珠炮似的发表了 28 篇高水平论文。当然，凯莱绝不是只会钻牛角尖的书呆子，他的爱好很广泛。他喜欢绘画，是一位出色的水彩画家；他喜欢文学，读过几千本小说，身边随时带着不同语种的小说；他喜欢接触大自然，喜欢远足和登山，经常与朋友们一起攀登高山，尽情享受征服自然的乐趣。他经常将旅游和学术研究相结合。23 岁时，他借助攀登阿尔卑斯山之机，顺道拜访了意大利和法国的一些数学家，知道了当时全球数学界最权威的期刊是《克雷尔》。在 24 岁和 25 岁这两年间，他在该期刊上连续发表了两篇重量级论文，迅速赢得国际声誉。

25 岁时，凯莱在剑桥大学的第一个任期结束了。按当时的规定，他可以选择继续留校，但前提是必须担任一段时间的神职人员。几经权衡后，凯莱决定离开剑桥大学，开始进入法律界。经过三年多的学习和实践后，他终于在 28 岁时取得律师资格，从此开始了长达 14 年的律师生涯。刚进入法律界时，他就遇到了西氏这匹烈马。从此，他俩开始了富有成效的合作，实现了互利共赢。据不完全统计，在担任律师期间，他俩合作完成了 300 余篇顶级论文，有时一年就能发表 30 余篇。

42 岁那年是凯莱的双喜之年。一喜是他在当年的 9 月 8 日迎娶了自己的美丽女神，一位银行家的千金。婚后，他们生育有一子一女，家庭幸福美满。二喜是英国新法出台，"教授必须担任神职"的规定被取消，于是凯莱被正式任命为剑桥大学纯粹数学教授。从此，他大力促进了英国数学的全面发展，特别是引入国际先进经验。在 60 岁那年，他应西氏之邀，前往西氏任职的美国霍普金斯大学，进行了为期半年的学术访问。他既学习了国外经验，也推广了英国的成果，当然更将他俩的合作推上了一个新高峰。据不完全统计，以凯莱为主发表的论文数量竟与柯西差不多，他们仅次于史上论文数量最多的大数学家欧拉。

除数学研究外，凯莱还在剑桥大学兼任了重要的行政职务。他将律师的严谨作风引入大学管理之中，为剑桥大学的发展做出了重要贡献。特别值得一提的是，在他的不懈努力下，剑桥大学终于取消了不招女生的陈旧传统，从此翻开历史新篇章。另外，凯莱还担任英国科学促进会主席、剑桥哲学会主席、伦敦数学会主席和皇家天文学会主席等职，在推动英国科学的全面发展方面起到了重要作用。

1895 年 1 月 26 日，凯莱在剑桥去世，享年 73 岁。两年后，老兄西氏也在伦敦去世。至此，这对黄金搭档的精彩表演落下帷幕。

第二十六回

切比雪夫扭乾坤，马尔可夫带头跟

伙计，若只看题目，你也许以为本回将有两位主角——切比雪夫和马尔可夫，其实还有第三位主角，他叫李雅普诺夫。因为他们的名字太长，无法在标题中完整显示。其实，他们三人是师生关系，其中切比雪夫是老师，他是将俄国数学推上国际领先地位的功臣，是俄国历史上创建最早、实力最强、影响最大的数学家团队圣彼得堡数学学派的创始人和领袖。其他两位则是切比雪夫的学生，也是圣彼得堡数学学派早期的骨干和共同创始人。

他们三人的名气之大自不必说，单是以他们的名字命名的各种成果就让人眼花缭乱，比如切比雪夫不等式、切比雪夫多项式、切比雪夫距离、切比雪夫滤波器、切比雪夫大数定律、马尔可夫链、马尔可夫性、马尔可夫过程、马尔可夫信源、马尔可夫模型、马尔可夫决策、马尔可夫分析法、马尔可夫不等式、李雅普诺夫数、李雅普诺夫维数、李雅普诺夫指数、李雅普诺夫函数、李雅普诺夫球面、李雅普诺夫曲面、李雅普诺夫曲线、李雅普诺夫方程、李雅普诺夫方法、李雅普诺夫定理、李雅普诺夫变换、李雅普诺夫算子、李雅普诺夫系统、李雅普诺夫分式和李雅普诺夫稳定性等。

他们的研究领域之广也实属罕见。有一次，当被问及数学的定义时，马尔可夫用略带调侃的语气自豪地说道："数学嘛，它就是高斯、切比雪夫、李雅普诺夫和我所研究的东西。"此话当然有些夸张，但这至少说明别试图用罗列法来描述他们的数学成就，因此本回将尽量避免细节，否则就会因过于零散而显得杂乱无章。从整体上说，他们是整个 19 世纪全球概率论发展的生力军。如果说牛顿看得比别人更远些是因为他站在了巨人的肩膀上，那么他们三人就更不容易了，因为他们要比别人看得更远，却无巨人之肩可站，甚至是站在了井底。在他们之前，俄国几乎没有一位像样的本土数学家，也没有一本像样的初等数学教科书，就更甭提高等数学了。抛开国际标准不说，仅以本国科学院院士来衡量的话，在他们出生前，俄国也没有一位本土数学院士，虽然早在此前 100 多年俄国科学院就成立了，并拥有欧拉、伯努利和哥德巴赫等外籍院士。后来好不容易出了一位号称"非欧几何创始人"的本土数学家罗巴切夫斯基，结果他的研究成果备受嘲讽，他抑郁而亡。罗巴切夫斯基直到去世十几年后才总算被承认，此时切比雪夫已走向世界。

可能有读者会问：既然他们三人如此了得，为啥不分别给他们写小传呢？唉，我们当然想这么做，而且确实应该这么做，但巧妇难为无米之炊。实际上，与他们冗长的名字和众多成果相反，他们留下的生平事迹几乎为零，即使将他们三人的生平事迹合在一起，也难凑够一回的内容，除非我们仿照其他传记的做法，简单罗列或评价他们的成就。但这又不是本书的风格，因为我们不希望拿自己都不懂的数学内容来唬人。其实，我们曾多次想要放弃撰写本回，但最终不忍，毕竟他们的贡献太大，值得纪念。好了，书归正传，下面按年龄顺序分别介绍他们。

1821 年 5 月 26 日，在俄国卡卢加的一个军功卓著的贵族家中，诞生了一个男婴，他的名字叫帕夫努季·利沃维奇·切比雪夫（P. Chebeshev）。他是家里 9 个孩子中的老二，母亲是名门之后，父亲几年前刚参加过大败拿破仑的卫国战争。

切比雪夫的左脚天生残疾，小朋友们都不愿陪他玩，他只好独坐家中，养成了冥想的习惯。幸好有位善良的表姐牵挂着他，常来教他唱歌、读诗和做算术，这才使他感到不太孤独，心灵稍有安慰。在他 11 岁那年，全家人迁往莫斯科。父母请来一位名气很大的数学家庭教师，他不但教会了切比雪夫很多知识，而且让切比雪夫爱上了数学。切比雪夫对欧几里得《几何原本》中"不存在最大素数的证明"留下了深刻印象。

从 16 岁考入莫斯科大学数学专业起，切比雪夫开始研究数学，陆续发表了 70 多篇论文，内容涉及数论、积分、概率论和函数逼近论等，其中最突出的成果当数贝尔特兰公式的证明、自然数列的素数分布定理、大数定律和中心极限定理等。这些成果太抽象，从时间上看，横跨 40 多年；从形式上看，反复交叉出现在多篇论文中；从进度上看，经历了缓慢的渐进过程。所以，我们不打算逐一罗列，只想指出他的第一篇论文完成于他大学毕业前的 19 岁那年，论文的水平虽然有限，但对他树立自信心起到了关键作用，因为该文获得了当年的校级银质奖。也正是在这一年，俄国发生大饥荒，他家的庄园破产。切比雪夫不仅失去了父母的资助，还要负担两个未成年弟弟的部分教育费用。大学毕业后的切比雪夫一边在莫斯科大学当助教，一面继续攻读硕士学位。

与同级别的数学家相比，切比雪夫可算大器晚成。直到 25 岁获得硕士学位时，他才开始将其学位论文的部分内容公开发表。他后来的职业发展也是步步为营，既没传奇，也无意外，一直平平淡淡。从工作经历上看，他在硕士毕业后到圣彼得堡大学从事教学工作，直到退休；从职称上看，他在26岁时成为一名讲师，28岁时获得博士学位，29岁时晋升为副教授，38岁时成为院士（当然还谈不上国际知名），39岁时成为教授，同年成为法兰西科学院院士，终于达到了国际先进水平。此时，他的大弟子马尔可夫刚好4岁，二弟子李雅普诺夫刚好3岁。此后，切比雪夫的国际声誉迅速提高，他先后当选柏林皇家科学院通讯院士（50岁）、伦敦皇家学会会员（56岁）、意大利皇家科学院院士（59岁）等。接着，他在61岁时波澜不惊地退休了。

切比雪夫终身未娶，生活简朴。除了钻研数学外，他的最大乐趣就是与学生讨论问题。晚年时，他的腿疾突然加重，随后出现思维障碍，但他仍坚持指导学生。1894年12月8日上午9时，73岁的切比雪夫在书桌前溘然长逝，身边还珍藏着那位他从小就深爱着的表姐的相片。

切比雪夫的贡献不仅是他取得了众多一流数学研究成果，更重要的是他以自己的卓越才能和独特的魅力吸引了一大批年轻数学家，经过30余年的不懈努力，终于建成了后来影响世界达几十年的圣彼得堡数学学派。在这个过程中，切比雪夫那充满启发性的高超讲课技巧功不可没。他的学生李雅普诺夫曾回忆说："老师讲课极具感染力，每次都使人获益良多。老师讲课很精练，不注重数量，只热衷于阐明最重要的观念。老师讲课很生动，富有魅力，充满了对问题和方法的奇妙评论。"在切比雪夫的许多优秀学生中，尤以即将介绍的马尔可夫和李雅普诺夫最为突出。

先看师兄马尔可夫，他比切比雪夫年轻35岁。安德雷·安德耶维齐·马尔可夫（Andre Andrejevich Markov）于1856年6月14日生于俄国梁赞市的一位小官员家中。老实巴交的父亲结过两次婚，共养育了9个孩子，家中的经济条件自然不宽裕。马尔可夫由爸爸的第二任妻子所生，童年时家里很穷。在马尔可夫5岁那年，父亲在官场上受挫，被迫辞职，全家人只好迁往圣彼得堡另谋生路。

读中学时，马尔可夫与两个姐姐一起被送入一所以严厉著称的教会学校，教学内容除了死记硬背就是祈祷与忏悔。这让马尔可夫特别反感，也让老师特别反感马尔可夫。校长经常勒令他的家长到校受训，他一边无情地嘲讽马尔可夫的劣迹，一边大力表扬他的两个姐姐。桀骜不驯的马尔可夫我行我素，甚至开始偷偷阅读违禁书籍。在临近毕业时，马尔可夫被人抓住了"对神不敬"的把柄，甚至要被开除。这吓得父亲赶紧四处求人，最后才勉强让这个调皮蛋保住了学籍。

18岁时，马尔可夫考入圣彼得堡大学数学系，师从切比雪夫，从此开始遨游数学世界。4年后，他以优异成绩毕业，然后留校任教。他在26岁时获得硕士学位，27岁时竟将老爸的老板的千金娶回了家，惊得老爸目瞪口呆。其实，刚开始时丈母娘极力反对这门婚事，毕竟门不当户不对，况且这个女婿娃也太调皮，看起来不可靠。但架不住爱情的力量，丈母娘只好点头。原来马尔可夫曾在妻子读高中时当过她的家庭教师，两人一来二去就私订了终身。后来的事实表明，他的妻子还真有眼力，因为他很快就功成名就了。他在28岁时获得博士学位，37岁时晋升为教授。在导师的大力推荐下，他在40岁时成为院士，可惜此时切比雪夫已去世两年。与导师类似，马尔可夫的具体成就也难以描述，我们只能形象地说，他与切比雪夫等人共同合作发表了25篇高水平论著，其中尤以50岁那年提出的马尔可夫链最为著名。

不过，马尔可夫与导师有两点不同。其一，他很关心政治，特别是在成为院士后多次与沙皇直接发生了冲突。由于相关事件太复杂，我们很难给出谁对谁错的全面客观的介绍，只好略去。其二，马尔可夫的讲课风格毁誉参半。据说他的板书不工整，演讲没激情，内容不规范，常让普通学生晕头转向；但对于优秀学生来说，他讲课时逻辑严密，内容新颖，甚至还有他本人的最新成果。

不知何故，马尔可夫竟在 49 岁就提前退休了。后来，他有时到贫困地区义务支教，有时回母校开设讲座。62 岁那年，他刚做完青光眼手术后，就由后来也成为著名数学家的儿子搀着走进了圣彼得堡大学，极力宣传已成气候的圣彼得堡数学学派。直到去世前一年，他才恋恋不舍地离开了讲台。

1922 年 7 月 20 日，伟大的马尔可夫因病去世，享年 66 岁。

最后再来介绍第三位主角——李雅普诺夫，他的全名是亚历山大·米哈伊洛维奇·李雅普诺夫（Aleksandr Mikhailovich Lyapunov）。李雅普诺夫只比马尔可夫小一岁，于 1857 年 6 月 6 日生于俄国雅罗斯拉夫尔的一个贵族家中。母亲是大家闺秀，父亲是一位拥有众多藏书的著名天文学家。李雅普诺夫的主要成就虽是稳定性研究，但他的一生好像都不稳定。童年时，他要么在搬家，要么在准备搬家。他在 7 岁和 8 岁时各搬了一次家。11 岁时，他的父亲早逝。13 岁时，他又搬了一次家。即使高中毕业后，他的生活也不稳定。19 岁时，他本来考入的是圣彼得堡大学物理系，可仅仅一个月后，他因崇拜切比雪夫而转入数学系。与导师类似，他在大四时就完成了自己的首篇论文，并因获得金质奖章而信心大增。他在 23 岁时从大学毕业，然后留校工作，28 岁时获得硕士学位，然后跳槽到哈尔科夫大学。从此，他进入了人生的第一个稳定期。他在 29 岁时迎娶了自己的表姐，35 岁获得博士学位并晋升为教授，接着成为稳定性理论的奠基人。

李雅普诺夫具有浪漫的艺术气质，热爱生活，喜欢大自然，喜欢像小孩那样看热闹，喜欢玩棒球，擅长种花养草，甚至在家中养有棕榈树。可一旦进入工作状态，他就会全神贯注，对外界视而不见，听而不闻，瞬间成为书呆子。

45 岁时，他再次跳槽到圣彼得堡大学与师兄马尔可夫成为同事，从此进入第二个也是最后一个为期 15 年的稳定期。三年后，马尔可夫意外地退休了。

60 岁时，李雅普诺夫也退休了，并因妻子患肺病而迁到气候宜人的敖德萨，然后在这里度过了极不稳定的一年半时间。他心爱的妻子于 1918 年 11 月 3 日去世，61 岁的李雅普诺夫当天就以自杀方式殉情了。

第二十七回

可惜呀艾森斯坦，遗憾呀神童好惨

伙计，你也许知道数学王子高斯很少表扬人，这可能是因他的成就实在太大。但他罕见地表扬了一位比自己年轻46岁的后生，那就是本回主角艾森斯坦。高斯甚至不吝溢美之词，他说道："历史上只有三位划时代的数学家，一位是阿基米德，另一位是牛顿，还有一位是艾森斯坦。"可惜，高斯的表扬刚出口，年仅29岁的艾森斯坦就突然去世了。如今的高等数学中留下了艾森斯坦的许多重要成果，比如艾森斯坦级数、艾森斯坦整数、艾森斯坦素数、艾森斯坦整数环、艾森斯坦判别法和艾森斯坦多项式等。此外，艾森斯坦可能还是矩阵的最早发明者，他的发明时间比目前公认的矩阵发明时间至少要早14年。他在读大一时就阐述过革命性的矩阵思想。由此可见，并不是高斯看走了眼，而是艾森斯坦的命运太惨，太惨！为了纪念这位传奇人物的突出贡献，后人将第20174号小行星命名为"艾森斯坦星"。同样，为了纪念他那短暂而痛苦的一生，我们努力为他撰写一篇小传。他留下的生平信息少得可怜，但我们想让更多的人记住他，让更多的人知道在数学的天空中曾闪现过像他这样的一颗流星。欲知艾森斯坦的人生到底有多么传奇，命运到底有多么悲惨，请读下文。

1823 年 4 月 16 日，在德国柏林的一个信奉新教的穷苦犹太人家里，诞生了一个奄奄一息的小瘦猴，他的名字叫费迪南·哥德霍尔特·马克斯·艾森斯坦（Ferdinand Gotthold Max Eisenstein）。

小家伙刚一落地就悲喜交加。悲的是，自己本该有 6 个兄弟姐妹，可惜他们都因同一种脑膜炎而夭折，而且自己今后也将患上这种脑膜炎和多种疾病，自己到底能否活过童年也不得而知，毕竟家里太穷，温饱都成问题，更甭指望有足够的钱来治病了，还是听天由命吧。喜的是，他掐指一算，自己今后的两位贵人、振兴德国科学的双雄高斯和洪堡都已来到人间。高斯当年年富力强，正值事业巅峰期，他开始凭一己之力，努力将世界数学研究中心从法国移向德国。比如，他发现了素数分布定理和最小二乘法，得到了正态分布曲线；用尺规构造了十七边形，首次为欧氏几何提供了重要补充；出版了名著《算术研究》，证明了代数基本定理"每个 n 阶代数方程必有 n 个实数解或复数解"，算出了谷神星的运行轨迹，等等。而另一位超级富豪贵人、时任德国科学院院长的洪堡当时虽已年过半百，虽不是数学家，但作为近代气候学的创始人、植物地理学的创始人和地球物理学的创始人，他已开始将许多精力和财力用于在全球发现和扶持优秀人才。实际上，后来德国的综合国力能迅速增强，在很大程度上归功于洪堡的努力，所以洪堡堪称德国科学界第一人，而高斯更是当之无愧的数学界第一人。今后能同时获得洪堡和高斯的青睐，这对艾森斯坦来说当然是件喜事，大喜事。不过，此时艾森斯坦的首要任务是要活下来，努力活下来，而这一点其实并不容易。

艾森斯坦的爸爸是一位老实人，他当了 8 年兵，退伍后在德国和英国之间频繁地来回奔波做生意，却始终没能赚到钱，更没能混出个名堂来。妈妈是一名家庭主妇，把所有精力都花在了照顾疾病缠身的儿子身上，多次将儿子从死神那里拉回来，总算让艾森斯坦活过了幼年。不过，越来越多的疾病将伴随艾森斯坦终生，让他始终生活在痛苦之中。虽然贫穷，虽然患病，但艾森斯坦的数学天赋势不可当。他自己在一篇自传性的文章中说，早在 6 岁时，他就开始证明数学问题了，甚至认为理解一个数学证明远比理解"切牛肉要用刀而非叉"更容易。

活过幼年的艾森斯坦差点又死在了童年。原来他的家里实在太穷，除去交医疗费后就再没钱交学费了，所以他就被送入免费军校。军校的纪律严明，训练强度奇大，甚至连作息时间都是按准军人的要求来执行的，即使身体健康的正常儿童也难以承受，更何况艾森斯坦这样的病秧子。于是，随着军训强度的增大，艾森斯坦遭受的折磨越来越多，本已很差的身体就更差了。在小学还没毕业时，他就患上了抑郁症。幸好妈妈心细，及时发现了儿子的反常举动，但她很矛盾，因为她非常清楚儿子渴望读书，渴望学到更多新知识。爸爸很果断，立即停止了儿子的学业，宁愿他不读书，宁愿他荒废学业，也要保住他的小命。后来，爸爸咬牙多打了几份工，甚至长期住在英国，从而可以多挣些钱，又能节省一些往返路费。就这样多管齐下，父亲总算为儿子挣够了学费，把他送入了普通学校继续读书。值得欣慰的是，转入普通学校后，艾森斯坦的身体明显好转，性格也变得开朗乐观。他不但学会了弹钢琴，还能自己作词作曲，自编自弹，自演自唱。他的学业进步更是越来越快，许多内容在老师还没教之前他就已经学会了，而且有独到见解。这让老师非常高兴，自然不再要求他遵守学校的作息时间表，甚至允许他完全按照自己的意愿行事。

14 岁时，艾森斯坦从小学毕业，接着进入一所预科学校，准备将来报考大学。此时，他的数学天赋开始显现，他掌握的知识远远超出了教学大纲，其至连老师都没新知识再教给他了。从 15 岁起，他只好买书自学，很快就掌握了当时十分先进的微积分知识，研读了欧拉和拉格朗日等顶级数学家的许多名著，为随后的数学研究打下了坚实的基础。

17 岁时，还只是个中学生的艾森斯坦正式吹响了进军数学界的号角，而且立刻就与巨匠们打上了交道。他到柏林大学请教了当时发现欧姆定律的欧姆。接着，他参加了当时早已名声显赫的解析数论的奠基者、现代函数概念的定义者狄利克雷组织的研讨班。伙计，这可不简单哟，因为这个研讨班讨论的话题是当时最前沿的数学知识，其至连普通的数学教授都很难搞懂，艾森斯坦却如鱼得水。

19 岁时，艾森斯坦和妈妈一起前往英国，探望在那里拼命挣钱的爸爸，并试图就此移居英国。经一段时间的体验后，他们因经济困难而不能如愿以偿，最后母子俩只好重返德国。但短暂的英国之行让艾森斯坦大开眼界，特别是当他在爱尔兰拜访了比他年长 18 岁的著名数学家哈密尔顿后便对高斯十分崇拜。他一回德国就开始研究高斯的名著《整数论》，从此就爱上了数论，并且立志成为像高斯那样的伟大数学家。艾森斯坦与哈密尔顿的这次见面对双方来说都非常重要，甚至是双方的一次历史性会面。后来，哈密尔顿在自己的回忆录中专门谈及了这次会面。他坦称：艾森斯坦对三元数的深刻洞见着实将他吓了一跳，使他最终下定决心全力以赴聚焦于已经冥思苦想了 13 年而仍不得其解的三元数问题，因为他若再不加油，很可能就会被艾森斯坦抢了先机。也许是受到了艾森斯坦的无意启发，4 个月后，哈密尔顿终于在 1843 年 10 月 16 日发明了四元数，后来还出版了长达 800 多页的专著《四元数原理》。后来人们发现，其实三元数并不存在。

就在哈密尔顿发明了四元数后的第五天，20 岁的艾森斯坦于 1843 年 10 月 21 日顺利考入柏林大学，从此成为一名正式的大学生，开始创造一个又一个奇迹。也许是受到了哈密尔顿的无意启发，入学仅仅两个多月后，艾森斯坦就完成了自己的处女作，并大胆将它送到德国科学院。至于该文的内容，这里就不介绍了。著名数学家克雷尔和德国科学院院长洪堡读罢此文后都被着实吓了一跳，他们一致认为作者是个天才。时年已经 75 岁的洪堡爱才如命，他放下架子，第二天就急匆匆地登门拜访了艾森斯坦。结果一看，作者竟是一位刚入大学的、弱不禁风的穷学生。于是，洪堡启动了惯用的扶贫方案。首先，他立即替艾森斯坦申请了政府和学校发放的特别助学金，以确保艾森斯坦再无后顾之忧。接着，洪堡与克雷尔商定，艾森斯坦每在克雷尔主编的、当时最著名的数学刊物《纯粹与应用数学》上发表一篇论文，就由洪堡出资私下付给艾森斯坦一份特别稿酬，以维护其自尊心。当时其他人在该刊物上发表论文时根本没有稿费，而且论文很难被录用，甚至许多一流数学家都会经常被拒稿。此法果然有效，因为仅在大一期间，艾森斯坦就在该刊物上发表了 23 篇高水平论文，其中任何一篇论文都足以引起轰动，布雷斯劳大学迫不及待地给艾森斯坦颁发了荣誉博士学位证书。这也惊动了当时已是全球数学界头号人物的高斯。

几乎从来不参加社交活动的高斯竟破例于 1844 年 6 月在哥廷根大学亲切接见了大一学生艾森斯坦，这足以让后者受宠若惊。高斯立即表态，愿意接收这个后生为自己的弟子。后来的事实证明，高斯对自己的这位新弟子非常满意。1846 年 4 月 14 日，高斯在写给洪堡的一封信中狠狠地夸奖了弟子一番，甚至赞扬艾森斯坦的天赋是百年难遇的。仅仅一年后，当 24 岁的艾森斯坦出版自己的论文集时，高斯热情地为他写序。这也是高斯一生中罕见的不含数学公式的文章之一。高斯在这篇序言中对弟子的赞扬又升了一级，他甚至写道："史上只有三位划时代的数学家，一位是阿基米德，一位是牛顿，另一位就是艾森斯坦。"

得到高斯的充分肯定后，艾森斯坦向更高的数学高峰攀登了，准确地说是开始研究椭圆函数，并且很快取得了重大突破。比如，他创建了椭圆函数解析理论等。在经济方面，艾森斯坦的状况也开始好转，他在 24 岁那年拿到了"私俸讲师"的职位。这是当时德国的一种特殊岗位，受聘者可带薪从事一段时间的自由研究。一旦某所大学有了空缺的教授职位，受聘者就有资格成为正式教授。此外，受聘者还有资格上讲台讲课。也正是在这一年，在高斯的建议下，后来名声震天的数学家黎曼也来到柏林大学读博士，而且有幸聆听了只比自己年长 3 岁的艾森斯坦讲课。因此，从某种意义上说，艾森斯坦也是黎曼的老师。

正当艾森斯坦的事业蒸蒸日上时，不幸的事情发生了。1848 年，整个欧洲爆发了著名的大革命。柏林打响了街垒战，普鲁士国王被迫同意将国体由皇权制改为共和制。国家处于动荡之中，数学家们根本没条件从事数学研究。大学几乎瘫痪，教授们的薪水也没着落，艾森斯坦的经济和健康状况再度恶化。更糟糕的是，也不知是谁躲在艾森斯坦居住的公寓里向国王的军队开枪。于是，包括艾森斯坦在内的全楼居民在 1848 年 3 月 19 日被捕，并遭到拷打。后来，他被无罪释放，在 28 岁时当选为柏林科学院院士。但那场无妄之灾成了压死骆驼的最后一根稻草，出狱后的艾森斯坦的身体一天不如一天。最终因患肺结核，他在 1852 年 10 月 11 日与世长辞，享年仅仅 29 岁。

得知艾森斯坦的死讯后，83 岁的洪堡悲痛不已，坚持亲自参加葬礼，甚至还要为艾森斯坦扶棺。三年后，艾森斯坦的贵人高斯去世。又过了四年后，洪堡也去世了。

第二十八回

弗雷格生前无闻，哲学家死后成神

本回主角名叫弗雷格，他在生前是一位默默无闻的学者。他的论著虽然写得非常清晰，其可读性不亚于任何同类著作，但他的思想不仅未被当时的同行所接受，还被误解。仅从书名上看，他的代表作《概念文字：模仿算术的纯思维的形式语言》（以下简称《概念文字》)、《算术基础：数概念的逻辑学研究》（以下简称《算术基础》）和《算术的基本规律》（第1、2卷）等就让人觉得：它们远看像数学，近瞧像哲学。仔细读懂后，你才会赫然明白，哦，原来它们是今天大名鼎鼎的数理逻辑学。难怪他生前经常强调说："一个好的数学家，至少是半个哲学家；一个好的哲学家，至少是半个数学家。"如今看来，他既是一位好的数学家，又是一位好的哲学家。

后来大家为啥又能理解他的成果了呢？原来由于希特勒的种族屠杀政策，大批德国数学家、逻辑学家和哲学家都被纳粹赶到了美国，战后在罗素等个别极具慧眼者的努力下，弗雷格这块金子终于发光了，而且是大放光芒。目前他被公认为数理逻辑学奠基人、分析哲学奠基人，甚至被称为现代哲学奠基人等。他的第一部代表作《概念文字》被公认为"标志着逻辑学史的转折"，还被认为是"继亚里士多德后，逻辑学领域最重要的出版物"。他本人也被誉为"与亚里士多德、哥德尔、塔尔斯基等比肩的伟大逻辑学家"。

历经翻天剧变的弗雷格到底有怎样的人生故事呢？欲知详情，请读下文。

1848 年 11 月 8 日，在德国北部波罗的海边的偏远小城威斯玛的一个中产阶级家中，诞生了一个性格内向、身材瘦小、名字很长的小男孩弗里德里希·路德维希·戈特洛布·弗雷格（Friedrich Ludwig Gottlob Frege）。他是家中的老二，上面有一个哥哥。他的父亲擅长研究数学，还创办了一所女子学校。可惜，在弗雷格还很年轻时，父亲就去世了，然后妈妈开始管理那所女子学校，弗雷格也开始了自己看似平淡无奇甚至相当苦涩的一生。

根据流传至今的生平信息可知，从职业岗位升迁的角度看，弗雷格很难算作成功。他在 21 岁时进入德国东部的耶拿大学，选修了数学、物理、化学和哲学等课程，并且罕见地受到了一位名叫阿贝的数学老师的赞赏。阿贝老师可算是弗雷格的贵人，也是少有的对生前的弗雷格表示过肯定的人，只可惜阿贝仅是一名微不足道的普通学者，只可惜阿贝仅是赞赏弗雷格的学习成绩。

23 岁时，在阿贝的帮助下，弗雷格转学到更著名的哥廷根大学，继续选修数学、物理和哲学等课程，还聆听了哲学家洛采的讲座。这对弗雷格后来的逻辑思想产生了重要影响。25 岁时，弗雷格以题为《论想象图形在平面上的几何表示》的学位论文获得了哥廷根大学的哲学博士学位。

27 岁时，弗雷格在阿贝的帮助下，以顶替一位生病的老师的名义，回到母校耶拿大学任职，从此再也没离开过该校，直到退休。在此期间，他先是一位无薪讲师，相当于无底薪的合同工，收入完全取决于选课学生的人数。这对一位性格内向、不善言辞的讲师来说，绝不是一件好事。31 岁时，在阿贝的帮助下，弗雷格才成为一名薪水很低的助理教授。伙计，这可是典型的大材小用哟，因为在这一年，弗雷格出版了自己的第一部代表作《概念文字》。可惜，这本书被当时的数学家和哲学家集体忽略了。直到该书的价值被罗素重新发现之前，它几乎没有读者。更准确地说，看过《概念文字》一书并公开发表意见的人也许只有德国数学家施罗德一人，然而施罗德针对此书发表的长篇大论是全面的批评。如今回头再分析该书被冷落的原因时，我们发现弗雷格本人可能也有一定的责任，因为他在书中使用了复杂而陌生的符号来表达其新奇的概念，让读者望而生畏，书中的内容自然就很难被理解了。

第一部代表作被冷落后，心高气傲的弗雷格受到沉重打击，好几年都没缓过劲儿来。5 年后，36 岁的他又出版了自己的第二部代表作《算术基础》。从今天的角度来看，此书被逻辑学家评论为"是哲学技巧中极其卓越的成就"，被数学家评论为"在数的定义方面，它比康托尔更为精确"。总之，它已使弗雷格成为了逻辑主义的创始人之一。但在当年，《算术基础》所遭受的冷遇比第一本书更甚，没人理睬，也没人批评，虽然这次弗雷格本人没任何责任，书中也不再有令人生畏的符号。可惜这时阿贝已无力帮助弗雷格了，所以第二本书甚至都没能使弗雷格本来就被低聘的岗位有任何改观。弗雷格被搞得全无脾气，只剩仰天长叹的份儿了。

已经习惯了被冷落的弗雷格又经过了长达 9 年的辛勤耕耘，在 45 岁时推出了自己的第三部代表作《算术的基本规律》(第 1 卷)。这次总算有人理睬了，虽然仍是被批评，仍是被误解。这次的批评者是一位著名数学家，他就是符号逻辑学奠基人皮亚诺。这至少说明已有大人物在关注他了。

屡败屡战的弗雷格已经无路可走，只能硬着头皮往前冲，很快启动了长达 10 年的下一部代表作的撰写工作。

48 岁时，弗雷格终于依靠按资排辈，熬成了荣誉教授，具体说来就是只有教授之名而无教授之实。实际上，终其一生，弗雷格在耶拿大学从未获得过有正常薪水的大学教授职位，甚至不得不依靠一个基金的资助才能勉强度日，以维持自己的那些生前不被重视的科研工作。客观地说，弗雷格作为一名讲课老师，其水平确实很一般。他极为羞怯和内向，讲课时甚至很少面向听众，只顾自说自话。

十年磨一剑，弗雷格的第四部代表作《算术的基本规律》（第 2 卷）终于完成了。就在等待该书付印之际，时年 30 岁且已是国际著名逻辑学家的罗素在 1902 年 6 月 16 日给弗雷格写来了一封爆炸性的信件。在信中，罗素首先罕见而真诚地称赞弗雷格说"就我所知，您的工作是我们这个时代中最好的"，又说"在许多具体问题上，您的工作都使得其他逻辑学家黯然失色"。接下来，罗素在信中抛出了他那个著名的悖论，其大意是说：有位理发师，打出了这样的广告"我将为本城所有不给自己刮脸的人免费刮脸，我也只给这些人刮脸"。于是，理发店生意兴隆，来找他刮脸的人络绎不绝，顾客自然都是那些"不给自己刮脸的人"。有一天，这位理发师从镜子里看见自己的长须时突然迷茫了。按照他的那个广告承诺，他不知道自己到底该不该给自己刮脸，或能不能给自己刮脸！如果他不给自己刮脸，他就属于"不给自己刮脸的人"，因此按广告承诺，他就要给自己刮脸；如果他给自己刮脸，那么他就属于"给自己刮脸的人"，因此按广告承诺，他就不该给自己刮脸。

罗素悖论对弗雷格来说无异于五雷轰顶，因为它严重威胁了弗雷格正在建立的逻辑主义纲领，甚至给了他致命一击。于是，他赶紧给罗素回信说："您发现的矛盾使我震惊不已，因为它从根本上动摇了我建立算术基础的企图，我的新书看来存在严重缺陷。我必须补充一个附录，对您的发现给予适当的响应。"当弗雷格的第四部代表作在 1903 年问世时，已经 55 岁的他在该书的后记中不无悲哀地说道："对于一个科学工作者来说，最不幸的事情莫过于，当他的事业大厦即将完工时，才发现大厦的根基动摇了！正当本书的印刷工作接近完成时，罗素先生给我的一封信使我陷入了这种绝境之中，我对此无能为力。"面对罗素悖论，何止弗雷格无能为力，甚至整个数学界都无能为力。在弗雷格的第四部代表作出版的当年，罗素悖论引发了第三次数学危机，这次危机至今还没有得到圆满解决。

罗素悖论基本上断送了弗雷格的科研前程，使他陷入了长达十几年的极度消沉期。这绝对是一个相当痛苦的过程。起初，他试图寻找某些补救办法来避免出现矛盾，但后来他发现这些努力无济于事。接着，他又试图从集合论的逻辑本身入手来解决罗素悖论，结果仍以失败告终。几年下来，弗雷格虽未公开认输，但心里早已没底气了。直到 1918 年，弗雷格才公开认输，彻底放弃了《算术的基本规律》(第 3 卷) 的撰写计划。他宣布退休，拖着病体搬回了他在波罗的海边的出生地。依靠他的一个编外富豪学生维特根斯坦的慷慨救济，他才得以安享晚年。据说，他还省吃俭用在家乡买了一间小木屋呢。

从同行评价的角度来看，弗雷格在生前更是失败至极。并不是说有很多人批评他的观点，而是另一种更残酷的状况，除了罗素等极少数人之外，几乎没人注意他的成果，或者说干脆就不屑于阅读他的著作，更甭谈什么批判了。如今回头再看时，弗雷格的成果之所以被忽略，除了他生性胆怯羞涩、过于自我封闭等因素外，可能还因为他站得太高，看得太远，或超前得太多。他的论著对哲学家来说太数学化了，而对数学家来说又太哲学化了。在相当长的一段时间内，无论是哲学杂志还是数学杂志都拒绝发表他的论文，这使得他的思想难以被同行接触、理解和认可。幸好后来出现了像罗素这样的全能型数学家和哲学家，否则弗雷格还将被继续埋没。

弗雷格的悲剧当然不限于科研成就不被认可，他的家庭生活其实也相当不幸。他在 39 岁时好不容易才娶回一个 31 岁的媳妇，他的妈妈与他们住在一起。他们生下的孩子全都夭折，媳妇的身体也极度虚弱，无法照顾年老的妈妈。在 48 岁那年，弗雷格总算熬成了荣誉教授，他将年迈的妈妈送进一所养老院。结果两年后，妈妈就去世了。在弗雷格 56 岁那年，媳妇也去世了。再过了两年，他自己又被罗素悖论彻底断送了事业前程。从此以后，弗雷格只好与比自己年轻 31 岁的保姆一起相依为伴。弗雷格特别喜欢小孩，他在 60 岁那年领养了一个儿子。

弗雷格所取得的、生前被认可的唯一巨大成功，可能要算他在晚年培养的弟子们了。实际上，真正注册在他名下的学生只有一位，即卡尔纳普。但另一位学生，即前面提到过的那位富豪弟子也是他的学术思想的忠实继承者。非常值得骄傲的是，弗雷格竟将这两位弟子培养成了"20 世纪最伟大的哲学家。"

1925 年 7 月 26 日，尝尽各种失败与痛苦的弗雷格在默默无闻中去世，享年 76 岁。不过，必须指出的是，弗雷格身后留下了一部日记，其中表达了不少过激的反犹观点。虽然这样的观点在第一次世界大战后的德国并非少见，但这无疑是弗雷格的一个不该被隐瞒的人生污点。

第二十九回

数论功臣哈达玛，历次战争伤害大

　　本回主角名叫哈达玛（又译为阿达马），全名叫雅克·所罗门·哈达玛（Jacques Solomon Hadamard）。这个名字对数学和通信界的人来说绝不陌生，因为哈达玛变换、哈达玛矩阵、哈达玛乘积、哈达玛不等式等专业名词随处可见。哈达玛变换与著名的傅里叶变换类似，至今仍是处理数字信号的重要工具。我们在2010年出版了一本学术著作《高维哈达玛矩阵理论与应用》（科学出版社），专门论述它在信息安全中的最新应用。关于哈达玛矩阵更早期的应用，也可阅读我们的另一本学术著作《编码密码学》（人民邮电出版社，1992年）。我们从1986年读硕士和博士开始，就在不断地研究各种哈达玛运算。由此可见，哈达玛的工作对后世的影响是多么广泛。但从整体上看，哈达玛的主要成就并非前述应用，而是他奠定了解析数论的基础，证明了著名的素数定理（素数的个数虽有无限多，但大素数会越来越稀疏）。另外，他在泛函分析领域也取得了开创性成就，在里斯定理的证明过程中做出了突出贡献。不过，由于这些学术内容太抽象，本回只好略去，各位只需知道哈达玛是一个兴趣广泛的多面手就行了。他的论著涉及数论、级数、几何、拓扑、力学、代数、逻辑学、概率论、行列式、变分学、集合论、教育学、数学史、心理学、解析函数、实变函数、泛函方程、积分方程、水动力学、常微分方程、偏微分方程和科学家传记等领域。这样说吧，哈达玛的知识之渊博，在当时的法国可谓数一数二。他甚至出版了一本数学与心理学相融合的奇书《数学发明心理学》，试图用玄妙的无字"内省"来描述数学思维过程。另外，哈达玛还培养了许多杰出人才，包括 1979 年沃尔夫数学奖得主、韦伊猜想的提出者韦伊。哈达玛非常谦虚，经常不耻下问。但是，他的命运相当坎坷，特别是在历次战争中遭受了一次又一次致命打击。

这到底是咋回事儿呢？欲知详情，请读下文。

1865 年 12 月 8 日，哈达玛以长子身份诞生于法国凡尔赛的一个普通犹太人的家里。其实，这一年发生了一件将影响他终生及整个家族的大事，即法国末位君主兼首位民选总统拿破仑三世在与德意志帝国"铁血宰相"俾斯麦会晤时，被迫同意普鲁士在德意志拥有至高无上的权力。这意味着后来著名的普法战争不可避免。1864 年 10 月 30 日，在俾斯麦的领导下，德国通过普丹战争抢夺了丹麦的两个州。1866 年 8 月 23 日，在俾斯麦的领导下，德国通过普奥战争又兼并了奥地利的部分领土，统一了德意志的北部和中部，建立了强大的北德意志联邦。下一步，德国自然就要挑战法国这个当时的巨无霸了，因为法国成了妨碍德国统一的唯一障碍。

不过，在普法战争即将打响前，还是先让哈达玛一家登台亮相吧，否则就来不及了。哈达玛的爸爸是一位中学老师，能讲授语文、历史、地理和经典文学等课程。妈妈是一位钢琴老师，常在家中教别人学弹钢琴，偶尔也外出当家教。哈达玛 3 岁时，全家移居巴黎。接着，妈妈又生了两个可爱的小妹妹，全家人丁兴旺，其乐融融。但好景不长，1870 年 7 月 19

日，普法战争打响了。更不幸的是，他家刚搬入不久的巴黎竟成了主战场。过度轻敌的拿破仑三世在向德国宣战后竟吹嘘说，这只是一次"到柏林的军事散步"。结果，一个多月后，德军就到法国境内"散步"来了。德军不但在1870年9月2日的色当战役中取得了决定性的胜利，还俘虏了拿破仑三世。从1870年9月19日开始，德军将巴黎围了个水泄不通，断绝了巴黎的一切供应，哈达玛一家不得不像其他市民一样依靠杀马、杀猫和杀狗来勉强度日。后来，家禽家畜杀光了，巴黎市民只好再杀包括动物园大象在内的所有能杀的动物。再后来，法军只好举白旗投降。于是，40多年后将发动第一次世界大战的、完整统一的德意志帝国宣告成立。在围城期间，哈达玛的大妹妹不幸夭折。

法国投降后，哈达玛家的状况并未好转，甚至更糟，因为法国的内战又打响了，有人要屈服于德国，有人要与德国同归于尽。哈达玛一家的房屋被烧，财产被抢，小妹妹也在内战中成了牺牲品，时年哈达玛刚刚9岁。幼时的战争阴影，再加上他的犹太人身份，使哈达玛后来热衷于政治和战争，而这反过来使他和他的家族遭受了更大的打击。

哈达玛在父母潜移默化的影响下，从小就有很好的文学和音乐修养，其希腊语和拉丁语等课程都学得很好，唯独在数学方面的表现很差，而且不是一般地差。在小学五年级前，他的数学成绩都非常稳定，要么是全班倒数第一，要么是倒数第二，这主要取决于另一个永远倒数第一的家伙是否缺考。但不知何故，也许是突然开窍，也许是碰到了一位出色的数学老师，从五年级开始，哈达玛就势不可当且永不回头地成了数学天才。在19岁那年，在同时报考巴黎的两所最好的大学时，他的入学考试成绩竟然全都第一，最后只好忍痛割爱，选择了巴黎高等师范学院。书中暗表，据考证，能同时取得上述两个第一名的考生在历史上总共只有区区5名，由此可见哈达玛的成绩非常优秀。

哈达玛在本科期间非常活跃，不但结识了许多活跃分子，为后来不断卷入相关政治事件埋下了伏笔，而且在学业上得到了许多名师的指导，其中包括埃尔米特多项式的提出者埃尔米特和阿佩尔方程的提出者阿佩尔等。在这些名师的直接和间接影响下，哈达玛顺利修完所有学分，于1888年10月30日顺利毕业。在本科期间，他已经开始研究数学，比如开始对生成幂级数的系数的行列式进行估值。

本科毕业后，哈达玛一边读博士，一边在多所中学任教。他先在一所私立中学当辅导员，然后自1889年6月起，在一所公立中学讲课。从1890年9月起，他转入著名的公立高中布丰中学，在这里干了三年。在此期间，他的最大成就就是发现并培养了一匹千里马，即后来成为抽象空间理论奠基者的著名数学家弗雷歇。师生俩在随后的10年中一直保持联系，相互促进。客观地说，作为一名中学老师，哈达玛的整体表现其实很一般，学生并不喜欢他，也许他太想将自己的数学思想灌输给理解能力有限的中学生吧。

27岁那年是哈达玛的幸运年，这一年他可谓三喜临门。一喜是他终于获得博士学位；二喜是他因一篇名为《小于给定整数的素数个数》的论文被法国科学院授予"数学科学大奖"，从而一炮走红，成为数学界的新星；三喜是当年6月，他结婚了。妻子酷爱音乐，当年还在他家跟他的妈妈学过弹钢琴呢。他在次年晋升为巴黎综合理工学院的讲师。后来，他们生育了三个儿子和两个女儿。

29岁那年，哈达玛卷入了一场著名的政治案件——德雷福斯冤案。从此以后，他的政治热情更高，他更坚定地支持犹太事业。看来，他真像那种"路见不平一声吼，该出手时就出手"的江湖大侠。所谓的德雷福斯冤案其实本与他无关，毕竟那只是法国军事当局的事。一位名叫德雷福斯的犹太军官被莫名其妙地诬陷为叛国者，并被革职和判处终身流放。有人乘机掀起反犹浪潮。哈达玛等人针锋相对，很快就搞清了冤情，但政府愿意将错就错。哈达玛等人坚持不懈，直到 12 年后才终于迫使政府无罪释放了蒙冤者。

31 岁那年又是哈达玛的幸运年，这一年他又是双喜临门。一喜是他取得了自己最重要的成果，成功地证明了素数定理；二喜是他被任命为波尔多大学教授，在这里进入了首个科研高峰期，发表了众多令人瞩目的高水平论文。比如，其中一篇关于动态轨迹特性的论文获得了法国科学院的另一项跨学科大奖。1909 年，哈达玛转入法国的最高科研机构法兰西学院，在这里工作到退休。在此期间，他获得了众多荣誉，达到了自己的学术职位的顶点。他成为英、美、法等国的科学院院士，被多国授予名誉博士学位。特别是在 1912 年，他接替了刚去世的庞加莱的职务。从某种意义上说，此时的哈达玛已坐上了当时法国数学界的头把交椅。庞加莱被公认为"19 世纪末至 20 世纪初数学界的领袖"，是"全面了解数学及其应用的最后一人"，是"天体力学方面继牛顿之后的又一个里程碑式的人物"，是"相对论的先驱"等。

可是，好日子没过几年，第一次世界大战就爆发了。更加不幸的是，哈达玛遭到了一次致命打击，他的两个刚刚成年的儿子竟同时在 1916 年 2 月 21 日开始的凡尔登战役中阵亡，已经 51 岁的哈达玛瞬间如同坠入地狱。与哈达玛在幼时经历的普法战争相比，这次唯一值得庆幸的是法国赢了，德军没能再次围城，哈达玛的家也没有再次被毁，财产也没再次被抢。当然，德法双方都付出了惨痛的代价，军队伤亡人数超过 75 万，难怪这次战役被称为"凡尔登绞肉机"。

为摆脱丧子之痛，哈达玛更加忘我地工作，进入了第二次科研高峰期和学术活跃期。一方面，他继续发表众多高质量论著，特别是在 1922 年出版了自己最著名的著作《线性偏微分方程中的柯西问题讲义》，声称"所有线性偏微分方程问题都能用最基本的方法解决"。另一方面，他非常积极地参与国际学术交流，曾多次访问美国、瑞士、巴西、埃及、西班牙、意大利、阿根廷、苏联和捷克斯洛伐克等。他还于 1936 年应我国数学家熊庆来之邀，到清华大学访问了三个月。但此时的哈达玛及其家族仍未远离政治，唯一在世的儿子照样热衷于军事。

第二次世界大战在 1939 年 9 月 1 日爆发，哈达玛的战争噩梦又开始了。首先，他的祖国于 1940 年沦陷，他被迫逃到美国，成为哥伦比亚大学的一名客座教授。接着，更大的噩耗传来，他仅剩的小儿子在 1944 年的一场战争中牺牲。已经 79 岁的哈达玛心急如焚，在无法回到沦陷中的法国的情况下，立即来到英国，等待时机回到巴黎。

可是，哈达玛所遭受的致命打击并未结束。最后一次致命打击虽不是来自战争，但其杀伤力更大。1962 年，在他 97 岁高龄之际，在一次登山事故中，他最疼爱的孙子丧生了。从此，哈达玛的心死了，他彻底绝望了，再也没有走出过房间。

1963 年 10 月 17 日，伟大的数学家哈达玛终于从痛苦中彻底解脱，结束了自己光辉而悲惨的一生，享年 97 岁。

唉，安息吧，哈达玛！

第三十回

代数女皇受歧视，艾米·诺特开天地

本回主角可不得了！爱因斯坦多次在不同场合为她点赞，既称赞她"是自妇女接受高等教育以来，最杰出、最具创造性的数学天才"，又称赞她"将纯粹数学变成了逻辑诗篇"，还称赞她"是数学界的雅典娜，若没她，现代数学将面目全非"，更称赞她"在追寻逻辑之美时，竟发现了自然法则之魂"。此外，被称为"20世纪上半叶最重要的数学家之一"的外尔教授和控制论的创始人维纳教授等也说她是"数学史上最重要的女性之一"。这是因为：一方面，她对抽象代数的开创性研究影响了20世纪的代数学乃至整个数学，她被称为"现代数学之母"；另一方面，她在理论物理学领域，把"对称性"和"普遍守恒定律"这两个支柱性的概念联系在一起，提出了被认为"能与相对论媲美"的诺特定理。直到今天，该定理仍在黑洞和希格斯玻色子研究中发挥重要作用。

这位传奇女性到底是谁呢？欲知详情，请读下文。

1882年3月23日，在德国大学城爱尔兰根市的一个富裕犹太人的家里，诞生了一个黑黝黝、胖乎乎的小姑娘艾米·诺特（Emmy Noether）。她的妈妈来自犹太富商之家；爸爸是爱尔兰根大学的一位著名教授，专攻代数几何与代数函数论。诺特早期并未显露数学才干。直到10岁时，她还像其他小女孩一样，只是一个喜欢音乐和跳舞的小天使。她的一位比她小两岁的弟弟倒是一个数学神童，后来也成了数学教授。在第二次世界大战前受纳粹迫害时，弟弟在情急之下来到苏联，在那里风风光光地当了几天教授，然后被莫名其妙地投入监狱，此后杳无音信。

诺特小时候，家中有一位常客，他就是爸爸的好朋友、著名数学家戈丹教授。戈丹与诺特的爸爸和弟弟常在家里热火朝天地谈论数学，一来二去，诺特也爱上了数学。12岁读中学时，她竟对那些专门为女孩子开设的课程毫无兴趣，只热衷于学习语文和数学。中学毕业后，18岁的她在当年春天顺利通过了法语和英语教师资格考试，可以进入女子中学当教师。可待到秋天时，她突然变卦，决意到父亲任教的爱尔兰根大学学习数学。当时德国的大学不招收女生，她只能自费旁听。她的性格刚毅，爱说爱笑，压根儿就不在乎是否有学籍，只管每天昂首挺胸抢占教室中的前排座位，认真听课，刻苦学习，积极回答问题。后来，她的勤奋和聪颖感动了主讲教授，她竟被允许与男生一起参加考试。1903年7月，她以绝对优异的成绩顺利毕业，但未获得文凭。

大学一毕业，特立独行的她又来到哥廷根大学，继续旁听希尔伯特、克莱因、闵可夫斯基等数学大师的课，顿时大开眼界，大受鼓舞，更加坚定了今后献身数学的决心。不久，爱尔兰根大学传来喜讯：从1904年起，允许女生注册。于是，她立即返回母校，成了当年数学系47名学生中的唯一女性。1907年12月，她以优异成绩毕业，成为德国的首位数学女博士。她的导师便是她家的那位常客、以藐视社会习俗著称的戈丹教授。

博士毕业后，由于当时大学不聘用女教师，诺特只好留在母校当了一名"无薪讲师"。她只有讲师之名，而报酬需要根据听课人数确定。她能够协助人气很旺的父亲，故整体收入还算不错。从诺特31岁起，父亲退休后，她便开始独立承担讲课任务。在此期间，她继续在导师戈丹的指引下深入研究不变式，传承了导师的方法和思路。可惜5年后，导师就去世了，她不得不转向新的研究方向。她终生都敬仰导师，书房中永远挂着戈丹的画像。后来，接替导师职位的是另一位数学教授。在他的指导下，她的学术思想发生了重大变化。她转到了希尔伯特的研究领域，取得了若干成果，发表了《有理函数体系》等多篇重要论文，惊动了被公认为"数学界的无冕之王"和"天才中的天才"的希尔伯特。于是，希尔伯特便与著名教授克莱因（即"克莱因瓶"的发明者）一起在1915年向诺特发出邀请，欢迎她到哥廷根大学。当时这两位数学家正在全力研究爱因斯坦刚提出的广义相对论，而诺特的成果刚好有助于他们开展工作。

1916年，34岁的诺特应两位数学家的邀请，离开爱尔兰根，来到哥廷根。希尔伯特热情地接待了这名后起之秀，信心满满地要帮她在哥廷根大学争取一个稳定的正式教师资格。可哪知希尔伯特的满腔热情迎来了校方的一盆凉水。校方的回答斩钉截铁：不能入职，因为她是女性！愤怒的希尔伯特不得不在校务会上公开质问："各位，我们这是在办大学还是在开澡堂？为啥只准男士进入，性别怎能成为拒绝诺特成为讲师的理由呢？"

面对校方的极力阻拦，希尔伯特本想退让一步，只争取学校聘她为"无薪讲师"，可校方仍不答应。于是，希尔伯特只好与早已习惯了性别歧视的诺特唱起双簧，以他的名义开设数学选修课，然后由他与她联合开讲，当然由她唱主角。此举虽不能为诺特提供稳定的职位，但她至少能获得少许讲课津贴。更令诺特满意的是，她终于能得到希尔伯特的亲自指导，从事当时最前沿的数学研究了。在不到两年的时间里，诺特这位代课老师在希尔伯特和克莱因等的思想的影响下，用一系列卓越的成就震撼了哥廷根，震撼了全球数学界，更使她跻身于 20 世纪著名数学家之列。诺特在 1918 年发表了两篇惊天动地的论文：其一为广义相对论给出了一种纯数学的严格方法，其二提出了著名的诺特定理。

在铁的事实面前，哥廷根大学不得不深刻检讨自己的性别歧视政策。这时第一次世界大战以德国战败而结束，在战后劳动力极度缺乏的情况下，特别是由于德意志共和国的成立，妇女的社会地位大幅提高。1919 年，37 岁的诺特总算被聘为"无薪讲师"。此后，她便走上了完全独立的数学研究道路，取得了不少里程碑式的成果。1921 年，诺特完成了一篇名为《环中理想论》的重要论文，这标志着抽象代数真正成为一个数学分支，或者说标志着这个数学分支终于开启了现代化进程。5 年后，她圆满地完成了整个抽象代数体系的建设，因此获得极高的声誉，当时就被称为"现代数学代数化的伟大先行者"和"抽象代数之母"。在希尔伯特的多次大力推荐下，她凭借响当当的研究成果，终于在 1922 年被哥廷根大学聘为"无薪副教授"。

诺特依靠父亲的遗产和两位叔叔的资助维持简单的生活，她把全部心思投入到数学研究中，对经济收入和生活的其他方面毫不在意。史学家们至今也没找到她的任何有关生活情节的直接和间接记录。比如，人们不知她是否有过爱情。她终生未婚，长相一般，身材不高，不修边幅，一头短发，心宽体胖，还戴着一副高度近视眼镜。人们不知她对社会的不公是否有过抱怨。终其一生，她的成就虽备受当时众多学者的肯定，但她始终都没能在德国晋升为教授。人们也不知她是否幸福。她活泼开朗，平易近人，喜欢说笑，喜欢散步，照片里的她也总是满面春风。对于那些年轻的数学爱好者，她像慈母一样，把自己所有的爱都倾注到他们的身上。她不但经常与他们开展各种学术讨论，经常一起外出远足，而且不时将大家请到她的简陋寓所聚餐，亲自下厨做饭。在哥廷根大学，大家将她的学生称为

"诺特童子军"。实际上，诺特培养了十几名全球著名的代数学家。也正是这些得意弟子将她那深邃的思想带到了全世界，并在各地开花结果。她的荷兰弟子范德瓦尔登在总结了整个诺特学派的成就后，出版了《近世代数学》一书。该书风靡全球，让不少数学家拍案叫绝。

41岁那年，早已誉满全球的诺特终于摆脱性别歧视，因为从这一年开始，她在哥廷根大学开始正式领工资了。从此以后，她再无经济方面的后顾之忧，可以一心一意地研究数学了，当然也就取得了更多成就，以至于在数学的许多领域都能找到以她的名字命名的定理和概念。她的众多成就使哥廷根大学成了当时的全球数学研究中心之一。46岁那年，她应邀在意大利波隆那举行的国际数学家大会上做了一个30分钟的分组报告。50岁那年，她应邀在苏黎世举行的国际数学家大会上，面对来自全球各地的800多名数学家，做了一小时的大会报告。这意味着她已成了当时被公认的国际顶级数学家。

可惜好景不长，刚刚摆脱性别歧视的诺特很快遭受了更恐怖、更黑暗的种族歧视。这时纳粹势力开始猖獗，排犹狂潮迅速高涨。刚开始时，她只是被法西斯分子撵出了自己的公寓。1933年1月，随着希特勒上台，犹太人受到的迫害更加残苦。1933年4月26日，法西斯当局正式剥夺了她的教书资格，将她逐出校园，彻底断绝了她的生活来源。

走投无路的诺特只好赶紧设法逃出德国。可往哪里逃呢？起初，她想与弟弟一起逃往苏联，因为她曾访问过莫斯科大学，在那里讲授过抽象代数和代数几何，而且深受欢迎。她还与苏联的几位著名数学家结下了友谊，其中一位教授欢迎她到莫斯科大学任教。后来，在哥廷根大学著名教授外尔的全力帮助下，诺特于1933年9月来到美国，在布林马尔女子学院任教授，并在普林斯顿高等研究院兼职，当然也都有高额工资。

在美国期间，诺特受到了空前的欢迎和尊敬。过马路时，师生都得小心保护她的安全，因为她常常忘情于谈论数学而不顾来往的行人和车辆。客观地说，诺特并不善于讲课。某些听众后来回忆说，她是一个很不成功的讲者，板书很乱，有些文字还没被听众看清就被她匆匆擦掉了；她讲课时虽然精神饱满，声音洪亮，但语速太快，有时一连吐出多个音节，让人不知所云；她讲课时的思路跳跃幅度太大，听众很难跟上节奏。总之，与其说她在讲课，还不如说她在自我欣赏、自我陶醉，完全不顾听众的感受。

到了美国，摆脱性别和种族歧视后，衣食无忧的她总该享福了吧？可惜，仍没有！18个月后，她在1935年春被查出患有癌症，此时癌细胞正在迅速转移，必须立即进行手术。本来手术顺利，病情也开始好转，不料手术并发症突发。诺特在1935年4月14日不幸逝世，年仅53岁。

布林马尔女子学院为她举行了隆重的葬礼，将其骨灰葬于学校的图书馆旁，供人永远敬仰。爱因斯坦亲自为她撰写了悼词，远在德国的外尔教授发表了长篇祭文，用诗一般的语言深情地缅怀这位昔日的同事。

安息吧，受尽各种歧视的伟大数学家诺特！

第三十一回
鲁津学派贡献大，因言获罪好可怕

唉，真不想写本回！这倒不是因为主角不伟大，实际上他是实变函数论的主要奠基者，也是鲁津空间、鲁津定理、鲁津分离定理等众多核心成果的取得者，他一手创建的鲁津学派曾代表国际最高水平。但是，他的经历实在太憋屈。真希望如此冤情不曾有过，更希望类似悲剧不再发生，永远不再发生。

本回主角名叫鲁津·尼古拉·尼古拉耶维奇（N. N. Luzin）。他于1883年12月9日生于俄国的一个商人家庭。

作为家中的独子，鲁津在贵族学校读完小学后，进入公立中学。此时，他并未表现出对数学的兴趣，只是比其他同学有更突出的解题能力而已。中学毕业后，18岁的他考入莫斯科大学物理数学系。起初，他想成为工程师。大一下学期，在聆听了著名数学家、叶果洛夫定理的发现者叶果洛夫的几次精彩讲座后，他突然爱上了数学。他发现，原来数学并不需要死记硬背，而具有广阔的自主创新空间，还有许多难题未解决，有许多高峰待攀登。他甚至将研究数学比喻为在探险途中随时都可能发现新大陆，随时都可能取得重大突破，每时每刻都很刺激。在大学期间，他积极参加叶果洛夫组织的数学兴趣小组，主动担任若干组织工作，在叶果洛夫的指导下开始研究数学，具体说来是研究刚刚兴起的数学分支实变函数论。

作为最难的数学分支之一，实变函数论岂是普通大学生就能啃得动的硬骨头？在长期受挫后，鲁津曾一度怀疑自己的能力，甚至在极度郁闷时还想过自杀。幸好有叶果洛夫的及时排解，鲁津才没走向极端。23岁时，鲁津从大学毕业，然后留校任教。为了促进其成长，叶果洛夫将刚入职的鲁津派到当时的全球数学研究中心巴黎进修，一来让他开开眼界，二来也让他换换环境，以缓解压力。到了巴黎后，鲁津把自己搞得更紧张。他不但旁听了波莱尔、庞加莱、哈达玛和达布等著名数学家的讲座，而且废寝忘食地阅读了那里的丰富藏书，通宵达旦地对函数论中最重要的问题进行研究。尽管如此，他仍未取得半点进展。这时他非常矛盾，数学简直成了鸡肋——欲罢难休，欲攻不下。

回到莫斯科后，鲁津开始调整战略，先在25岁那年考取了能上讲台的教师资格，并积极与优秀学生接触，讨论彼此感兴趣的问题，以拓展思路。他在紧张的数学研究之余，研究一些医学和神学问题，以转换注意力，放松心情。27岁那年，他又考上了硕士，然后第二次被派往巴黎。在此期间，他积极参加哈达玛组织的数学讨论班，从此才开始有所收获，在随后的三年中连续发表数篇重要论文，引起了同行的注意。

31岁时，鲁津再次回到莫斯科大学，并成为副教授。这时，他开始讲授实变函数论选修课，指导研究生，为后来创建鲁津学派埋下伏笔。32岁时，他终于完成硕士论文《积分与三角级数》。答辩结束后，叶果洛夫非常震惊，认为他的水平早已超越硕士，便将此文提交给学校的学术委员会，建议直接授予他博士学位。他得以顺利通过。实际上，此文也是鲁津所达到的最高水平，后来还成了数学史上的经典。

34 岁时，鲁津成为莫斯科大学正教授。同年，俄国发生"二月革命"。这时鲁津还未受到影响，他正沉醉在自己刚刚取得巨大成就的喜悦之中，正全力乘胜追击，希望取得更多更大的成就。他仿照巴黎数学家的做法，依靠自己的卓越组织能力、演说能力和科研能力，将一大批青年才俊吸引到自己身边，定期聚会，讨论共同关心的数学问题，逐渐形成了一个团队，即后来的鲁津学派。其中的骨干成员亚历山德洛夫、柯尔莫哥洛夫、柳斯特尼克、辛钦等都是鲁津的得意弟子。书中暗表，鲁津学派的优秀成员其实还有很多，这里之所以要特别点出这几位数学家的名字，主要有两个原因。

一方面，他们后来都成了伟大的数学家。辛钦与柯尔莫哥洛夫创立了著名的莫斯科概率论学派，亚历山德洛夫也成了国际拓扑学领袖。

另一方面，这也是更主要的原因，这几位数学家人性中不好的一面后来都被激发出来，在关键时刻无端对自己的恩师下黑手，而动机仅仅是妒忌恩师的成功。

从学术角度看，鲁津学派相当成功，因为它形成了一个强大的团队，甚至代表了当时的世界水平。学派内部的氛围一度相当好，特别重视激发独立思考能力。哪怕是不成熟的想法，鲁津也鼓励大家拿出来平等讨论。大家在研讨问题时非常活跃，氛围既轻松愉快又严肃认真。鲁津当然是核心，他不但学识渊博，感染力也很强，受到众人的喜欢。他的高徒亚历山德洛夫多次在不同场合公开说："我从鲁津身上看到了一个为科学而生活的人，看到了一个具有真正科学精神的人。"他还说："鲁津属于那种浪漫的偶像，演讲时特别带有感情色彩，内容也很丰富，还浅显易懂。最重要的是，我们既能感受到无拘无束的气氛，又丝毫不影响对鲁津的崇敬。鲁津对待科学的态度感动了我们每个人。我不仅是在向鲁津学习数学，还在向他学习如何做一名教授。我们这个集体是团结的，大家都有一个共同点，那就是对数学的挚爱。"

后来，鲁津的这种经验得到了推广，引发了一系列深刻变革，甚至对世界数学的发展也产生了影响。随着鲁津学派的规模越来越大，取得的成果越来越多，学员们也都获得了各自的成功。鲁津于 1927 年当选为通讯院士，1928 年当选为国际数学家大会副主席，1929 年当选为院士，此时他才 46 岁。正当鲁津等人沉浸在数学王国中时，现实世界又发生了一次变革。这使得苏联很快就失去了刚刚获得的世界数学研究中心的地位。

鲁津于 1950 年 2 月 28 日逝世，享年 66 岁。

第三十二回
数理统计奠基人，费希尔斗皮尔逊

数理统计是这样一个令人头疼的数学分支，一个最不严谨的数学分支。它的很多本源问题至今仍未得到圆满解决；它的公式又多又长，让人看着就害怕；它的表格又大又密，让人想着就头大；它的概念既枯燥又难记，既繁杂又常引起歧义。总之，它简直让人头皮发麻，许多数学家都对它敬而远之，就算惹不起它也想躲着它。可它偏偏又是一门让人躲不起的学问，因为大到国家决策，小到日常生活，在人类活动的方方面面，它的应用都像落地的水银那样无孔不入。比如，大家熟悉的更新世、上新世、中新世、始新世等地质年代的划分其实并非普通书籍中介绍的年份区间，而是采用数理统计方法，根据各个地层中生物化石的种类和当前仍生活在海洋中的物种种类确定的百分比区间。

数理统计既古老又年轻。说它古老是因为早在原始社会它就已开始萌芽，说它年轻是因为它至今还在不断发展，甚至在当前的大数据时代扮演着越来越重要的角色。不过，按公认的说法，数理统计的发展可分为四个阶段：其一是萌芽期，以最小二乘法的出现和应用为界线；其二是幼年期，代表人物便是本回的第一位主角皮尔逊；其三是成熟期，此时发明的大多数统计方法至今仍在广泛应用，此时的代表人物便是本回的第二位主角费希尔；其四是发展期，即从第二次世界大战结束到现在。出乎大家意料的是，同为数理统计的奠基人，本回的两位主角却因学术观点的细微差别而斗了一辈子，这些恩怨情仇甚至波及了许多无辜者，比如本回配角、子承父业的皮尔逊之子及其朋友和合作者等。这到底是咋回事儿呢？欲知详情，请读下文。

1857 年 3 月 27 日，在伦敦的一个王室法律顾问家中，诞生了一个聪明而虚弱的男婴卡尔·皮尔逊（Karl Pearson）。他在 9 岁时就进入伦敦大学学院，16 岁因病休学一年多，18 岁以第二名的成绩考入剑桥大学国王学院。在大学读书期间，与其他书呆子式的"学霸"不同的是，他能言善辩，爱好自由，喜欢郊游，才思敏捷，放纵不羁，思想深邃，博闻强记。对他来说，数理文史无所不通，歌德卢梭烂熟于胸，哲学宗教样样都懂。他蔑视权威，反抗传统。当时的神学还是学生的必修课，大家都必须到教堂做礼拜。皮尔逊虽热爱宗教，但很反感这种强制性的规定。他据理力争，甚至不惜借助家族势力，最终迫使校方让步，废除了该项规定。非常意外的是，他自己从未间断过神学课程和教堂礼拜。

22 岁那年，皮尔逊以优异成绩顺利毕业，还在剑桥大学的数学荣誉学位考试中获得第三名。按规定，他有资格留校并享受长达 5 年的带薪自由科研时间。于是，他来到德国，先在海德堡大学学习物理和哲学，然后到柏林大学学习罗马法，还听取了达尔文进化论课程。不久，他又迷上了德国宗教史、德国民俗学、德国思想史和德国文学，甚至对德国妇女问题感兴趣。在 23 岁那年，他又迷上了卡尔·马克思，甚至将自己的名字由过去的 "Carl" 变成了 "Karl"。从此以后，他一直保持着对穷人的同情。总之，这个自由时期是他人生的重要阶段，其才智和表达能力得以全面发展。他阅读了众多著作，发表了众多诗歌、评论、随笔和讲演等，甚至还在德国获得了政治学博士学位。

27岁那年，皮尔逊回到英国，成为伦敦大学的应用数学教授，但他讲授的课程千奇百怪，既有文科领域的历史学、政治学、德国文学、中世纪语言、马丁路德的宗教思想等，又有理工科领域的数学、力学、机械学、热力学、静力学和动力学等。他讲的课因清晰易懂而大受欢迎。他讲课时从来不使用教科书，甚至能用直观作图法深入浅出地讲清深奥的力学问题。即使如此全面开花，他的精力仍然相当富余。比如，他还发表了许多优美的散文，考取了律师执照，组织了一个青年男女俱乐部，专门讨论哲学和政治问题，并在那里结识了自己的女神，在33岁那年将她娶回了家。

从33岁起，皮尔逊终于开始研究数理统计了，而起因竟是他偶然读到了一本生物学著作《自然遗传》。原来该书介绍了一个名为"均值回归"的、经常被忽略的普遍现象。比如，若父亲很高，则孩子往往比父亲矮；若父亲很矮，则孩子往往比父亲高。似乎有某种神秘的力量让人们的身高趋于平均值。若身高比较高的父亲的儿子更高，身高比较矮的父亲的儿子更矮，那么就该有越来越高的人和越来越矮的人，但这种现象并未发生，人们的平均身高基本稳定。这种稳定性无疑归因于均值回归，它确保了物种各代之间的相似性。均值回归现象不仅适用于人类身高，而且适用于自然界的几乎所有数据观测过程。皮尔逊立即就被这种神奇的现象迷住了，从此开始了数十年如一日的研究。他在35岁时出版了自己的成名作，即至今仍被称为"介绍科学和数学的最伟大的著作之一"的《科学规范》。该书以优美的语言阐述和总结了前人的统计学研究成果。接着，他几乎单枪匹马奠定了数理统计的基础，建立了极大似然法的概念，将进化论深化到数量描述和定量分析阶段。由于相关成果太抽象，这里只好略去细节。凭着这些成果，他不但当选为英国皇家学会会员，还两次获得达尔文奖章。

44 岁时，皮尔逊与他人合作创办了后来在统计学界最有影响力的学术刊物《生物统计》。后来，他又创办了生物统计实验室，在 54 岁时成为全球统计学界的头号人物。随着声望与权力越来越大，皮尔逊的控制欲也开始膨胀。在接下来的时间里，他竟变成了一位名副其实的学霸。他试图将身边的同事变成其个人意志的延伸，更将《生物统计》杂志变成其个人平台，只录用他个人认可的文章。这自然就引发了他与许多同事的冲突，特别是与以本回的第二位主角为代表的后起之秀的冲突，最终对自己的名声造成了不良影响。不过，皮尔逊对《生物统计》杂志的热爱确实无与伦比。在弥留之际，他还要坚持审完当期样稿，然后于 1936 年 4 月 27 日安然去世，享年 79 岁。皮尔逊去世后，英国统计学家尤尔评价说：他是一个热情洋溢的诗人、散文家、哲学家、史学家、统计学家，对所有知识都充满兴趣，总是激情四射，强势而好战，有时还很顽皮。

性急的读者也许要问，咋没看见皮尔逊与他人争斗呢？嘿嘿，伙计别急，因为一个巴掌拍不响，现在就请出本回的第二位主角——偏执的、暴躁的、个性难以理解的费希尔。为此，先得将镜头拉回到第一位主角皮尔逊结婚那年（1890 年）的 2 月 17 日，因为这一天在伦敦的一个富商家中诞生了体弱多病的罗纳德·艾尔默·费希尔（Ronald Aylmer Fisher）。

费希尔的视力从小就极差，两眼高度近视，医生禁止他在灯光下阅读。可哪知他因此练就了超强的几何直观能力，甚至在不使用纸和笔的情况下就能轻松解决许多复杂的科学问题。他后来在数理统计中取得了众多成就，如今该学科教材中的大半内容都源自他一人的原创性思想。他被称为自达尔文之后最伟大的生物演化学家、现代种群遗传学的三杰之一、现代进化论的首席设计师之一，当然更是数理统计的奠基者之一。

费希尔幼年丧母，紧接着父亲又破产了。万幸的是，他的"学霸"表现并未受到影响。他一直酷爱数学和天文学，7岁时就开始旁听天文科普讲座，读中学时又荣获了全校数学竞赛大奖。在剑桥大学天文学系读书期间，为了对众多观测数据进行误差分析，他阴差阳错地进入了数理统计领域，很快取得了重大突破。他仅用一周时间就解决了皮尔逊长期思考的一个统计分布问题，并将它转化成几何公式，给出了完整答案。该成果最终发表在皮尔逊心爱的刊物《生物统计》上，但在文章的修改和发表过程中，皮尔逊和费希尔这两位超级强人都发现了对方的怪癖和才智，从而为随后的争斗埋下了伏笔。实际上，此文是费希尔在《生物统计》上发表的唯一论文。这当然不是费希尔不想投稿，而是该刊物的主编皮尔逊百般阻挠。

22岁那年，费希尔从剑桥大学毕业，然后进修了一年统计力学，接着辗转于多个岗位之间。他曾到加拿大务农，在投资公司工作，当过私立学校的老师等。他始终都未放弃研究数理统计，可惜他的成果总是无处发表。统计领域的著名刊物都拒绝录用他的论文，好像有一股强大的势力要把他阻挡在数理统计的主流之外。这显然是当时的头号数理统计权威皮尔逊在作怪，皮尔逊想收编费希尔，多次希望费希尔到自己的实验室中工作，可费希尔始终不肯就范，甚至开始在一些杂志上自费发表文章，公开挑战皮尔逊，专门寻找后者的瑕疵。皮尔逊当然要强烈反击，在《生物统计》上连篇累牍地发表文章批评费希尔。于是，统计领域的这对年龄相差33岁的冤家展开了近20年的笔墨大战。哪知此举反倒让很少在权威刊物上发表论文的费希尔变得声名显赫。客观地说，费希尔确实取得了许多重要成果。比如，他在25岁时在相关系数的分布方面取得了突破，28岁时圆满地解释了遗传的连续变异性，特别是在35岁时出版了影响力持续半个多世纪的世界名著《研究工作者的统计方法》。他在40岁时完成了代表作《天择的遗传理论》，为达尔文的进化论澄清了迷雾，说明了孟德尔遗传定律与达尔文理论不但不矛盾，反而相辅相成。至此，费希尔已势不可当，而皮尔逊则已年老力衰。皮尔逊从伦敦大学退休后，该校在1933年（即皮尔逊去世前三年）将43岁的费希尔聘为教授，并将当年皮尔逊创办的实验室一分为二，一半由费希尔负责，另一半由皮尔逊的独生儿子小皮尔逊负责。

于是，数理统计江湖的恩仇录又有了续集，只不过这时的剧情已经反转，由声名显赫的费希尔欺负忠厚老实的小皮尔逊。其实，小皮尔逊只比费希尔年轻5岁，但他处处尊重费希尔，甚至将对方当成长辈看待，不但当面从不与之争辩，甚至在背后也从未说过费希尔的坏话。刚开始时，费希尔的怨气很大，不但处处为难小皮尔逊本人，还要千方百计为难他的朋友和合作伙伴，特别是以其名字命名内曼-皮尔逊理论的内曼。不过，后来小皮尔逊和内曼还是找到了以柔克刚的妙计。他们发表论文或做学术报告时，尽量采用费希尔看不懂的法文；他们在学校里尽量忍让费希尔的各种挑衅，后来内曼干脆离开英国到美国去发展，成为新一代的数理统计权威。经过小皮尔逊等人的长期努力，数理统计江湖的这段恩怨未被激化。在彼此组织的公开学术报告会上，双方还互派研究生参加，以示善意。

书说简短，费希尔的后半生就相当顺利了。从家庭上看，他与妻子共生了9个孩子，可谓人丁兴旺。从事业上看，他于44岁时作为皇家统计学会的受邀嘉宾在最高规格的专业会议上做大会报告，这意味着国际同行对他的正式认可。53岁时，他被聘为剑桥大学遗传学教授，62岁被英国皇室封为爵士，67岁时退休，两年后前往澳大利亚，最后于1962年7月29日在澳大利亚去世，享年72岁。

第三十三回
内曼学派很出色，二战英雄瓦尔德

数理统计的研究中心本该在英国，可为啥突然转到了美国并延续至今呢？因为本回主角内曼被从英国排挤到了美国。

其实，内曼既非英国人也非美国人，他的全名是乔治·内曼（Jerzy Neyman），1894 年 4 月 16 日生于俄国宾杰里的一个律师家中。但内曼从不认为自己是俄国人，只坚信自己是波兰人。他的名字中的"Jerzy"就是"George"的波兰语拼写方式，暗含着对波兰的认同，但他又不敢明说，因为波兰当时还在俄国的管辖之下，沙皇甚至不允许波兰人居住在波兰。于是，包括内曼的祖辈在内的许多波兰人被迫迁居俄国。待到内曼的父辈时，这个家族在异乡重新发达起来。内曼的童年很幸福，他不但衣食无忧，还受到了保姆和仆人的全面照顾，接受了良好的早期教育，养成了洒脱、豪爽、幽默、热忱和乐观的性格。内曼很聪明，很早就掌握了多门语言，精通俄语、英语、法语、德语、波兰语、拉丁语和乌克兰语等，成年后至少用三种语言发表过论文，至少用五种语言讲授过数学。

可好景不长，就在内曼 12 岁那年，父亲突然病故，家境迅速衰败，母亲只好带着儿子回到娘家。当时正值俄国革命前夕，经济萧条，时局动荡，少年时期的内曼的物质生活很困难，但精神生活很快乐。平日里，他和表兄弟一起疯玩，偶尔还去打猎，假期里则去当家教挣外快。

第一次世界大战爆发那年，内曼以优异成绩考入哈尔科夫大学数学系，很快成为"学霸"。但课外该看啥书呢？只见他眉头一皱，计上心来。他开始在图书馆里跟踪数学教授，将他们的借书清单作为自己的阅读书目。他的数学水平迅速提高。大三时，一位教授主动推荐他阅读当时的数学前沿书籍、法国数学家勒贝格的原著。从此以后，内曼就成了勒贝格的铁杆粉丝，且是终生的粉丝。他不但研读了偶像的许多论著，而且彻底沉迷其中，甚至撰写了有关勒贝格积分的 500 多页读书笔记。他说："第一次世界大战虽然扫荡了一切，而勒贝格先生依然故我。"

如果照此发展下去，内曼将成为一位研究勒贝格积分的数学家。但在大四时，情况突变，内曼竟阴差阳错地进入了统计学领域。原来这一年哈尔科夫大学来了一位很有魅力的统计学青年讲师，内曼和许多同学一样，很喜欢聆听他讲的课。但因自己心中已有勒贝格积分，他对统计学毫无兴趣，只是非常欣赏和尊重这位讲师而已。有一次，这位讲师推荐内曼阅读当时全球数理统计界头号人物皮尔逊在 20 多年前撰写的一部奇书《科学规范》，他顿时受到极大的震动，整个世界观被彻底颠覆，统计学的种子也就播进了他的心中。

1917 年，内曼从哈尔科夫大学毕业，留校任教。也是在这一年，俄国沙皇统治被推翻，波兰独立进入倒计时，战争席卷俄国全境，物资短缺，食物匮乏，人们的生存面临威胁，内曼也开始了频繁而浪漫的监狱生活。1919 年冬天，准确地说是新婚第十天，身为教授的内曼因忍受不了严寒而擅自去公园里砍柴取暖，结果以"破坏森林罪"被捕。新娘忙着四处找关系救他，而他自己则气定神闲，只是请狱警带出话来，让新娘送一本《分析学教程》。可哪知该书被狱警没收了。他们一边卷着烟卷，一边评价该书的质量，嫌纸张太硬，不便卷烟。至于为何要没收此书，狱警理直气壮地说道："俄国人不能阅读敌国的教材！"此书由法国人所著，而法国当时正在支持波兰闹独立。后来，内曼又数度入狱，罪名稀奇古怪：一会儿是非法购买黑市粮食，一会儿是走在大街上被当成示威者。有一次，他好好地待在家中，结果又被捕了，而缘由竟是他的波兰人身份。当时波兰独立战争正酣，为交换更多的战俘，俄国干脆逮捕若干波兰人滥竽充数。

内曼 27 岁那年，波兰终于独立，波俄终于停战，全家人也终于迫不及待地搬回了久违的祖国。回到波兰后，内曼的生活虽然更艰难，但他的心情非常舒畅。他很快就恢复了学术意愿，在 29 岁时获得华沙大学博士学位。虽然他一直希望像勒贝格那样成为纯粹数学家，但因多年战乱，波兰早已一穷二白，他根本没条件研究纯粹数学。经过多方努力后，他总算在一家名不见经传的地方农学院找到了一个教职，为新办的统计专业讲授统计学课程，而且薪水奇低。他不得不兼任中学老师和企业顾问等职，才能勉强解决温饱问题。

即使如此，内曼的科研工作也并未停止，甚至很快就取得了重要成果。他被华沙中央农学院聘为教授，在 1926 年得到一笔政府资助，被派往伦敦大学深造，而导师竟是曾颠覆自己世界观的《科学规范》的作者皮尔逊教授。于是，内曼怀着朝圣般的心情，兴高采烈地来到英国，可迎接他的是当头一棒。此时的皮尔逊已 69 岁，早已离开了数理统计的前沿领域。更令内曼失望的是，皮尔逊既专横又古怪，简直怪得出奇。初次见面时，内曼向他汇报自己过去取得的成果，他竟不假思索地给出了否定的结论。当内曼正欲进一步解释时，皮尔逊竟咆哮道："内曼博士，这些东西在波兰也许是正确的，但在英国，在这里，它们是完全错误的！"

不过，情商奇高的内曼日后回忆说，皮尔逊对自己的帮助仍然很大。一方面，在皮尔逊的推荐下，内曼获得了一笔基金，从而得以继续访问法国巴黎，在那里见到了自己心中的偶像勒贝格，还亲耳聆听了勒贝格讲的课。另一方面，皮尔逊为内曼树立了一个警示牌，后来内曼特别关心学生，特别尊重合作伙伴。这也是他能最终建成内曼学派的一个重要法宝。内曼在此结识了皮尔逊的忠厚老实、沉默寡言的独子，只比自己年轻一岁的小皮尔逊。两人很快成为知心朋友，后来更发展成了重要的合作伙伴。比如，在数理统计领域中堪称"假设检验奠基石"的内曼-皮尔逊理论就是他俩合作的成果。实际上，若非受到小皮尔逊的影响，内曼也许在巴黎见到自己的偶像后就会毫不犹豫地转行成为勒贝格的门徒。

结束了巴黎访学后，内曼回到波兰继续任教，与小皮尔逊通过书信合作了7年多，硕果累累。波兰的局势日益动荡，法西斯独裁者竟成了波兰的总理，国内经济日益困难。待到1930年前后，希特勒上台，战争一触即发。无奈的内曼只好给小皮尔逊写信求救。在小皮尔逊的全力帮助下，内曼终于在1934年获得了伦敦大学的一个低级教职，于是他举家迁往英国，及时逃出了后来第二次世界大战的重灾区波兰。

来到英国后，内曼马上面临两大挑战。其一，由于各种原因，此时的小皮尔逊已无太多精力从事科研工作了，内曼只好单枪匹马继续前进。内曼很快就取得了若干新成就，自己的国际声誉越来越高。其二，虽然脾气古怪的皮尔逊此时已退休，但另一位脾气更古怪的数理统计权威费希尔来到了伦敦大学。更糟糕的是，费希尔曾长期遭受皮尔逊的排挤，如今他来伦敦大学的目的之一就是要发泄多年来积压在心中的怨气。于是，小皮尔逊及其朋友（自然也包括内曼）就成了费希尔的主要发泄对象。虽然内曼依靠自己的超高情商，成功地避开了与费希尔的正面冲突，但后来内曼仍架不住费希尔的排挤。费希尔总是利用自己的权势，千方百计阻挡内曼在伦敦大学的升职和加薪。在伦敦大学的低级岗位上忍受了四年多后，内曼终于在 1938 年举家迁到了美国，成为了加州大学伯克利分校数学系的一名教授。

内曼刚到美国时，这里的数理统计研究几乎是一张白纸。十几年后，在内曼的领导下，全球数理统计研究中心由英国转移到了美国，准确地说是转移到了人才辈出、群星闪耀的内曼学派。如今回头再看，内曼的制胜法宝其实有两个：其一是他自身的卓越成就，比如内曼置信区间法、内曼－皮尔逊定理和内曼结构等，这里就不细述了；其二是培养、发掘和吸引优秀人才，而在这一点上，皮尔逊和费希尔这两个反面教材帮了内曼的大忙，内曼只需按他们的相反方向做事就行了。他备课非常认真，讲课效果很好。他平易近人，乐意与人合作，但又绝不强迫任何人与他合作。每当有学生遇到困难时，他都会主动伸出援助之手。每当助手或合作伙伴遇到晋升机会时，他都会尽力争取。每当大家遇到学术难题时，他都会积极组织和参与相关讨论。每当在国际会议上遇到后起之秀时，他都会主动与对方交朋友，邀请对方到自己的实验室里传经送宝。特别是在第二次世界大战期间，他营救了许多饱受战争之苦的国外同行。比如，本回配角、被誉为"仅凭一己之力就改变了第二次世界大战进程"的传奇统计学家瓦尔德就是内曼从战乱国发掘并引进的内曼学派的骨干之一。

亚伯拉罕·瓦尔德（Abraham Wald）于 1902 年 10 月 31 日生于罗马尼亚的一个犹太家庭。他自学了中小学课程，在 25 岁考入维也纳大学统计学专业，29 岁获得博士学位。可惜，此时的排犹运动已开始猖獗，起初他只是难以就业，后来连生命都受到威胁，全家只好拼命逃亡。结果，父母和姊妹没能逃掉，全都惨死在纳粹的毒气室中。万幸的是，他自己总算在

1938年逃到美国，先作为内曼的助手，后来几经辗转进入哥伦比亚大学，从此高歌猛进。1950年12月13日，当他偕夫人到印度讲学时，因飞机失事，双双遇难，享年仅仅48岁。

关于瓦尔德的科研成就，用行话来说，主要有两点：其一是他创建了统计决策理论，其二是他发明了序贯分析。虽然这些成果非常抽象，但它们的应用无处不在，特别是在第二次世界大战中，这些成果发挥了重要作用，甚至变得家喻户晓。原来战争正酣时，美军对返航战机的中弹部位进行统计，并决定在弹孔最密集的机翼部分增加防护，以减少损失。瓦尔德却提出了完全相反的建议，即在弹孔最少的机身和机尾部分增加防护！他的理由是，在正常情况下，飞机全身的弹孔本该均匀分布，但在返航的飞机上，我们之所以能看到很多弹孔，是因为这些中弹部位并不重要，即使被洞穿后飞机也能返航，而弹孔很少的部位才是关键，因为这里一旦中弹，飞机可能就会坠毁！瓦尔德的建议很妙，飞机返航率大幅提高。

除了瓦尔德之外，内曼学派的精英还有很多。在很长的一段时间内，内曼学派都是一个研究一流、学生一流、资金充裕、关系融洽、运转良好的学术机构。

1981年8月5日，内曼在伯克利去世，享年87岁。

第三十四回

西格尔讨厌战争，追天文娶回数论

伙计，你肯定听过黎曼猜想，它与费马猜想和哥德巴赫猜想一起被称为世界三大数学猜想。本回主角就是在攻克黎曼猜想的长征中立下过汗马功劳的首届沃尔夫数学奖得主卡尔·路德维希·西格尔（Carl Ludwig Siegel）。他于1896年12月31日生于德国柏林，父母均来自莱茵地区。作为家中的独子，西格尔从小就很腼腆，对打打闹闹的男孩子游戏不感兴趣，反而喜欢安静，喜欢独自思考问题，自然也会思考一些数学问题。4岁那年，德国哥廷根大学著名教授希尔伯特提出了23个数学问题，其中包括后来成为西格尔的主要研究内容之一的第8个问题——黎曼猜想。

上学后，西格尔的数学成绩一直很好，课堂内容早已不够解渴，他只好到处寻找课外书籍。读中学时，有一次他去柏林图书馆，偶然读到了希尔伯特的导师韦伯教授撰写的名著《代数学》，从此他就迷上了数论。他经常设计一些素数智力游戏，让同学们惊叹不已，甚至被街坊四邻称为数学神童。哪知邻居中藏龙卧虎，西格尔家很快就来了一位老眼昏花的兰大爷，他是西格尔的人生贵人。只见兰大爷怀揣两本发黄的数学书，自豪地声称这是他儿子的数论著作，也许对西格尔来说暂时难了一点，但今后肯定有用，希望西格尔好好收藏。这两本书后来一直影响着西格尔的数学研究生涯。

西格尔 19 岁时高中毕业，此时德国已发动第一次世界大战。本来就沉默寡言、讨厌战争的他马上面临着服兵役甚至上前线的要求，这让他既害怕又憎恶。于是，在当年报考柏林洪堡大学时，他毅然选择了与战争最不相关的天文学专业，希望自己的知识不被用作杀人武器。其实，当时他很清楚，自己真正喜欢的专业是数学。也许是天意，进入天文学专业后，西格尔才发现天文学课程学起来很轻松。为了打发大把闲暇时光，他开始旁听相关数学课程，结果很快就坠入了数学的情网而不能自拔。特别是当他听完一个院士讲授的数论课程后，他和兰大爷都喜出望外，因为这时西格尔发现自己竟能读懂兰大爷送给他的那两本书了。从此以后，兰大爷的儿子兰道就成了西格尔的偶像，兰大爷也成了西格尔的忘年交。

有了一定的数论基础后，西格尔在大学第三学期时大胆参加了舒尔教授组织的一个数论研讨班，首次接触了自己将要研究的另一个重要问题——丢番图逼近。在研讨班上，舒尔教授敏锐地指出，挪威数学家图埃的一篇只有 4 页的短文可能有助于研究丢番图逼近。当时图埃的那篇论文并未引起人们的注意，该文中的公式特别复杂，一般人很难搞懂。可哪知西格尔这头不怕虎的初生牛犊竟完全依靠自己的力量读懂了此文，还对相关结果进行了改进，由此打开了研究数论的大门。西格尔的良好表现自然得到舒尔教授的一通猛夸，于是西格尔的信心大增。从此，他下定决心，今后也要成为一名数学家。

1917 年，在战争中连吃败仗的德国开始大规模扩军，还只是一名大三学生的西格尔被抓了壮丁。起初，他死活不肯从军，结果被关进疯人院，以示惩罚。兰大爷四处活动，最后他的儿子兰道出面干预，才总算把西格尔捞了出来。西格尔被迫到斯特拉斯堡穿了五周的军装。事后，西格尔十分后怕，他回忆道："若非兰道帮忙，我肯定早就没命了。"

此后，西格尔当了一年多的家庭教师，直到德国战败投降后才开始继续读大学。为了感激兰道教授的救命之恩，23岁的西格尔转学到兰道任教的哥廷根大学，并拜恩人为师，希望有机会早日报恩。后来的事实表明，从这时起，西格尔的数学天赋开始显现。比如，他仅用了不足一年的时间就于1920年6月取得博士学位。从他的博士论文的题目"代数数的逼近"就可以看出，当年舒尔教授的研讨班确实对西格尔产生了深刻的影响。

西格尔为啥会如此神速地取得博士学位呢？还是让事实说话吧。据说在读博期间，暑假回家前的一天晚上，西格尔去拜访兰道，随便问问有啥东西要带给兰大爷。当时，兰道正在思考一个数学问题。看到弟子到来，兰道异常兴奋，整个晚上一直缠住弟子，非要把自己的想法从头到尾讲一遍，希望对方点评。肚子早已饿得咕咕叫的西格尔只得耐心聆听。待到饥肠辘辘的兰道反应过来时，不但晚餐时间已过，就连最晚一趟公交车也开走了。西格尔只好步行回宿舍，他一边走一边思考老师提出的问题。刚一进门，西格尔就想到了一个更简洁的证明方法。为了不误次日回家的班车，他只好匆匆给老师写了一张明信片，为不能亲自向老师当面汇报自己的证明方法而道歉，接着只用了区区几行字，在明信片的空白处，完整地写出了老师需要的问题答案。这再一次让兰道对他的这位弟子刮目相看。

博士毕业后，西格尔到汉堡大学工作了一年，担任后来在四色猜想的证明过程中做出突出贡献的海克教授的助教。在25岁那年，他回到母校，担任库朗教授的助教，在当年晋升为讲师。几个月后，他锁定了一个大目标。原来性格内向的西格尔以教师身份回到哥廷根大学后，读书期间的那种自豪感瞬间变成了自卑感，因为哥廷根大学是当时全球数学研究中心，大师云集。西格尔在同事面前好像显得微不足道，更甭说当面请教希尔伯特这样的大师了。刚开始时，西格尔只好独自埋头钻研，直到有一天在海边遇到身穿泳装的希尔伯特，他才突然发现大师不但不可怕，反而十分平易近人。于是，他赶紧将憋在心中很久的有关黎曼猜想的思路向希尔伯特做了汇报，希尔伯特对此表现出了极大的热情，不但给西格尔提供了全面支持，还在第二年就将他推荐到法兰克福大学当教授，当时西格尔刚刚26岁。

来到法兰克福大学后，西格尔在这里度过了自己一生中最幸福的10年。他在这里获得了友谊和科研双丰收。一方面，他结交了许多好朋友，其中包括后来证明希尔伯特提出的第三个问题的德恩教授，以及1979年获得沃尔夫数学奖的韦伊教授等。他们不但潜心研究了各自感兴趣的数学问题，还共同举办了数学史讨论班。另一方面，西格尔在黎曼猜想的证明方面取得了至今仍是最重要的进展之一的大成果。该成果的研究思路并非常规的"向前看"，而是"向后看"。准确地说，西格尔根据在数学史讨论班上的学习，通过破解早被遗忘的黎曼手稿，意外找到了攻克黎曼猜想的利器。

故事是这样的。在西格尔之前，全球数学家已对黎曼猜想进行了长达60多年的艰苦探索，特别是当希尔伯特于1900年将它列为23个重要数学问题之一后，更掀起了长达20余年的攻关新高潮，可惜始终没有任何实质性进展。人们既找不到否定该猜想的反例，也不知该如何证明它。西格尔的导师兰道、剑桥大学的哈代和李特尔伍德等当时的许多顶级数学家都开始失去耐心。有的认为这个猜想不值得花大力气去研究，有的干脆认为这个猜想不够严谨，缺少计算基础，因为在当初黎曼描述该猜想的短短10页论文中没有多少公式，反而更像他依靠直觉随意提出的猜测。

正当黎曼猜想的研究陷入山重水复疑无路的境地时，西格尔突然将大家引入了柳暗花明又一村，而其做法很像当初他在第一次世界大战期间破解图埃的那篇短文的情形。原来在法兰克福的数学史讨论班上，有位史学家给西格尔寄来了一封求助信，声称自己正在整理黎曼的遗稿，但发现它们乱七八糟，就像一堆密码，自己根本搞不懂，希望能得到西格尔的帮助。于是，热心的西格尔开始破译这些遗稿，果然发现它们比预想的还乱，满篇都是数学运算，即使同一页中的符号也前后不一，许多公式和句子只写了一半，反正是无比混乱。黎曼当时贫困至极，没钱买纸，只好在草稿纸上反复演算。同一页草稿纸上的公式其实是他针对若干不同问题在不同时间写上去的。另外，黎曼当初忠实地继承了老师高斯的做法，即"房子建好后，要拆除脚手架"，所以他公开发表的论文全都没有"脚手架"，让读者完全不知所云。书说简短，经过一番艰苦的破解工作后，西格尔终于在1932年得到了著名的黎曼－西格尔公式，树起了黎曼猜想证明过程中的第一个也是迄今最重要的里程碑。

正当西格尔沉浸在幸福中时，突然他与另外几位犹太同事一起在1933年被无故解职了，他的恩师兰道也被迫逃离德国。原来这时希特勒上台了，西格尔虽不是要被灭绝的犹太人，但属于被排斥的雅利安人，"只有从小被德国化的雅利安人"才能成为纳粹的朋友。虽然西格尔在德国没有性命之忧，但出于对法西斯政权的厌恶以及对越来越浓厚的战争阴云的担心，特别是害怕自己在第一次世界大战中被抓壮丁的悲剧重演，西格尔便开始考虑后路。1935年，他获得了一次访问美国普林斯顿高等研究院的机会。哇，那里优良的科研环境简直让他惊呆了。在一年的时间里，他就在美国取得了二次型研究等重大突破，发表了三篇高水平论文，紧接着又发现了一个新的数论大金矿。可惜访问的时间结束了，他只好于1936年到奥斯陆参加当年的国际数学家大会，在报告了自己的新成果后回到德国。

这时，雅利安人在德国的生存环境已经越来越差了。刚开始时，西格尔以为法兰克福可能最安全，结果他于1938年1月应聘到哥廷根大学当教授后才发现事实并非如此。更让西格尔伤心的是，已经逃出德国的导师因思乡心切，冒死返回德国，结果于1938年死在了故土。

德国在1939年发动了第二次世界大战，西格尔决定离开自己的祖国。他先访问了挪威，并万幸地在德国占领挪威前乘坐最后一班航船驶向美国纽约。

从1940年起，西格尔进入普林斯顿高等研究院，5年后成为这里的终身教授。德国投降以后，思念故土的西格尔于1946年回到母校哥廷根大学当了一年教授，接着又回到美国工作了三年。终于，思乡之情打消了以往的怨气，本来已是美国终身教授的西格尔于1951年再次回到哥廷根大学，直到63岁才退休。但他退而不休，一方面继续在哥廷根大学讲课，直到71岁为止；另一方面，此间他曾4次去印度孟买塔塔研究院讲学，培养了一大批印度数学家。

西格尔终生未婚，晚年仍未放弃科研工作。他的教学工作极为出色，尤其重视品德教育。他的业绩得到普遍认可，被法国和美国等国家的科学院选为外籍院士，还被授予苏黎世理工大学等大学的名誉博士学位，于1978年获得沃尔夫奖。

1981年4月4日，西格尔在德国哥廷根安然去世，享年84岁。

第三十五回
阿廷父子成果精，种族迫害被牺牲

学过抽象代数的人对阿廷这个名字肯定不陌生，因为经常会碰到阿廷环、阿廷模、阿廷互反律、阿廷猜想、阿廷定理、阿廷函数和阿廷二元性等专业名词。没准儿大家还知道阿廷是 20 世纪最伟大的数学家之一，是抽象代数的奠基者之一，是数学界最高奖沃尔夫奖得主，是 20 世纪最有影响力的数学家团队（布尔巴基学派）的先驱，是希尔伯特提出的 23 个数学难题中的第 9 个和第 17 个难题的破解者，是第 12 个难题的部分破解者。但是，可能许多人不曾注意到，前面所说的"阿廷"其实不是一个人，而是一对父子。为了避免混淆，下面将父亲（埃米尔·阿廷，Emil Artin）称为阿廷，他是主角；将儿子（迈克尔·阿廷，Michael Artin）称为小阿廷，他是配角。首先，有请主角登场。

1898 年 3 月 3 日，阿廷诞生于当时的欧洲五大强国之一——奥匈帝国的首都维也纳。他的祖上本来是安居于土耳其的亚美尼亚人，姓阿廷尼安，但后来种族矛盾激化，亚美尼亚人遭到土耳其人的驱赶和屠杀。他的父亲及时逃到维也纳，总算躲过一劫，从此便隐姓埋名，改姓为阿廷，以经营书画为生。他的妈妈是一位芭蕾舞演员。受妈妈的影响，阿廷从小就颇具艺术气质，终生都对艺术和生活充满热爱。他不但吹得一手好黑管，还能熟练演奏拨弦古钢琴，更对音乐史和佛学等有相当深入的研究。

阿廷刚刚出生后不久，父亲就突然去世，这对他的性格产生了重大影响。在他2岁那年，又发生了一件将对他产生重大影响的事件。当年38岁的著名数学家希尔伯特在数学家大会上提出了23个最重要的数学问题，以供20世纪全球的数学家研究。不过，此时阿廷并不知道这些数学难题对他来说意味着什么，但紧接着妈妈的改嫁对他来说意义非凡。继父是一个纺织厂的老板，这就使得阿廷的童年生活不再有经济之忧，同时也使他自觉或不自觉地产生了更多的孤独感。

阿廷10岁上中学，但直到16岁时，他对数学还没任何兴趣，反而很喜欢化学、天文学、生物学和古典音乐等。在他16岁那年，奥匈帝国与德国发动了第一次世界大战。起初，战争对他的影响并不大。他在18岁中学毕业后，考入了维也纳大学。随着前方战事吃紧，仅仅在一个学期之后，阿廷就不得不应征入伍，一直在奥匈帝国步兵营服役到1918年11月战争结束。他的祖国被迫投降，最终变成了一个只有原来疆域十分之一的弱国。万幸的是，他当时并未上前线，只是在指挥部当法语翻译，这得益于他在少年时期曾在法国享受过一年的快乐时光，所以他的法语很棒。

战后，21岁的阿廷进入德国莱比锡大学深造，在这里遇到了一位贵人——赫格洛兹教授。这位贵人虽不著名，但博学多闻，善于讲课和激励学生，甚至能把抽象的数学艺术化。他对阿廷后来的成功产生了巨大影响，阿廷终生都对他十分崇敬，拿他当唯一的老师。23岁时，阿廷在这位贵人的指导下完成了一篇接近100页的博士学位论文。这也是他仅有的一篇长文，甚至占他的论文全集的约六分之一的篇幅。由此可见，阿廷的论文数量不多，篇幅也小，却是浓缩的精华，影响非常巨大，甚至被 20 世纪最有影响力的布尔巴基学派当成"圣经"。该学派的数学家们极力模仿阿廷的思想方法和表述形式。

博士毕业后，阿廷来到当时的数学圣地哥廷根，从此进入第一个长达 10 年的成果高产期。他在这里遇到了一大批关键人物，其中既有时年 61 岁的"现代数学之母"诺特，也有与自己年龄相仿的青年才俊，比如 1978 年沃尔夫数学奖得主西格尔、希尔伯特第 15 个问题的破解者范德瓦尔登以及哈塞定理的提出者哈塞等。此后，阿廷与他们长期保持联系，当然是以书信交流为主，以偶尔的学术访问为辅。因为当时哥廷根的数学家很难就业，阿廷只在这里待了一年，就不得不在 24 岁时离开，来到刚刚成立的汉堡大学，并于次年取得授课资格，成为讲师。

阿廷在汉堡大学期间的成就特别突出，他在 27 岁时晋升为副教授，28 岁时晋升为教授。在阿廷等人的共同努力下，刚刚成立不久的汉堡大学竟很快就成了德国的数学研究中心。这确实是一个罕见的"汉堡奇迹"，阿廷当然功不可没。阿廷在这里先后解决了希尔伯特的第 9 个问题和第 17 个问题。由于希尔伯特提出的问题实在太烧脑、太抽象，此处只好略去细节，同时也跳过对阿廷此间成就的具体描述。此外，阿廷对"汉堡奇迹"的贡献还包括他的卓越领导能力，他凭借自己的魅力吸引来了一大批粉丝，其中包括后来布尔巴基学派的几个主要创始人。阿廷的文章也很有魅力，思路独特，表达清晰，让人读起来备觉美妙，获益匪浅。他的讲义总是精心加工，证明过程干净利落，简直就像艺术品。在这一点上，他很像他的导师。阿廷的魅力还表现在他提出了许多极富挑战的猜想。事实证明，他的某些猜想在被证明后竟开辟了新的数学分支，他的另一些还未被证明的猜想正激励着不少青年数学家前赴后继。

就在阿廷年富力强、事业如日中天之时，他后来的祖国德国的政坛却发生了"大地震"，希特勒于 1933 年 1 月 30 日上台，大批数学家特别是犹太数学家或死于非命，或逃往国外。世界数学的汉堡时代戛然而止。阿廷的数学研究也跌入长达 10 年的低谷期。从 1933 年至 1942 年，阿廷竟没发表过一篇像样的数学论文，坊间盛传他已江郎才尽。阿廷的情绪低落，他偶尔以书信方式向他的弟子们讲述一些不太成熟的想法，但后来的事实证明这些其实是非常重要的想法。

　　在漫长的 10 年科研休眠期中，阿廷经历了不少酸甜苦辣。虽然纳粹曾认定阿廷所属的亚美尼亚人种不在排斥之列，但由于在希特勒上台前 4 年，31 岁的阿廷与一位比自己年轻 11 岁的女学生结婚了，所以他也受到了牵连。其实，这门亲事本来非常圆满，太太年轻漂亮，聪明伶俐，性情温和，乐于助人，还特别好客。婚后，阿廷的家成了当地数学界的社交中心，这在很大程度上增添了阿廷的魅力，有利于他的事业发展。夫妻俩的家庭生活也很幸福，1932 年长女出生，1934 年儿子出生，即本回所说的小阿廷。可哪知太太的犹太血统突然招来无妄之灾。刚开始，阿廷还对纳粹抱有一定的幻想，毕竟此时他已是著名数学家，还被布尔巴基学派当成权威来崇敬。可后来德国的排犹活动越来越疯狂。1937 年秋天，实在无处容身的阿廷才咬牙带着全家人恋恋不舍地逃离德国，移居美国。后来，他的第三个孩子在美国出生了。

　　待到阿廷来到美国时，大批犹太数学家早已抢先逃到这里，占据了著名大学的重要岗位。阿廷花了九牛二虎之力，才勉强在一所名不见经传的圣母大学找到一个普通的教师职位。在该校忍气吞声一年后，阿廷才在 1938 年跳槽到另一所稍微像样的普通大学——印第安纳大学。他在这里待了整整 8 年，才等到了翻身机会。不过，这段时间也未彻底荒废。虽没良好的科研环境，但阿廷在教学方面又创造了一个奇迹。他在圣母大学和印第安纳大学举办的数学讲座自不必说，关键是他在这里潜心研究，终于在 1942 年出版了数学史上堪称最经典、最精悍的抽象代数教材《伽罗瓦理论》。全书不过区区几十页，却清晰地阐释了伽罗瓦理论的基本内容，证明过程十分巧妙，为后世的教科书提供了极佳的范本。直到今天，这部像艺术品一样的教材仍未过时，全球几乎所有抽象代数教材中的核心定理（伽罗瓦定理）的讲授思路仍来自阿廷。

度过休眠期后，1946 年已经 48 岁的阿廷终于在普林斯顿大学找到了一个教授职位。从此，他的科研生涯便进入了第二个高峰期，他很快就成为普林斯顿大学师生心中的偶像，甚至大家争相模仿他的言谈举止。关于他在普林斯顿大学取得的具体数学成就，除了能说他部分解决了希尔伯特的第 9 个问题之外，其他成果确实无法细说，否则涉嫌拿数学公式吓人。总之，在阿廷等人的共同努力下，普林斯顿大学成了世界数学研究中心。另外，阿廷在此期间的重大成就还包括他在这里培养了一大批博士生，他们随后都成了国际一流数学家。比如，后来成了他的女婿的泰特就成了数学界罕见的沃尔夫奖和阿贝尔奖的双奖得主。

书说简短，阿廷虽在普林斯顿大学创造了新辉煌，但他的青春与梦想永远留在了曾经严重伤害过他的德国。1956 年，他利用学术休假机会，接受邀请前往年轻时的梦想之地哥廷根待了一个学期，然后故地重游，到自己的学术福地汉堡大学也待了一个学期。不可思议的是，60 岁的阿廷竟在 1958 年秋天只身一人回到阔别多年的汉堡大学，试图重振早已被纳粹破坏殆尽的德国数学研究。他甚至不惜抛家弃子，不惜与他深爱着的妻子离婚，因为妻子死活也不愿再陪他回到这个伤心地了。可惜，老天不给力。1962 年 12 月 20 日，他因突发心脏病而去世，享年 64 岁。唉，真是"出师未捷身先死，长使英雄泪满襟"！

阿廷去世后，布尔巴基学派为他举行了隆重的纪念活动，国际数学界也表示了深切的哀悼。法国著名数学家嘉当专门撰文称赞阿廷"是天才的数学家和艺术家，是一个完美的人"。

回头再说阿廷的儿子小阿廷。他于 1934 年 6 月 28 日生在父母正遭受种族迫害的德国，长在父亲科研生涯低谷期的美国印第安纳州。阿廷当初并不鼓励儿子们学数学，而是希望小阿廷学习化学或物理，希望小阿廷的弟弟学习文学。弟弟很听话，后来成了一名文学家。小阿廷则考入了父亲所在的普林斯顿大学。起初，小阿廷确实打算学习化学或物理，但入学后发现自己真正喜欢的是数学和生物，所以最终在 1955 年毕业于数学系。此后，小阿廷转入哈佛大学，在 1960 年取得博士学位，接着供职于法国高等科学研究所，在布尔巴基学派的影响下，致力于代数几何研究。后来，他又进入麻省理工学院数学系，直到退休。

小阿廷一生也取得了若干重大成就，获得了许多重大奖项。他于 2002 年获得美国数学学会斯蒂尔终身成就奖，2005 年获得哈佛百年奖章，2013 年获得沃尔夫奖，2015 年获得美国国家科学奖章等。小阿廷非常崇敬父亲，在父亲已去世近半个世纪后，他在获奖感言中深情地回忆说："父亲非常喜欢数学，他教会了我许多东西，包括若干野花的名字等。我俩经常合作演奏音乐。"

看来阿廷不仅是一位伟大的数学家，还是一位优秀的父亲。

第三十六回

凡人范德瓦尔登，抽象代数集大成

本回主角名叫范德瓦尔登（Van der Waerden B.L.）。坦率地说，若从发现新定理、创造新理论和解决大难题等方面来看，他只是一个普通的数学家，特别是与本书中介绍的其他数学家相比更是如此，尽管他的范德瓦尔登定理也曾被作为现代概率论奠基者之一的辛钦称为"数论的三颗明珠之一"，尽管以他的名字命名了范德瓦尔登猜想、范德瓦尔登检验法、范德瓦尔登形式等成果，尽管他部分解决了希尔伯特提出的第 15 个问题，尽管他的研究领域很广，横跨抽象代数、代数几何、量子力学和数学史等。

我们之所以要给范德瓦尔登写小传，倒不是因他的名气大，而是因为他编写过一本名字相当普通的教材《近世代数学》。但是伙计，千万别小看了这本教材，它其实是一个重要标志，意味着从阿贝尔、伽罗瓦到诺特、阿廷等，经过众多数学家上百年的不断努力，抽象代数作为一个全新的数学分支终于正式诞生了！20 世纪最有影响力的数学家团队布尔巴基学派认为这本教材"首次全面阐述了前人的工作，为抽象代数的发展开拓了崭新的道路"。史学家公认这本教材是 20 世纪上半叶出版的最好的代数教材，是 20 世纪最有影响力的代数著作，引领了 20 世纪的代数革命。形象地说，若将抽象代数看成一栋摩天大楼的话，那么范德瓦尔登就是在自己的博士导师诺特等奠定的基础上，模仿自己的另一位老师阿廷的风格，利用前人研制的钢筋水泥等，最终建成了这栋摩天大楼的。因此，范德瓦尔登相当于一个杰出的建筑师，虽然他所用的材料来自他人，但其贡献也值得称道。

也许有人会质疑：写本教材而已，哪位教授不能写几本教材？伙计别急，教材与教材其实天差地别。不怕不识货，就怕货比货。你看，就在这本教材出版的前几年，也有多位著名数学家，甚至是科研做得更好的数学家出版了同类教材，比如比这本教材早 4 年出版的哈塞的《高等代数》、与这本教材同年出版的迪克森的《近世代数理论》等。虽然这些教材刚上市时也引起过不小的轰动，但时至今日，仍被全球广泛使用的教材几乎只剩下范德瓦尔登的了。后人撰写的同类教材也明显拥有范德瓦尔登基因。直到今天，没人能写出超越范德瓦尔登的代数教材。在代数学历史上，能经得起近百年考验的著作可谓凤毛麟角，而范德瓦尔登的这本教材便是其中之一。前述《高等代数》的作者哈塞（1898—1979）与范德瓦尔登的可比性最强。一来，他俩的年龄相仿，范德瓦尔登仅仅比哈塞年轻 5 岁。二来，他俩是师兄弟，均为诺特的得意弟子。三来，哈塞的科研成果更突出，他曾部分解决了希尔伯特提出的第 11 个问题，证明了椭圆曲线上的黎曼猜想，发现了著名的哈塞定理，提出了哈塞原理等。此外，必须指出，哈塞还有一个不能隐瞒的人生污点。他在 1937 年主动加入了臭名昭彰的纳粹党，还在 1940 年介入了纳粹军队的科研，因此他在德国战败投降后立即被解职。

好了，《近世代数学》的重要性说清了，现在该请主角亮相了。

1903 年 2 月 2 日，范德瓦尔登出生于荷兰首都阿姆斯特丹。也是在这一年，发生了一件将对他产生重大影响的事件，即他未来的博士导师、时年 21 岁的诺特刚刚到达哥廷根大学，她一边聆听闵可夫斯基和希尔伯特等数学巨人讲授的课程，一边开始创建哥廷根抽象代数学派。该学派将为范德瓦尔登的教材提供主要素材。

　　范德瓦尔登是家中的老幺，上面还有两个很爱他的哥哥。妈妈虽没啥文化，但很善良，常带孩子们外出郊游，增长见识，接触大自然。父亲是一个数学老师，虽有很多藏书，却只鼓励孩子们疯玩，所以范德瓦尔登的性格开朗。他喜欢七巧板游戏，可哥哥们嫌七巧板太费脑子，因此他要么自己玩，要么缠着爸爸一起玩。一来二去，他还真练出了很强的几何想象力，难怪后来他擅长代数几何研究。更意外的是，由于爸爸不希望儿子们过早看书，所以家中的书柜都上了锁。可哪知此举反而激发了范德瓦尔登的好奇心，只要有可能，他就会沉浸在读书的乐趣中。

　　中学低年级时，学校还未开设三角函数课程，而范德瓦尔登自己从余弦函数开始，重新独立发现了三角函数，表现出了惊人的数学天赋。父亲见他是数学神童，自然高兴，赶紧改变初衷，不但敞开书柜供他阅读，还亲自辅导他学习数学。范德瓦尔登很快就撰写了一篇解析几何方面的商榷性论文，完善了荷兰格罗宁根大学的一位老教授的论文。这位老教授很谦虚，在得知作者竟是一位在校的中学生时，赶紧写来一封热情洋溢的信，鼓励范德瓦尔登努力学习，长大后接自己的班。从此以后，范德瓦尔登就被同学们戏称为数学家，他自己也决定献身数学，希望早日到格罗宁根大学接班去。后来，他的这个梦想还真的实现了。

　　第一次世界大战结束后的第二年，16 岁的范德瓦尔登考入阿姆斯特丹大学数学系。此时，他的思想非常活跃，上课时经常打断老师讲课，提出各种问题。这让其中一位老师很不高兴，他要求范德瓦尔登上课时保持安静。有一位几何教授很喜欢范德瓦尔登，他不但给了范德瓦尔登很多帮助，还树立了范德瓦尔登研究数学的信心。这位教授通过家访，树立了范德瓦尔登的父亲对他的信心。从这位教授的口中，范德瓦尔登知道了希尔伯特提出的第 15个问题，了解到当时在德国哥廷根大学执教的诺特在这方面很有见解。

于是，在父亲的资助下，大学刚毕业的范德瓦尔登在 21 岁那年自费前往德国哥廷根大学游学，有幸成为诺特的弟子，结识了当时正在这里访问的阿廷以及已经是著名数学家的希尔伯特。他经常接受邀请到希尔伯特的家中做客，参加希尔伯特举办的各种学术讨论会。性格开朗的范德瓦尔登在哥廷根大学非常活跃，与许多教授都成了好朋友。大家经常一边吃午饭，一边平等地讨论问题。有时，大家在饭后还要去林间散步，相互启发。如果仍未开窍，范德瓦尔登就会赶紧到图书馆中查阅相关文献，直到满意为止。正是在这些大人物的言传身教下，聪明的范德瓦尔登很快就明白了数学研究的真谛。难怪他后来编写的教材《近世代数学》具有明显的希尔伯特公理架构，也具有明显的阿廷式简洁风格；难怪范德瓦尔登很快就掌握了导师诺特的思想，并能加以精辟透彻的阐述。

非常幸运的是，范德瓦尔登与导师诺特具有很好的互补性。诺特的思想非常新颖，但她不善于表达，而范德瓦尔登则具有化繁为简的本领。后来诺特的许多成果都要由范德瓦尔登来概括和总结，所以范德瓦尔登深得诺特的赏识。诺特帮他申请到一笔洛克菲勒奖学金，使他能跟随刚刚前往汉堡大学任职的阿廷，参加正在那里举行的近世代数系列讲座。阿廷的精彩演讲和深刻的洞察力让范德瓦尔登茅塞顿开，对近世代数有了更清晰的认识。不久，阿廷与范德瓦尔登商定，联合撰写一部近世代数教材。由于阿廷后来太忙，没顾得上实现该计划。范德瓦尔登的心中却一直牵挂着此事，一直在注意收集相关素材。当时，抽象代数是科研热点，新成果很多，新思路千差万别，许多人都想系统地整理已有成果，编撰精品教材。比如，前述的哈塞的教材刚刚上市，而且广受各方好评。

　　转眼间，阿廷的系列讲座结束了，范德瓦尔登也完成了自己的德国游学计划回到荷兰，然后按规定开始服兵役。所以，范德瓦尔登的博士论文其实是在军营中完成的。他于 1926 年 3 月 24 日获得阿姆斯特丹大学博士学位。兵役期满后，范德瓦尔登于 1927 年前往上中学时所梦想的那所大学任教，第二年成为该校的一名教授。

　　1929 年，26 岁的范德瓦尔登获得德国哥廷根客座教授职位，于是他第二次进入德国，第二次加入诺特的科研团队，开始了自己一生中最繁忙、最有成就的阶段。他在这里几乎成天都泡在图书馆中。他后来回忆说，这里的大型阅览室都是开放式的，读者可从书架上自行取阅任何书籍，所以常常是刚看到一本特别喜欢的著作，结果又在它的旁边看见了另一本更喜欢的著作，简直让人目不暇接。范德瓦尔登在图书馆中偶遇了自己未来的妻子。两人一见钟情，很快就结婚了。妻子在随后的生活和工作中给予了他极大的帮助和鼓励。很有趣的是，蜜月刚刚结束，从未结过婚的导师诺特就打来电话催促道："蜜月结束了吗？该工作了吧！"于是，妻子高高兴兴地陪着他回到课题组。他在爱情力量的鼓舞下，用非常精准的语言和极为紧凑的结构，一口气就在 1930 年完成了两卷本的经典教材《近世代数学》，从而树立了抽象代数的一个重要里程碑。在该教材中，范德瓦尔登特别注明"书中的许多内容来自诺特和阿廷"，并对相关人员表达了真诚的谢意。

　　1931 年，范德瓦尔登跳槽到德国莱比锡大学，开始全力研究代数几何学。正当他取得节节胜利时，德国纳粹势力开始猖獗。当他在希尔伯特提出的第 15 个问题的研究中取得突破时，第二次世界大战正式爆发。顿时，范德瓦尔登陷入进退两难之地，因为德国与自己的祖国为敌对国。正当范德瓦尔登想回国时，德国只用区区 5 天时间，就在 1940 年 5 月 15 日轻松占领了荷兰，并建立了傀儡政权。其实，当时的傀儡政权也向范德瓦尔登抛出过橄榄枝，甚至请他回荷兰担任"公共教育部长"。结果范德瓦尔登没答应，他在回信中委婉地说："抱歉，现在不行，战后再说。"当时德国人对荷兰人没有歧视，范德瓦尔登可以继续留在莱比锡工作。在自己的学生和数学界的朋友纷纷上战场后，他又与著名物理学家海森堡等交上了朋友，经常讨论学术问题，只是闭口不谈政治和军事等敏感话题。1943年，法西斯节节败退，甚至连范德瓦尔登在莱比锡的家都被盟军炸成了废墟。无家可归的他只好在本地学生的帮助下，躲到远郊小镇，直到1944年末才回到莱比锡。刚刚放下行李，他又赶上了规模更大的空袭。这次他干脆躲到早在战前就被德国吞并的奥地利的乡下。在整个第二次世界大战期间，范德瓦尔登一家都在不断逃难，他根本没精力做科研。

第二次世界大战终于结束，德国投降，得胜的美军在1945年7月命令所有在德国的外国人离境。这样，早已沦为难民的范德瓦尔登拖家带口回到荷兰。他既没钱又没工作，生活的艰难可想而知。当时荷兰的一所大学本想聘用范德瓦尔登，但荷兰女王不签字，因为她讨厌范德瓦尔登在第二次世界大战期间"为纳粹效力"。在这个关键时刻，妻子鼓励他道："别人虽能拿走我们的任何东西，但拿不走智慧。"于是，范德瓦尔登在一家外资公司打了一份小工。

随着战后敌国情绪的淡化，范德瓦尔登的境况开始好转。他于1948年前往美国霍普金斯大学访问，然后回到祖国当了两年教授。他在1951年前往瑞士，在苏黎世大学做了一名教授。从此，他在这里一直干到退休。他对苏黎世大学产生了重要影响，以至于他在70岁退休时，苏黎世州政府竟专门为他建立了一所带有图书馆的数学史研究所，任由他按自己的意愿研究数学史。

1996年1月12日，漂泊一生的范德瓦尔登去世，享年92岁。

第三十七回
传奇格罗滕迪克，重塑代数几何学

本回主角名叫亚历山大·格罗滕迪克（Alexander Grothendieck）。

给格罗滕迪克写小传至少有两难。

一难是数学本来最讲逻辑，可作为"20世纪最伟大的数学家之一"，格罗滕迪克的人生全无逻辑，他的许多言行让人无法理解。由于他的杰出贡献，1996年他被授予数学界的最高奖菲尔兹奖，他却因颁奖地点在苏联而拒绝前往，以示抗议。1988年，瑞典皇家授予他几乎与诺贝尔奖齐名的克拉福德奖，结果他予以拒绝，还给出了四个荒唐的理由：一是退休金已够自己生活；二是该奖的声誉过高；三是自己早在18年前就已退出数学界，而该奖所表彰的是25年前的工作；四是获得过此奖的某些人曾与军方有关，他不想与他们为伍。为庆祝他的六十大寿，数学界筹备了盛大的庆典并编辑了他的论文集，结果他又予以拒绝，理由竟是人们并未理解他的成果。为此，他还号召人们销毁他的数学著作，阻止它们继续传播。据说，他很少看书，因为"他不想从书中学习新知识，而愿意自己重建这些知识"。又据说，当同事抱怨资料室里的书太少时，他竟诧异地说道："数学家的任务是写书，又不是看书！"总之，他的怪诞言行实在太多，有人说他聪明得不可一世，有人说他疯癫得一塌糊涂，有人说他神秘得不可思议。若非本回素材来自他的自传《收获与播种》，你肯定以为我们在瞎编。

二难是格罗滕迪克的研究内容实在太抽象，我们无法从学术上描述他到底都干了些啥，做出了什么伟大贡献。只知他使得新建立的巴黎高等研究所成为了全球公认的代数几何研究中心，也知他指明了未来百年数学发展的主流方向，还知他证明了黎曼－洛赫－格罗滕迪克定理，从而促使当代数学取得了多项重大突破。比如，他的研究启发数学家德利涅于 1973 年证明了椭圆曲线上的黎曼猜想，取得了"20 世纪纯数学的最大成就"，从而获得 1978 年菲尔兹奖；启发数学家法尔廷斯于 1983 年证明莫德尔猜想，获得 1986 菲尔兹奖；启发数学家怀尔斯于 1995 年证明谷山－志村猜想，进而证明了 300 多年来悬而未决的费马大定理，获得 1996 菲尔兹特别奖。在当今的代数几何界，格罗滕迪克已被捧上神坛，他的论著更被视为"圣经"。即使他已隐居多年，数学界仍有他的许多事迹和传说在流传。即使他后来离开了数学界，甚至做出了许多难以想象的过激行为，但他去世后，人们仍给予他极高的评价。时任法国总统赞扬他是"伟大的数学家"。英国《每日电讯报》在讣告中形象地说：爱因斯坦对物理有多么重要，格罗滕迪克对数学就有多么重要。

如此传奇的格罗滕迪克到底是如何成为数学家的呢？且听我们慢慢道来。

1928 年 3 月 28 日，格罗滕迪克诞生在德国柏林的一个传奇世家。他的家族之奇，只有你想不到，没有他们做不到。他老爹的传奇可概括为三个字：反政府。老爹好像天生就与政府不共戴天，见到政府就反，还要拼命反。老爹本来生于沙俄时期的乌克兰，15岁就开始反政府，到处打仗，到处流血，眼看着同伴们一个个牺牲了，最后自己也被捕了，被押赴刑场执行枪决。一阵枪声过后，同伴们全都倒下，唯独老爹未中弹。第二天，老爹又被押赴刑场，仍然只有他一人活着。就这样，老爹连续三周被押赴刑场，每次都在鬼门关前被吓得大小便失禁。原来沙俄政府见他太年轻，只是让他上刑场看着同伴行刑，然后将其判处终身监禁。10年后，十月革命爆发，老爹趁乱越狱。接着，他又扛起枪与新兴的苏维埃政府干上了，结果又被捕，被判处死刑。他在被枪决前成功逃跑，并为此失去了一条胳膊。然后，老爹持假护照逃到西欧，四处游荡。1922年，他来到柏林，在街边以照相为生，总算过了几年没有硝烟的日子。

接着，格罗滕迪克的传奇老妈就该上场了。她在认识格罗滕迪克的老爹前，其实已是有夫之妇，还是一位记者兼作家。后来二人结婚了，可待到格罗滕迪克呱呱坠地时，老妈又闪电般地嫁给了另一个记者。1933年，为了躲避纳粹，老爹只身逃往巴黎。不可思议的是，老妈也在第二年离家出走了，将6岁的格罗滕迪克寄养在既不沾亲也不带故的牧师家里。老妈究竟到哪里去了呢？嘿嘿，到巴黎找老爹去了！1936年，西班牙内战打响。一听到枪声，老爹顿时两眼放光，撒腿就奔向与自己毫无关系的战场。老妈一看，哪肯落后，披头散发追了上去，要与孩子他爹在枪林弹雨中争个高低。1939年4月1日，西班牙内战结束，反政府武装失败，老爹上了战犯通缉令。幸好，这时老爹已逃回法国，以非法移民身份东躲西藏。不料，德军在1940年6月攻占了巴黎。作为犹太人，老爹在1942年被纳粹抓进奥斯威辛集中营，在那里结束了自己的传奇生活。老妈也被纳粹抓进另一座集中营，直到1945年第二次世界大战结束后才被释放。

格罗滕迪克17岁那年，总算消停下来的老妈带着他移居到法国蒙彼利埃。从此，格罗滕迪克家族的传奇接力棒就交到了他的手上。

格罗滕迪克的初等教育情况如何呢？不知道，只知他能说法语、英语和德语。此前的生活状况如何呢？不知道，只知他后来回忆说"那段日子真难熬"。他是何时接触数学的呢？不知道，甚至连他本人也不知道。他和老妈移居到法国后，因生活无着落，申请了一笔助学金。母子俩靠这笔钱维持着最低生活水平，格罗滕迪克也靠这笔钱在一所劣等大学注册学习数学课，只是很少进教室。

有事实表明，格罗滕迪克的数学基础很差，读大学后他还不知啥叫长度，啥叫体积，只好自学补课。哪知不补不知道，一补吓一跳，他竟重新独立发明了勒贝格积分。当他自信满满地想用该成果申请博士学位时，才知道自己重复了前人的工作。于是，格罗滕迪克的第一段传奇故事就开场了。他一边费力地补习中学初等数学的基础知识，一边轻松地在高等数学领域解决着一个又一个难题。在最后一个学期，老师布置了 14 个备选的毕业论文题目，让大家任选其一。结果，格罗滕迪克一不小心就把这 14 道题全解决了。老师惊得目瞪口呆，赶紧将 20 岁的他推荐到当时法国的数学研究中心——巴黎高等师范学院，让他师从著名教授嘉当。至此，格罗滕迪克才首次进入数学界，才知道自己曾经颇为得意的许多"成果"其实是人尽皆知的常识，才知道数学界有许多天才。此前，他从未见过数学家，还以为只有自己才能研究数学。

格罗滕迪克在巴黎只待了一年，但仍上演了一段传奇故事。原来大家都认可他的聪明劲儿，但他那没礼貌的做派实在让人受不了。有一次，他见到当时法国数学界的领袖人物爱尔斯曼后，竟像与隔壁小弟聊天一样，劈头便问："你就是他们说的那位拓扑专家吗？"更让人大跌眼镜的是，当对方谦虚地说自己只是略懂皮毛时，他竟叹息道："哦，我本想找一位真正的专家！"因为格罗滕迪克说话太土，母校太差，又没发表论文，很快他就受到了巴黎同行的鄙视，被当成异类。导师嘉当一看，高雅的巴黎确实难容格罗滕迪克，便在 1949 年 10 月将 21 岁的格罗滕迪克推荐到相对土气、氛围也相对宽松的南锡大学。

至此，格罗滕迪克才正式开始了他的数学生涯，当然又是一段传奇。只见他稍微发力，就一口气完成了 6 篇高水平的论文，每篇论文都远超博士水平。这下又难为导师了，导师只好随机抽出一篇论文，仅仅走了个形式，就干脆利落地让他博士毕业了。实际上，这时他已是拓扑领域的国际权威了。但此时格罗滕迪克还没有国籍，不能被正式聘用。按当时的规定，若想获得法国国籍，就必须先服兵役。一听见"当兵"二字，格罗滕迪克就像他老爹一样瞪圆了双眼，不过他不是兴奋，而是恐惧。于是，他只好离开法国，于 1953 年来到巴西圣保罗大学，担任了三年客座教授，然后到哈佛大学待了数月。此间，格罗滕迪克孤独地被数学奴役着，成天趿拉着用废胶皮做的破凉鞋，靠牛奶和香蕉度日。每周 7 天，每天 12 小时，他都沉浸在数学研究之中。

在从 28 岁到 39 岁的这 11 年间，格罗滕迪克回到巴黎，度过了他一生中"最正常"的阶段，也是科研成果达到顶峰的阶段。他发现了黎曼 - 洛赫 - 格罗滕迪克定理。在此阶段，格罗滕迪克以事实证明自己偶尔还是能食人间烟火的。比如，他懂得亲情。当母亲在 1957 年离世后，他也抑郁了数月。又如，他懂得爱情。1958 年，他娶回了首任太太，两人一口气生了三个孩子。再如，他也懂得人情世故，甚至在法国找到了第一份正式工作，参与创立了法国高等科学研究所，迅速将该所建成代数几何的国际研究中心。在这段时间内，他还做了许多在其他数学家身上也许算传奇，而在他身上已算相当正常的事情。当他从报上得知戴高乐在 1965 年法国总统选举中未当选时，竟以为法国从此就没总统了，害得学生赶紧给他科普啥叫重选。他一直反对暴力，甚至连吃核桃也不用锤子，而是发明了一种浸泡烘烤法，让核桃自行爆裂。

从 39 岁开始，格罗滕迪克的传奇故事又开始了。此时，全球出现了轰轰烈烈的学生运动，一直躲在象牙塔中两耳不闻窗外事的他却像突然中了邪，成了抗议专业户。若只是参加本地的抗议活动倒还可理解，但他远涉重洋，前往万里之遥的越南，与越南人一起上街游行，轮流用英语、法语、德语高呼着越南人压根儿听不懂的口号。随后，格罗滕迪克越来越离谱，好像患上了"游行上瘾症"。哪里有游行，他就冲向哪里。两年多以后，全球的抗议活动消停了，还未过足瘾的格罗滕迪克只好另辟蹊径，自创抗议题材。在 1970 年的国际数学家大会上，当一位应用数学家在报告中谈到如何用导弹打飞机时，他冲上台夺下对方的话筒，抗议数学家大会上谈论军事话题。更过分的是，当得知自己辛辛苦苦地创建的研究所曾得到军方资助时，他竟于 1970 年愤然辞职，完全不顾多年的心血，更不惜与太太离婚。

辞职后，他创办了一个名叫"生存"的抗议机构，专门延揽、承接和组织有关反战和生态保护的抗议活动。随后，他娶回了一位可能与他老妈类似的烈女。婚后，两人于 1973 年移居到一个穷山沟，开始试验他们共同发明的"非正统文化"，并在那里生下了一个孩子。不久以后，妻子与他人私奔，格罗滕迪克回到自己读本科时的母校任教，直到 1988 年退休。

1990 年，格罗滕迪克扔下全部数学手稿，定居到比利牛斯山，过上了与世隔绝的隐居生活。2014 年 11 月 13 日，格罗滕迪克在法国某医院去世，享年 86 岁。至于其死因嘛，医院说要保密，以尊重他的个人隐私。

回顾格罗滕迪克的一生，他作为一位数学家来到人世间，好像不是要适应数学，而是要让数学适应他。更不可思议的是，在某种程度上，现代数学还真的不得不适应他，这种趋势还将越来越明显，因为他确实改变了数学的面貌。

分析篇

本篇介绍的数学家有芝诺（公元前490）、伯努利（三人，分别为1654、1667和1700）、泰勒（1685）、达朗贝尔（1717）、阿涅西（1718）、拉格朗日（1736）、傅里叶（1768）、狄利克雷（1805）、魏尔斯特拉斯（1815）、戴德金［1831，以及皮亚诺（1858）］、哈代（1877）、柯朗（1888）、巴拿赫［1892，以及沃尔泰拉（1860）］、盖尔范德（1913）、纳什（1928）、加德纳（1914）等。

分析篇

第三十八回

芝诺悖论真奇妙，稍不留意就上套

公元前 490 年，在意大利半岛南部的埃利亚诞生了一位后来与善跑者菲力比第斯有关的重要人物。他的名字叫芝诺，由于历史上有好几位同名的名人，为避免混淆，人们常将本回所介绍的芝诺称为"埃利亚的芝诺"。

芝诺的生平信息几乎为零，我们只知道他生活在古希腊的埃利亚城邦，是埃利亚学派的实际创始人巴门尼德的学生、朋友和义子，也是埃利亚学派最重要的三传弟子和代表人物。埃利亚学派认为"世界是一个不可分割的、没有空隙的整体，因此世间万物就不能运动，因为没有多余的空间用来运动"。该学派否认多样化，否认运动变化。该学派以擅长诡辩著称，至于其诡辩本领到底有多大，各位马上就会有亲身体会，此处先卖个关子。该学派的存在时间大约与毕达哥拉斯学派和孔子的儒家学派处于同一年代，前后只相差 30 年左右。该学派对后来的柏拉图和亚里士多德等人都产生了重大影响，芝诺被亚里士多德誉为"辩证法的发明人"，芝诺的重要学术成就和零星生平信息等也都得益于亚里士多德和柏拉图等人的著作才最终能流传至今。

柏拉图的一本书曾记述了芝诺陪他的老师于公元前 5 世纪中叶去雅典的一次访问。书中说："巴门尼德年事已高，约 65 岁，头发银白，仪表堂堂；芝诺为 40 岁左右，身材魁梧，长相帅气。"不过，有史学家分析后认为，这次访问是柏拉图虚构的，但他所述的芝诺的外貌特征和学术观点被普遍认为是相当准确的。根据这本书，我们还得知芝诺的代表作是早已失传的《论自然》。芝诺当初并不打算公布《论自然》，因为他曾说："年轻气盛时写好《论自然》后，此书便被他人窃去，以至于我不能决断是否应让该书问世。"目前虽不知《论自然》的具体内容，但它的目标非常明确，那就是要人为制造若干个悖论来维护埃利亚学派的学术观点，而且这些悖论必须滴水不漏，严谨得让人无法批驳。至于芝诺到底构造了多少悖论，目前已不得而知。早在公元 5 世纪，曾有评论家说过"芝诺共给出了 40 个悖论"，而此时距芝诺生活的年代已过去了近 1000 年，其间肯定还有许多芝诺悖论失传。另外，这 40 个悖论的内容也并未被提及。根据亚里士多德的《物理学》等书得知：现存的芝诺悖论至少有 8 个，其中又以 4 个有关运动的悖论最为著名。

好了，请各位瞪大眼睛，聚精会神地看看这些悖论，看看它们到底都错在哪里。虽然它们肯定错了且相当荒谬，但过去 2000 多年来，有关它们到底错在哪里的争论从未停息过，因为它们仿佛都无懈可击，在 19 世纪以前没人能真正驳倒它们。此外，由于这些悖论充分利用了现代极限思想，所以后世数学家一致承认芝诺的数学家地位，其实他本该是一名哲学家。

芝诺悖论之一：两分法悖论，或运动不可能悖论。该悖论竟可证明"你永远回不了家"。若你想从 A 处回到家门口的 X 处，那么你得先经过中心点 B，然后你又得经过从 B 处回家的中心点 C，接着你还得经过从 C 处回家

的中心点 D，随后你还得再经过从 D 处回家的中心点 E，依此类推。你在回家前将不得不经过无穷多个点，这些点离家的距离越来越近，但总有一段距离，因此你总也回不了家。

该悖论显然与日常经验矛盾，但它错在哪里呢？在数学的极限思想明确以前或量子概念成熟以前的 2000 多年中，各路英雄豪杰还真被该悖论搞糊涂了，陷入了无尽的争论中。一种主流观点认为，对一段有限的时空距离的无限分割最终可以完成，所以你可以走过所有中点而到达终点。这种武断地咬定"无限分割最终可以完成"的说法是没依据的。古人认为这种分割永无止境。庄子曾断言道："一尺之棰，日取其半，万世不竭。"直到量子理论成熟后，人们才最终确认，从物理角度看，无限分割确实可以最终完成，因为物理的时间和空间都是量子的或不连续的，所以，回家的路程并不能被无限分割下去。当分割到普朗克常量量级后，就不能再分割下去了，所以你确实可以回家了。换句话说，从物理角度看，上述反驳理由只能算歪打正着。从数学角度看，抽象的线段确实可以无限分割下去，因此，这就需要下述更严谨的数学解释了。

为简单计，假定你匀速行走。你在回到家门口的 X 点以前必须先经过上述的 A、B、C 等点，如果你到达 A 点所花费的时间为 t，到达 B 点所花费的时间就为 $t+t/2$，到达 C 点所花费的时间就为 $t+t/2+t/4$，到达 D 点所花费的时间就为 $t+t/2+t/4+t/8$，依此类推。你回家所花费的时间将为 $t+t/2+t/4+t/8+t/16+\cdots$。在数学级数理论出现以前，人们想当然地认为上述时间之和为无穷大，毕竟每次跨过一点距离都会花费一点时间，哪怕这段时间再短，它们加起来也将是无穷大，所以你永远也回不了家。当极限理论成熟后，人们才发现，原来级数 $t+t/2+t/4+t/8+t/16+\cdots=2t$，或者说你在 $2t$ 时间内确实不能回家，但超过 $2t$ 这段时间后，你就能回家了，这就回归正确的常识了。从严谨的数学观点来看，两分法悖论的描述本身就不严谨。"在一条线段上从甲点到乙点，必须先经过其中点，或必须先经过线上的每一个点"这种描述本身就有问题。由于此处所涉及的无穷集合理论太复杂，我们就不细述了。总之，两分法悖论混淆了物理和数学、有限和无限以及连续和离散中的若干概念，若不借助现代科学知识，还真的很难批驳。

上述两分法悖论还有一个更荒谬的推论，即运动不可能开始。该推论认为：一个运动物体从 A 处到达 B 处前必须先到 AB 的中点 C，而在到达 C 处前又须先到达 AC 的中点 D，而在到达 D 处前又必须先到达 AD 的中心点 E。如此继续划分下去，从 A 处到这些中点的距离将越来越小，最后几乎可以视为零。于是，人们推知：一个物体若要从 A 处移动到 B 处，必须先停留在 A 处，即运动不能开始。伙计，该悖论显然是错的，但你该如何批驳呢？请用上述物理和数学方法自行解释，就当做脑力体操吧。

芝诺悖论之二：马拉松善跑者菲力比第斯追不上乌龟，或者说兔子追不上它前面的乌龟。该结论显然又是错的，但芝诺给出的诡辩无懈可击。你看，假设兔子的速度为乌龟速度的 10 倍，乌龟在兔子前面 100 米处开跑，无论兔子在后面怎样猛追，它也不可能追上乌龟。在竞赛中，兔子首先必须到达乌龟的出发点，而当兔子追到 100 米时，乌龟已向前爬了 10 米，于是一个新的起点产生了，兔子必须继续追。而当兔子追到乌龟爬过的这 10 米时，乌龟又向前爬了 1 米。这样无限循环下去，乌龟将制造出无穷多个起点，它总能在起点与自己之间制造出一段距离，不管这段距离有多短，只要它不停地奋力向前爬，兔子就永远也追不上它！

这个悖论错在哪儿呢？它其实错在人们的一个直观错觉上，或者说误将有限量认作无穷大了。假定兔子的速度是 v，乌龟的速度是 $v/10$，乌龟在兔子前面 100 米处。那么，兔子到达乌龟制造的每一个起点的时间将分别是 100/v、100/（10v）、100/（100v）、100/（1000v）……利用级数理论，将所有这些时间加起来，其实它并不等于人们想象中的无穷大，而是有限的 1000/9v。换句话说，在有限的时间 1000/9v 内，兔子确实追不上乌龟；但在超过这段时间后，兔子就领先了，这就又回归正确常识了。

芝诺悖论之三：飞矢不动悖论，即飞驰的箭矢其实没动。这个悖论仍然是错误的，但芝诺的诡辩堪称完美。芝诺说，设想有一支飞箭，它在每一刻都位于某个特定位置，因此，飞箭在该时刻只能是静止的。而飞箭在整个运动期间经历了不同的时刻，而每个时刻它都是静止的，所以飞箭只能是静止的，不可能运动。中国古代的名家惠施也提出过类似的说法——"飞鸟之景，未尝动也"。

该悖论错在哪里呢？从现代物理学角度看，很容易发现问题所在，因为所谓的"每一时刻"其实只能是"某一个很小的时间段"，所谓的"位于某个特定位置"其实只能是"某个特定位置附近"，"飞箭在该时刻是静止的"其实只能是"飞箭在该时间段内移动的距离很小"。换句话说，飞矢不动悖论的前提是错误的或不准确的，所以它自然也就站不住脚了。从数学角度来看，该悖论的前提虽然没错，但其推论中的最后也是最关键的一步不成立，即由"每个时刻静止"推不出"始终静止"。更准确地说，在有限个时刻的集合中，确实可从"每个时刻静止"推出"所有时刻静止"或"始终静止"；但在无限个时刻的集合中，比如某个时间段内，这样的推论并不成立。数学中这种有限与无限之间的天壤之别实在太多，这里就不再赘述了。

芝诺悖论之四：练兵悖论，即不会同时存在最小的时间单位和距离单位。芝诺是这样用反证法进行证明的：若两位新兵能在最小的时间单位 t 内向左或向右跨出最小的距离单位 d，那么当某位军官居北，与两位新兵面对面站成"品"字形时，这位军官就不可能在单位时间 t 内同时命令东边的

新兵向东跨出 d，西边的新兵向西跨出 d。这个结论当然不对，但芝诺的证明理直气壮。他说，假如上述运动是可行的，那么对军官来说，西边的新兵在 t 时间内只跨出了 d，但对东边的新兵来说，西边的新兵在 t 时间内就跨出了 $2d$，或者说跨出 d 的时间只需要 $t/2$ 就行了，这与 t 是最小的时间单位矛盾。

伙计，练兵悖论相当深刻。它不但涉及相对论，还涉及量子理论中的测不准原理。从 19 世纪下半叶以来，以英国数学家罗素为代表的科学家开始重新研究芝诺悖论，而不是将它们看成简单的诡辩。芝诺还有其他悖论。比如，芝诺曾问智者，一粒谷子掉到地上时会发出声音吗？智者说不会。芝诺反驳道，一斗谷子掉到地上时肯定会发出声音，而一斗谷子由一粒一粒谷子集合而成，若一粒谷子落地无声，那么一斗谷子掉到地上时为啥会发生声音呢？伙计，你若有兴趣，也可以分析一下，看看该悖论的奥妙藏在哪里。

最后，有关芝诺之死的说法不一。其中流行较广的说法是，性情刚烈、品格高尚、忠于信念的芝诺在埃利亚度过一生，他在成名后也到过雅典。大约在公元前 425 年，他因反对埃利亚的一位政变独裁者而被该暴君"抛进石臼内捣碎"，享年 65 岁。

第三十九回

恩怨情仇伯努利，洋人煮豆燃豆萁

提起伯努利，几乎人尽皆知，因为许多教材中会频繁出现伯努利数、伯努利试验、伯努利原理、伯努利方程、伯努利分布、伯努利概型、伯努利公式、伯努利定律、伯努利不等式等术语。但是，有关伯努利的秘密，你恐怕少有耳闻。伯努利不是一个人，而是一个家族。就算有人知道伯努利是一个家族，可能也想不到这个家族竟是一个大家族。就算有人知道这是一个大家族，可能也想不到它竟出现了120余位著名科学家、文学家、艺术家、工程师、技术专家、法律专家和管理专家。这是人类科学史上绝无仅有的大家族，祖孙三代出现了8位杰出数学家。就算有人知道这8位数学家是祖孙三代，可能也想不到他们的名字会有多乱，其中竟有三个约翰·伯努利、两个雅各布·伯努利、两个尼古拉·伯努利和一个丹尼尔·伯努利。若再考虑其他亲属的名字，恐怕就更乱了。即使采用诸如约翰一世、二世的称呼，也依旧是剪不断理还乱，因为他们一会儿父子同名，一会儿祖孙同名，一会儿叔侄同名。他们取名的目的似乎不是为了区分彼此，而是要把别人搞糊涂。就算有人知道这 8 位数学家中最著名的有三位，可能也很难搞清他们的确切身份，难以区分"概率论先驱"雅各布·伯努利、"变分法奠基者"约翰·伯努利和"数理方程开拓者"丹尼尔·伯努利。就算有人搞清了这三位的确切身份，可能也想不到他们是如何成为数学家的。在成为数学家的过程中，他们既互相帮助，又钩心斗角。就算有人知道这三位伯努利之间有许多恩怨情仇，可能也想不到他们会像兄弟反目抢遗产时那样互不相让，还会像父子争皇位时那样拼个你死我活。

唉，给本回的三位伯努利写小传实在太难，但再难也得写！

据文字记载，伯努利家族的先祖是比利时的一位医生，他因信奉新教而被追杀，大约在 1570 年逃到德国。不知何故，该家族的每一代都会出现许多成功人士，以至于这个家族很快就远近闻名了。大约在 1620 年，这个家族的一个分支移居到瑞士巴塞尔，并因买卖香料发了大财。从此，这个家族开始重视教育。1623 年，本回主角们的长辈尼古拉·伯努利（简称尼古拉）出生。尼古拉有仨儿子，后来他们都在父亲的拼命阻拦下（是的，你没看错，是"阻拦"而非"鼓励"），几乎无师自通地成了数学家。老二可能稍微听话一点，曾做了一段时间的法律教授，后来实在抵挡不住数学的诱惑，也成了一名数学教授。老二的数学才华略输于哥哥和弟弟，所以他没能成为本回主角，否则会更乱（老二的名字与他老爹的名字完全相同）。总之，从这三个儿子开始，伯努利家族的科学天才辈出，一直持续了上百年。

好了，下面按年龄顺序，分别请出三位最著名的伯努利。

第一位伯努利名叫雅各布·伯努利（Jacob Bernoulli），简称雅各布，他是尼古拉的长子，1654 年 12 月 27 日生于巴塞尔。他从小就非常喜欢数学，可父亲非要他继承家业或学法律，不允许他接触数学。经与父亲讨价还价后，双方各让一步，雅各布在 17 岁时获得巴塞尔大学艺术学士学位，22 岁时取得神学硕士学位。可是，表面听话的雅各布在私下里偷偷自学了父亲认为完全没用的数学。硕士毕业后，他先到日内瓦做家庭教师，从 24 岁起开始了为期三年的国际学术旅行，广泛接触了英、法、荷、德等国的许多著名科学家，包括玻义耳、胡克和惠更斯等。他还像变魔术一样发表了多篇重要论文，成为当时欧洲数学界的名人。他甚至与莱布尼茨成了朋友，两人经常通信，讨论微积分。

父亲试图将雅各布培养成家族接班人的计划彻底失败，因为从 33 岁起，雅各布就成了巴塞尔大学的一名数学教授，直至 1705 年 8 月 16 日去世。雅各布一生所取得的成果实在太多，此处只好略去。不过，他生前最得意的成果是对数螺线。他曾立下遗嘱，要将它刻在自己的墓碑上，并附上"纵然变化，依旧故我"之词，以示自己永垂不朽。因为对数螺线有这样的数学性质：无论怎样放大或缩小，它的形状看起来无任何变化。

另外，雅各布的最大成就其实是在他去世 8 年后才出版的概率论巨著《猜度术》。为啥会拖延 8 年呢？原来雅各布与小弟（即下面将要出场的第二位伯努利）早在此前 10 年就已水火不容，而原因竟是双方都想在数学研究中战胜对方，但又常被对方打败。这种怨气不但使兄弟反目，还殃及亲属。雅各布的遗孀生怕丈夫的遗稿会被夫弟剽窃，结果在儿子的配合下，将《猜度术》遗稿隐匿了数年，直到最终被夫弟发现并督促整理出版。后来的事实证明，雅各布遗孀的担心纯属多余，《猜度术》成了雅各布的核心著作。雅各布也因此成了"概率论先驱"，甚至在 1994 年，瑞士邮局还专门发行了印有他的头像的纪念邮票。

第二位伯努利名叫约翰·伯努利（Johann Bernoulli），简称约翰。他是雅各布的小弟，是尼古拉的第三个儿子。他于 1667 年 8 月 6 日生于巴塞尔，比哥哥雅各布小 13 岁。由于父亲在此前没能拦住大儿子和二儿子学习数学，以至于家业没人继承，所以从约翰幼年起，父亲就特别希望这个最小的儿子别再被数学迷了心窍。可哪知约翰在大哥的暗中支持下，又上演了一出声东击西的大戏。约翰的经历与大哥类似，他在 16 岁时进入巴塞尔大学，两年后获得艺术硕士学位。为了更巧妙地迷惑父亲，他又来了一个华丽大转身，开始攻读家族认可的医学，在 23 岁时获得医学硕士学位，四年后取得医学博士学位。

有读者会问啦，约翰一会儿学艺术，一会儿学医学，何时才能学数学呢？嘿嘿，别急。其实艺术和医学只是个幌子，他早在巴塞尔大学读书期间就跟着大哥开始秘密研究数学。刚开始时，这兄弟俩很亲热，哥哥尽心教，弟弟虚心学，很快取得了重大成果。在刚刚获得医学硕士学位的第二年，约翰就一举解决了哥哥钻研很久而未果的悬链线问题。哇，这可不得了！该成果一经发表就引起了轰动，约翰也因此结识了当时的许多数学家，比如后来被称为法国最有才能的数学家之一的洛比达。两人甚至成了亲密的朋友，保持了长达数十年的通信联系。但出乎意料的是，小弟的成功竟遭到了大哥的嫉妒，因为大哥认为这让自己在数学界很没面子。小弟越来越成功，他不愿再生活在大哥的光环下了，也想自己出头露面了，甚至开始公开恶意挑战大哥。如此一来，这对亲兄弟很快就成了死对头。

约翰在取得医学博士学位一年后总算找到了一个摆脱大哥的机会，被聘为荷兰格罗宁根大学的数学教授。为了早日超过大哥，约翰更加刻苦，取得了许多重大成果。结果，约翰的目标更大了，甚至开始妒忌莱布尼茨和牛顿等巨人了。当他提出最速降线等数学难题并引得无数英雄尽折腰后，就更加自我膨胀了。雅格布去世后，38 岁的约翰回到母校接任了哥哥的职务，直到 1748 年 1 月 1 日以 80 岁高龄去世。

客观地说，约翰的成就确实超过了大哥，但本回只想陈述如下几个怪现象。

约翰与别人合作研究数学时有一个怪现象，他与外人几乎都能成为很好的伙伴。他与同时代的上百位学者都保持了书信联系，学术讨论信件多达 2500 多封。他与亲人讨论数学时却火药味十足，当然这也不能完全怪罪于他。在与大哥讨论问题时，双方经常争得面红耳赤，甚至非常尖刻地相互指责，最终严重伤害了手足亲情。

约翰在培养人才时也有一个怪现象。一方面，他有心栽花，在家族成员之外培养了多位著名数学家，甚至仅用两年的业余时间就将当时正在巴塞尔大学读法律的欧拉培养成了人类历史上最伟大的数学家之一。另一方面，他无意插柳，在家族成员中培养了多位著名的数学家，比如他的次子丹尼尔·伯努利，以及与他父亲完全同名、以提出彼得堡悖论而闻名、生于 1695 年 1 月 27 日的侄子尼古拉·伯努利。可惜，这个侄子于 1726 年 7 月 26 日在彼得堡意外溺亡，年仅 31 岁。沙俄女皇亲自为他举行了葬礼。

约翰对同时代数学巨人的心态更奇怪。当牛顿和莱布尼茨等人相继去世后，已成为当时最著名的数学家的他竟在 1734 年的一篇日记中傲然写道："对手都死在我之前，且都比我年轻，这是一种命运。"虽不知他在这里所指的对手是否包含大哥和侄子，但无论如何，这种心态也是常人难以理解的。他的学生欧拉马上就会超过他，甚至他的儿子、下面将要出场的第三位伯努利也会让他难堪。

第三位伯努利是约翰的次子，名叫丹尼尔·伯努利（Daniel Bernoulli），简称丹尼尔，1700 年 2 月 8 日生于荷兰格罗宁根。非常奇怪的是，作为痴迷于数学的数学教授，约翰却反对儿子学数学，非要强迫儿子继承家业去经商。而早已悄悄爱上数学的丹尼尔采用了当初他父亲对付爷爷的老办法，走了一条"曲线学数学"的道路，只不过弯子绕得更大一些。他先后分别在海得尔贝格、斯脱思堡和巴塞尔等大学攻读了哲学、伦理学和医学。与父亲类似，他在 16 岁时获得艺术硕士学位，21 岁时获得医学博士学位。接着，他毫无征兆地突然成了数学家，在 25 岁时被聘为圣彼得堡科学院的数学教授，搞得父亲措手不及。

为了阻止儿子继续研究数学，约翰竟出奇招，在丹尼尔 27 岁那年，将自己最得意的弟子、时年 20 岁的欧拉以担任丹尼尔助手的名义派往圣彼得堡，实际上是希望以欧拉的天才表现来打击儿子的信心，从而迫使其放弃数学研究。可哪知丹尼尔不但与欧拉成了好朋友，而且与他合作取得了更大的成就，后来两人保持了近 40 年的学术通信，传为数学史上的一段佳话。被儿子的成就远远抛在后面的约翰不但不高兴，反而气急败坏，不可理喻地与儿子断绝了关系！更让人难以理解的是，为了证明自己比儿子强，约翰在 1732 年出版了《水力学》一书，其主要内容竟是剽窃儿子的成果。丹尼尔也不手软，立即拿出其他数学家的信件，羞得父亲无地自容。

唉，天才之怪，常人确实难以理解。不过，伯努利家族的祖训也许有助于理解本回中介绍的许多怪诞行为，即"可以共享知识，决不分摊荣耀"！这对人类的科学发展也许有利，但对亲情的杀伤力未免太大。

对了，丹尼尔的故事还没讲完呢。他在 32 岁时又回到巴塞尔大学任教。再一次让人惊讶的是，他凭借杰出的成就，先后担任了解剖学教授、动力学教授，甚至在 50 岁时又轻松跨界成为物理学教授。好像他只要愿意就能瞬间成为任何学科的顶级专家。据说，当时丹尼尔的名气非常大。有一次乘船时，他谦虚地向邻座自我介绍说："您好，我是丹尼尔·伯努利。"对方先是一愣，接着说道："哦，是吗？那我就是艾萨克·牛顿！"

1782 年 3 月 17 日，丹尼尔以 82 岁高龄在巴塞尔逝世，从而结束了伯努利家族的第一个数学高峰。

第四十回

神仙大战微积分，泰勒定理惹纷争

提起泰勒之名，学过高等数学的人恐怕都会头大，因为当年超级复杂的泰勒级数、泰勒定理、泰勒公式、泰勒展开式等给人的印象实在太深刻。不过，伙计别怕，本回不讲泰勒的数学公式，只讲他的传奇人生。

1685 年 8 月 18 日，在英格兰密德萨斯郡的一个富有的贵族家中，诞生了一个身体瘦弱的男婴。他的名字叫布鲁克·泰勒（Brook Taylor）。作为长子，这个小家伙一边"嘤嘤"地细声啼哭，一边开始打量人间。

他先研究了一下自己的家族，结果很满意。他的祖父曾支持著名政治家、军事家、宗教领袖克伦威尔逼退英国君主，解散国会，将英国从"英格兰王国"变成"英吉利共和国"，然后拥护克伦威尔成为英国事实上的国家元首。外祖父贵为爵士。他的父母都特别喜欢音乐等艺术，经常在家中举办各种聚会，接待了许多著名艺术家，因此他自己的文艺细胞也不少，做数学研究的灵感和需求也将与音乐和绘画有关。不过，此乃后话，这里暂且不表。

接着，小家伙又研究了一下将与自己的学术命运密切相关的几个重要人物，结果发现情况不妙，有喜也有忧。喜的是，在自己出生的当年，自己今后的偶像兼好友、时年 42 岁的牛顿刚好发现了万有引力定律，一时间再次受到人们的追捧。忧的是，在他出生前一年，牛顿的死对头、德国数学家莱布尼茨刚好公开发表了第一篇关于微分的论文。紧接着，在他出生一年后，莱布尼茨发表了关于积分的论文。莱布尼茨的笔记本显示，他在此前 10 年就已经完成了一套完整的微分学。更不妙的是，自己今后将卷入牛顿与莱布尼茨争夺微积分发现权的大战。支持莱布尼茨的阵营非常强大，特别是他今后的死对头、瑞士数学家约翰·伯努利已在 18 年前出生，他还将与两个兄弟联手与自己作战。唉，既来之则安之，还是先长大再说吧。

于是，泰勒开始了自己的幸福童年，接受了良好的早期教育。在入大学前，他从未进入过任何一所学校，而是由一流教师登门提供订制化服务。他一边玩就一边掌握了远超同龄人的各方面知识，唯一的问题是身体太差。书说简短，1701 年，16 岁的泰勒进入剑桥大学圣约翰学院学习数学，得到了圆周率计算公式的发现者梅钦教授的真传。在 23 岁那年，他结合自己喜欢的管弦乐器，利用牛顿的微积分解决了"弦振动中心问题"，得到了后来称为泰勒定理的初步成果。也许他没意识到这项成果的重要性，6 年后才公开发表。结果，这立即引起了英国数学界的轰动，同时也为随后的优先权之争埋下了伏笔。

也不知何故，泰勒对自己的学术方向好像很不确定，长期在法学、数学、宗教和哲学之间徘徊，不断重复着各种令人眼花缭乱的转换。

你看他本来进入了剑桥大学数学系，却在他家移居伦敦的 1709 年突然来了一个急转弯，从数学转到法学，获得法学学士学位。

1712年，他来了第二个急转弯，从法学转到数学，在当年还干了几件大事。一是因为在数学方面取得的杰出成果，他被评选为英国皇家学会会员。二是与自己的老师梅钦一起讨论并基本确立了泰勒定理。三是他介入了牛顿和莱布尼茨有关微积分发明权的神仙大战，成为"牛顿战队"的一员大将，开始与"莱氏战队"的大将伯努利针锋相对。从官方身份来说，这时的泰勒是"微积分发明权专家鉴定委员会"的成员。实际上，他是英国牛顿学派最优秀的代表人物，其核心目的就是要为牛顿争回微积分发明权。

这次神仙大战相当精彩，甚至后来都变成了凭意气用事的小孩子过家家游戏。刚开始时，双方遵守"兵来将挡，水来土掩"的战法。比如，先由牛顿一方出一道难题，要求对方只能用"莱刀"解决。若该难题被解出，则莱布尼茨一方胜一局，否则牛顿一方胜一局。然后，由莱布尼茨一方出一道难题，要求对方只能用"牛刀"解决，如此等等。几局下来后，牛顿一方大败，因为除了知己知彼的泰勒能勉强抵挡几个回合外，其他人要么对己方的"牛刀"不熟悉，要么对自己的战队不够自信，更甭谈知悉对方的"莱刀"了。接着，双方开始作弊。有一次，莱布尼茨一方出了一道难题，牛顿一方只能大眼瞪小眼。过了良久，泰勒才解决这道难题。当牛顿一方打算庆贺时，莱布尼茨一方的大将伯努利却哈哈大笑了起来，羞得泰勒无地自容。原来泰勒心知肚明，这次他所用的"刀"竟是"莱刀"而非"牛刀"。

正当牛顿一方狼狈落败时，又听得一声晴天霹雳，只见莱布尼茨一方的大将伯努利拦住了去路，他竟要争夺发现泰勒定理的优先权，声称自己早在1694年（即泰勒刚刚9岁那年）就在《教师学报》上发表过类似的定理了。泰勒吓得一身冷汗，不知所措，干脆与莱布尼茨一方彻底决裂，不再往来。书中暗表，关于泰勒定理的发现权，在后来的两百多年中还真发生了不少争执。比如，符号逻辑学奠基人、意大利数学家皮亚诺在 19 世纪将泰勒定理的发现权划归了伯努利；德国物理学家普林斯海姆证明，可从伯努利积分推出泰勒定理。史学家经深入细致的考察，最终认定泰勒独立发现了该定理，并将它叙述成了最一般的形式。至此，泰勒和伯努利之间的纠纷才总算尘埃落定。

书中再暗表，微积分公案的结局到底如何呢？当然，我们既不能全信牛顿一方，也不能全信莱布尼茨一方。客观地说，在泰勒 2 岁时的 1687 年以前，牛顿确实没公开发表过任何关于微积分的论著，但牛顿确实在 1665 年到 1687 年间将其微积分研究成果告诉过多位朋友。1669 年，牛顿还将自己的短文《分析学》寄给了老师巴罗，后者又把它送给了另一位数学家柯林斯。德国数学家莱布尼茨确实在 1672 年访问过巴黎，1673 年访问过伦敦，并且和牛顿的多位同事和朋友有过通信往来。然而，莱布尼茨直到 1684 年（即泰勒出生前 1 年）才发表了关于微分的论著，在泰勒 1 岁时才发表了关于积分的论著。因此，在微积分大战中，牛顿和莱布尼茨确实都有理由指责对方。但后来的调查表明，虽然牛顿的大部分工作是在莱布尼茨之前完成的，但莱布尼茨确实是微积分的独立发明人。

伙计，这场微积分大战的后果相当严重，因为它使全球数学家分裂成长期对立的两派。一派是英国数学家，他们誓死捍卫牛顿的荣誉；另一派是欧洲其他国家的数学家，尤其是伯努利兄弟，他们坚决支持莱布尼茨。最后，英国和欧洲其他国家的数学家断绝了交流，严重影响了数学的发展。由于牛顿的微积分主要基于几何法，所以此后 100 多年，英国人继续以几何为主要工具。其他国家的数学家则沿用莱布尼茨的分析法，使其得到了充分发展和完善，最终将英国数学家远远抛在了后面。

回头再说泰勒，他也许对这场大战心有余悸，也许另有隐情，他在 1714 年来了第三个急转弯，再次从数学转到了法学，并于当年获得法学博士学位。在同一年，他来了第四个急转弯，又从法学转回了数学，并接替哈雷彗星的发现者哈雷出任英国皇家学会秘书，将自己的数学研究推向了高峰。一年后，他出版了两部代表作《增量法及其逆》和《直线透视》。

伙计，这两本著作可不简单哟。先看其中的《增量法及其逆》，它不但发展了牛顿的微积分，还为高等数学创立了如今称为"有限差分法"的新分支。当时他用该法确定了振动弦的运动方程，半个多世纪后著名数学家欧拉和拉格朗日才发现原来泰勒其实奠定了导数计算的基础。如今回头再看时，当时泰勒的证明其实不够严谨，比如他未考虑级数的收敛性等。100年后，泰勒的工作才被著名数学家柯西所完善。实际上，泰勒有个坏习惯，他不喜欢明确和完整地写下自己的思路，因此他的许多证明都已丢失，害得后人不得不绞尽脑汁给他补漏。

再看泰勒的另一部代表作《直线透视》。编写该书的灵感显然来自他的艺术爱好，该书以严密的形式建立了直线透视体系，对后来的摄影、测量和制图都产生了重大影响。非常有趣的是，该书成了整个18世纪透视画法理论中水平最高的著作，而这在很大程度上归功于他的死对头伯努利。原来泰勒想躲避伯努利，但后者偏要往上凑。在读罢《直线透视》后，独具慧眼的伯努利开始从鸡蛋里挑骨头，他说："一本教人画图的书却连一幅图也没有，而且文字表述深奥，这莫非是在偷工减料？"这次泰勒接受了伯努利的批评，赶紧改进，增加了图示，扩充了内容，然后重新出版。看来，学术批评真的不可缺少。80年后，画法几何奠基人蒙日大赞此书，他说：在创新性和深度上，该书显然高出此前的所有同类作品。100多年后，著名数学家、哈佛大学教授库利奇也称该书是"整个透视学大厦的拱顶石"。

伙计，泰勒的急转弯游戏还没完呢。在第四个急转弯后的第四年，他突然来了第五个急转弯，从数学转到了更不沾边的其他领域。具体说来，1718年，他在自己的数学研究水平达到最高峰之际，以健康为由辞掉了他人求之不得的英国皇家学会秘书之职。他的身体确实很差，但他更像是要从数学领域急流勇退。他家又不差钱，他不需考虑工资，更不想受制于某个具体岗位。此后，泰勒的人生轨迹发生了翻天覆地的变化。

在辞职后的第二年，他完成了两部宗教和哲学著作。后来，他还研究了磁学、温度计和毛细管等。1721 年，已经 36 岁的泰勒不顾父亲的强烈反对，甚至不惜离家出走，坚持与一位贵族出身而没钱的女子结了婚。可惜两年后，妻子与腹中的胎儿一起死于难产。丧妻失子的泰勒在极度悲伤中回到父亲的身边。在 40 岁那年，他在征得父亲同意后，娶回了第二任妻子。父亲在泰勒 44 岁那年将自己的财产交给了他。可是悲剧再次发生，一年后第二任妻子又死于难产。万幸的是，这次孩子总算保住了，她是一个可爱的小姑娘。

连遭丧妻打击，再加上自己的偶像牛顿在 3 年前去世，泰勒的健康情况急骤恶化，很快就在 1731 年 11 月 30 日病逝于伦敦，享年仅仅 46 岁。

泰勒去世后，伯努利对这位强劲的对手表示了真诚的敬意。实际上，伯努利兄弟及其子孙经常阅读和引用泰勒的成果。

唉，安息吧，苦命的泰勒！

第四十一回

教堂弃婴成天才，达朗贝尔孤独埋

17年11月17日早晨，在宁静的巴黎让·勒隆教堂的台阶上，突然传来一阵清脆的哭声，原来一位可爱的小宝宝被狠心的亲娘抛弃了。孤独而无助的他只好拼命大哭，希望能唤来好心人，希望不至于刚刚来到人间就死于非命。一位执勤的士兵刚好路过此地，便将这个奄奄一息的小可怜抱回军营。他的生父竟然就是军营中的一位军官，他是这位军官与一个著名沙龙的女主人的私生子。为了维护自己的声誉，亲娘出此下策。同样为了维护自己的声誉，亲爹也心硬如石，将亲骨肉寄养给了一对贫穷的玻璃匠夫妇。从此，他成了养父养母的心肝宝贝。他们的家里虽然钱财空空，但爱意浓浓。

为了感谢神的恩赐，不识字的养父母便将他当初被抛弃的教堂之名作为他的名字，叫让·勒隆。后来，他长大了，该上学了，该有一个带姓氏的正式名字了。于是，聪明的他为自己创造了一个特殊的姓氏"达朗贝尔"（也译为达兰贝尔、达朗伯）。从此，本回主角的名字才完整地叫作让·勒隆·达朗贝尔（Jean le Rond d'Alembert）。

少年时，达朗贝尔被养父母送入一所免费教会学校。他们希望儿子在那里充分感受神的恩慈，希望儿子今后献身教会，为神服务一辈子。可意外的是，达朗贝尔"身在曹营心在汉"，在教会学校里学到了许多数理知识，而对宗教和神学不感兴趣。他后来还在某种意义上背叛了神的旨意，成了反对宗教的启蒙者。此乃后话，暂且按下不表。

达朗贝尔非常聪明，自学能力超强，虽从未接受过正规的高等教育，但他仍成了一位百科全书式的学者，在数学、力学、哲学、美学、法学、文学、宗教、音乐、心理学和天文学等方面取得了不小成就。他早年曾学过法律和医学，后来才转向自然科学，完全靠自学搞懂了牛顿和当时其他著名科学家的名著。从 22 岁开始，他出人意料地在短短两年内，向当时号称全球数学研究中心的法国科学院提交了 5 篇高水平论文，内容从数学领域的微积分方程横跨到物理学领域的介质内阻尼运动等。法国科学院一看，真是高手在民间，于是赶紧将这位既无学历和文凭又无背景的"三无"人员破格聘用为天文学助理院士。年仅 24 岁的他对天文学完全不懂，法国科学院只是想给他一份薪水而已。从此，他在法国科学院工作了一辈子。

全无衣食之忧的达朗贝尔一心一意做科研，很快就借助扎实的数学分析功底在力学上取得重大突破，在 26 岁时完成了自己最伟大的物理学著作《动力学》，用几何方法证明了惯性定律，用平行四边形法则证明了力的分解，提出了基于动量守恒的平衡定律。更重要的是，他提出了著名的达朗贝尔原理，这虽与牛顿运动定律相似，但能把动力学问题转化为静力学问题。换句话说，该原理揭示了动力学基本规律，简化了力学问题的分析，为随后的分析力学打下了坚实的基础。该原理将牛顿第三定律的适用范围推广到了自由运动的物体和固定不动的物体，甚至还推广到了液体，从而为流体力学成为新学科打下了基础。达朗贝尔的力学贡献使他成为牛顿力学体系的主要建立者和推广者。

由于成就突出，达朗贝尔在 29 岁那年晋升为数学副院士。是的，你没看错，是数学副院士，而非物理学副院士。原来虽然他因力学成就在物理学领域的名气更大，但他的主要成果都源自数学，后来他又将数学应用于天文学并成为一位天文学家。他正确解释了月球近地点的移动现象，发表了月球运动数值表，编制了月球历，揭示了春分点和岁差的实质，提出了地球形状和自转理论等。总之，在天文学方面，他为天体力学的形成和发展做出了奠定性的贡献。

在数学领域，达朗贝尔是当时少数几个能区分收敛级数和发散级数的数学家。他提出了一种判别级数绝对收敛的方法，即至今仍在广泛使用的比值判别法，又称达朗贝尔判别法。他与欧拉和伯努利等共同奠定了数学物理的基础，他是三角级数理论的奠基人，是波动方程和广义波动方程的提出者、偏微分方程的创始人之一、复变函数理论的创立者之一。此外，他在复数的性质和概率论等方面也有所建树，很早就证明了代数基本定理。当然，在数学领域，他最重要的身份是数学分析的主要开拓者和奠基人，他是仅次于欧拉、拉格朗日、拉普拉斯和伯努利的数学分析先驱。

客观地说，达朗贝尔在数学领域的许多方面虽有深刻的见解，但缺乏严密而系统的深入研究。这也许该归因于他未受过正规高等教育，或缺乏名师指导。比如，虽然他给出了较好的极限定义，但未能把这种表达公式化，更未给出严格的形式阐述；虽然他是当时唯一能超前地把微分看成函数极限的数学家，但未能摆脱传统的几何方法的影响；虽然他为 19 世纪数学的发展做出了巨大贡献，但他曾相信数学知识已快穷尽。

也许是因为他对数学的发展前景持悲观态度，也许是因为他受外界环境的影响，从 1750 年开始，达朗贝尔在数理领域急流勇退，开始进军哲学界，并在那里轰轰烈烈地大干了整整 10 年。其实早在此前，他就在自己的许多代表作的前言和后记中，从哲学方面重新阐述了相关数理现象和问题。由于本回主要关注自然科学，所以不再介绍他的哲学研究成果和观点。他在这 10 年中还做了一些与自然科学相关的事情。作为首任副主编，他与首任主编、法国启蒙思想家和哲学家狄德罗一起，联合伏尔泰、卢梭等众多影响人类历史的著名思想家，前赴后继地历经 80 余年，完成了长达 166 卷的现代百科全书的奠基之作《科学、艺术和工艺百科全书》（后来更名为《有条理的或按主题排列的百科全书》，这里简称《百科全书》）。达朗贝尔在《百科全书》的前言中提出，要以统一的观点反映当代知识，追溯历史，研究各个学科分支间的关系并显示它们的融合。他还为《百科全书》撰写了微分、维数、方程、动力学、几何学和哲学原理等重要条目，特别是在"维数"条目中，他首次提出了包含时间和三维空间的四维空间概念。书中暗表，《百科全书》并非今天大家所理解的科普书，因为其中的许多条目在启蒙思想的指导下，对当时的社会制度、道德、宗教等展开了无情的批判。换句话说，《百科全书》既是法国启蒙运动的重要产物，反过来又推动了启蒙运动的发展，对西方近代文明产生了深远而关键的影响。因此，达朗贝尔也被称为 18 世纪法国启蒙运动的领袖之一。在启蒙运动的推动下，达朗贝尔去世 6 年后，震惊世界的法国大革命爆发了。当然，他也因此付出了沉重的代价，此处暂且按下不表。

从 1760 年开始，达朗贝尔回归数学研究，随后花费了整整 20 年时间撰写自己的八卷本巨著《数学手册》。这是他的数学代表作，由于其内容太丰富，此处不再介绍。此时的达朗贝尔已经相当有名了。从学术地位上看，他早被选为法国科学院院士，后来还担任了法国科学院的终身秘书（相当于秘书长）。从社会影响上看，他成了各国皇室眼中的香饽饽。在他 45 岁那年，俄国沙皇盛情邀请他担任"太子监护"，结果被他谢绝了。在他47岁那年，德国皇帝好不容易才请他到皇宫里好吃好喝住了三个月，希望请他担任德国科学院院长，结果又被他给谢绝了。很多欧洲国家的科学院争相聘他为外籍院士，对这些荣誉他倒是来者不拒。

也许是吸取了自己没名师指导的惨痛教训，达朗贝尔对青年科学家十分热情，非常支持他们的工作，愿意在事业上提供全面的帮助，经常与他们一起讨论学术问题，从中发现并引导他们的科学思想。著名科学家拉格朗日之所以能到德国科学院工作并受到德国皇帝的青睐，主要归功于达朗贝尔的极力推荐。著名科学家拉普拉斯之所以能到法国科学院工作并在那里取得自己的主要成就，也该归功于达朗贝尔的推荐。此外，据说达朗贝尔写论文的速度让同行佩服得五体投地，只要有了灵感，他几乎就能一挥而就。与其说他是在写论文，不如说他是在变魔术。

达朗贝尔终生未婚，没有子女，但他与养父母的感情非常好，完全将他们当成了亲生父母。他一直与他们住在一起，相互照顾，直到47岁时因自己长期患病，担心连累二老而离开。

后来，养父母先后去世，这让达朗贝尔非常悲痛。更让他悲痛欲绝的是他的唯一精神依托——他的情人在他59岁那年先他而去。从此，他陷入了无尽的绝望和孤独之中。此时社会各界对他的负面评价越来越多，他的朋友越来越少。这是因为他曾经积极推动的启蒙运动已经开始产生效果，社会矛盾日益尖锐，人与人之间的关系越来越紧张，社会中充满了愤恨和渴望。

在这种黑云压城城欲摧的情况下，伟大的数学家、物理学家和天文学家达朗贝尔于1783年10月29日在巴黎孤独地去世，享年66岁。

达朗贝尔去世后，教士们不愿为他涛告，因为他生前反对宗教；政府不愿给他举行葬礼，因为官员们都自顾不暇，生怕因此而点燃火药桶；朋友们也没来缅怀他，因为大家都在准备革命。可怜的达朗贝尔被几位热心邻居草草地掩埋于巴黎市郊的某座教堂附近的公墓里。达朗贝尔孤单单地离开了人世，就像他当初孤单单地被遗弃在教堂的台阶上一样。

安息吧，达朗贝尔，人们终究不会忘记您的巨大贡献。

第四十二回

阿涅西女巫舌线，白富美献身慈善

本回主角名叫玛利亚·加塔娜·阿涅西（Maria Gaetana Agnesi），她是继古希腊最优秀的女数学家希帕蒂娅之后 1000 多年来第二位优秀的女数学家，也是人类历史上第二位女教授，还是被罗马教皇亲自任命的博洛尼亚大学数学学院院长。

阿涅西生于 1718 年 5 月 16 日。那时，微积分才诞生不久，相关研究非常热烈，但整个理论并未成体系，内容凌乱，符号不一，思路千差万别，架构更是差异巨大。牛顿和莱布尼茨及其支持者们正分成两派，为微积分的发明权打得不可开交。阿涅西的主要贡献是经过整整 10 年的不懈努力，博采众长，充分吸取牛顿和莱布尼茨的精华，首次统一了各国数学家们提出的微积分表达方式，完成了《分析讲义》，大大推动了早期微积分的发展，成为此后 60 余年整个欧洲最受欢迎的高等数学教材。

作为一名从未上过大学的才女（实际上当时的大学

都不接收女生），阿涅西是怎么完成如此艰巨的任务的呢？欲知详情，请读下文。

阿涅西的爷爷靠经营丝绸发了大财，父亲也以其聪明才智实现了名利双收，还成了欧洲最早的大学——博洛尼亚大学的一名数学教授。作为当时集富贵于一身的社会名流，父亲特别热衷于两件事：其一是藏书，他在家中修建了私人图书馆，它是后来阿涅西最重要的知识来源，她从小就与父亲整天泡在这里，广泛吸收前人的知识；其二是在家中举办各种学术沙龙，甚至专门修建了大型学术客厅，经常邀请欧洲各国的名流政要、大学教授、传教士等来家中吟诵诗歌，自由讨论各种时髦的哲学、科学和艺术问题，当然也包括微积分。这些学术沙龙是阿涅西的学术灵感特别是哲学思想的重要来源，她在这些沙龙中活跃了 10 余年，培养了出色的思辨能力，完成了自己的哲学著作。

阿涅西的父亲很开明，完全不讲究当时盛行的男尊女卑。他视女儿为掌上明珠，让她从小衣食无忧地幸福成长。他还创造条件，让她得到了良好的教育，学到了当时其他女性难以接触的文化知识。他尊重女儿的意愿，允许并支持她做自己喜欢的任何事情。无论是玩耍、思考、科研、读书等，他都会尽量配合，即使有不同意见，他也会与女儿商量，找出双方都能接受的解决办法。阿涅西的一生与同时代的女性完全不同。她终生未婚，在不同的年龄段从事着完全不同的事业，以至于不同年龄段的她好像是完全不同的三个人。下面分别介绍沙龙明星阿涅西、隐居修女阿涅西以及慈善天使阿涅西。

先看沙龙明星阿涅西，或者说哲学家阿涅西。史料记载，阿涅西虽没上过学，却接受了良好的教育。在她很小的时候，父亲就请来多位优秀的家庭教师，从识字看书开始，为女儿单独开设了哲学、数学、语言学、自然科学与音乐等方面的课程，还让她学会了不少神学和家政之类的知识，以便女儿今后既上得了厅堂也下得了厨房。老师们很快就发现，阿涅西其实是一个无师自通的神童，再难的东西都是一教就会，她的语言能力更强。她精通7种语言，被戏称为"七语通"。据说，她在5岁时懂法语，9岁时精通意大利语，11岁时学会了德语、拉丁语、希腊语、希伯来语和西班牙语。扫清语言障碍后，阿涅西在父亲的图书馆里疯狂阅读，很快掌握了逻辑、机械、化学、植物学、动物学、矿物学以及解析几何等方面的知识，甚至因劳累过度而在12岁时生了一场大病。从此，父亲和家人便不断提醒她注意劳逸结合，掌握正确的学习方法。

除了超强的语言能力和自学能力外，阿涅西的综合能力也很突出，她能将完全不同的知识巧妙地综合成一个完整的体系。这也是她后来完成首部微积分学教材的关键。在青少年时期，阿涅西最引人注目的能力是基于综合能力之上的思辨能力和演讲能力，而所有这些能力的获得都要归功于父亲定期举办的学术沙龙。

刚开始时，阿涅西这个啥也不懂的小姑娘只是作为爸爸的小尾巴，在学术沙龙里看热闹。她不知道大人们为啥要激烈争吵，也不知他们在争吵什么。随着在图书馆里学到的知识越来越多，她逐渐明白了学术沙龙里介绍的部分内容，慢慢琢磨出了精英们在沙龙中施展的思辨技巧，偶尔也敢举手提出一些略显幼稚的问题。演讲者自然高兴，赶紧用有趣而通俗的语言来解答她的问题，极力肯定她的聪慧和好学。在9岁那年的一次沙龙上，面对众多精英人士，阿涅西突然站出来，像大人一样用流利的拉丁语，就女性接受高等教育的权利问题，进行了长达一小时的演讲，赢得了满堂彩。她还煞有介事地回答了听众们提出的尖锐问题，乐得爸爸合不拢嘴，分明感到贵客们的掌声就是冲着自己来的。

从此以后，举止典雅的阿涅西成了学术沙龙未来10年的明星，她的演讲和现场答问成了最受欢迎的保留节目之一。她的语言简洁而甜美，气质也好似天使一般，总能让听众们感到愉悦。阿涅西的学识渊博，她演讲的题目和内容既可以是上一次演讲中听众们指定的，也可以是她自己刚刚获得的独立见解。她演讲的内容越来越广泛，包括抽象的哲学概念和具体的现实事物，涵盖了哲学、数学、化学、机械、逻辑、生物学、矿物学、弹道学、博物学和妇女教育等领域。为了准备学术演讲，阿涅西不得不深入地思考许多问题，并由此获得了许多灵感。她的思想和哲学观点通过参加学术沙龙的众多精英之口，迅速传遍全社会。阿涅西15岁时，博洛尼亚全城的学者几乎都知道了她的大名，大家都乐意到她家听她演讲，与她切磋相关学术问题。有些达官贵人为了能参加她家的学术沙龙，还想方设法与她的父亲交朋友。

阿涅西18岁时，妈妈突然去世。在极度悲痛之后，阿涅西的性情大变。她不但变得内向和羞涩，还特别喜欢独处，不再愿意抛头露面，更不想发表公开演讲。于是，在父亲的支持下，她将自己多年来在学术沙龙上发表的191篇演讲稿用拉丁文整理成论文集，在20岁那年出版了题为《哲学命题》的专著。从此以后，她进入隐居状态，开始了为期14年的第二个人生阶段。她迅速加入了修道会，按修女的标准要求自己，穿着异常简朴，谢绝参加舞会、联谊会和歌剧演出等上层社会的社交活动。她开始全力以赴地研究微积分。据说她在入睡前常将未解决的难题留在书桌上，在睡梦中想到答案时就立即下床记录。家人觉得她好像在靠梦游解题。

书说简短，经过整整10年的不懈努力，阿涅西终于在30岁那年用简洁、优美而有序的方式，将当时的微积分知识整理成了统一的理论，特别是首次圆满地消化了牛顿和莱布尼茨的不同体系，完成了长达1000多页的巨著《分析讲义》。为了便于普通读者学习，阿涅西一改此前的学术惯例，用意大利语而非拉丁语来出版《分析讲义》。此书一经问世就引起了轰动。自称年轻时也研究过数学的意大利籍教皇本笃十四世专门给阿涅西写信，称赞她说"你的著作将给意大利带来荣耀",并赐给她一枚金质奖章和一个黄金花环,以示祝贺。当时欧洲大陆的统治者特雷西娅女皇在收到《分析讲义》后表示"非常感动和荣幸",并奖给阿涅西一枚钻石戒指和一个镶嵌有华丽宝石的水晶盒。《分析讲义》在数学界的影响更大,意大利的多所大学马上将它作为权威教材。法国科学院评价它为"高等数学方面最完整、最出色的著述",还将它推荐为法国大学的教材。后来,《分析讲义》被翻译成多种语言,在整个欧洲流行了60多年。

有趣的是,为了将《分析讲义》尽快翻译成英文,剑桥大学的一位著名教授赶紧学习意大利语,以便"让英国人也能学到如此优秀的著作"。可惜这位临时抱佛脚的教授误将书中的"箕舌线"译为"女巫线",因为在意大利语中这两个单词的拼法相同,以至于直到现在"阿涅西箕舌线"也被称为"阿涅西女巫线"。不过,阿涅西的人生轨迹还真像变幻莫测的女巫线。当她刚因《分析讲义》而成为全球关注的焦点时,她选择了急流勇退,甚至突然从数学界彻底消失,从此开始了自己人生的第三个阶段——长达47年的慈善家生涯。

在《分析讲义》出版两年后,阿涅西的父亲病危,她便被教皇亲自任命为博洛尼亚大学数学学院院长,以顶替父亲的职位。起初,她以需要全力照顾父亲为借口,接受了院长的荣誉头衔。1752年3月,父亲不幸去世,阿涅西的性格和兴趣又发生了一次剧变,她变得非常活跃。这次她不是活跃在学术界,而是活跃在慈善界。她将全部精力都用在了救助穷人和老年妇女方面。比如,家里的大部分房屋被她用来安置穷人。41岁那年,她变卖所有家产,在米兰创建了一所救济院,积极从事救助老弱病残的慈善活动。65岁那年,为方便照顾贫病人士,她干脆搬进救济院,亲自守护在病危者的身边,陪她们走过最后一程。由于积劳成疾,再加上年龄越来越大,她的健康状况开始恶化。她先是失明,后来又失聪,但从未停止过慈善活动。

1799 年 1 月 9 日，早已身无分文的阿涅西带着微笑离开了人世，享年 80 岁。去世后，她与救济院的其他 15 名死者一起被葬于一块无名墓地，甚至连墓碑也没有。救济院墙角的一块石头上刻下了她的慈善事迹。

阿涅西的离去让世人悲痛不已，曾不理解她的数学界也对她的善举表示崇高的敬意。米兰人民用她的名字命名了一所师范学校和一条街道，并在街边树起一块石碑，碑文称赞阿涅西为"18 世纪意大利数学界的博学通儒"。

第四十三回

拉格朗日祸福依，三栖巨匠成就奇

提起拉格朗日之名，绝对如雷贯耳。在数学界，人人都知道他的拉格朗日中值定理。在民间，人人都知道他的那一声仰天长叹："你们可以在一瞬间砍下拉瓦锡的头，但那样的头一百年也长不出一个！"其实，拉格朗日也属于那种一百年也出现不了一个的天才。他是人类历史上罕见的三栖全能型科学家，同时在数学、物理学和天文学等方面取得了历史性突破。他既是数学分析的开拓者，也是分析力学的创立者，还是天体力学的奠基者。

在数学分析方面，他继往开来，既总结了 18 世纪的数学成果，又开辟了 19 世纪的数学道路，堪称法国最杰出的数学大师，更准确地说是全球仅次于欧拉的数学分析开拓者。比如，他创立了著名的变分法，完成了一阶偏微分方程理论；证明了费马的"一个正整数能表示为最多四个平方数之和"的重要猜想，得到了微分中值定理。德国的腓特烈二世称他是"欧洲数学的希望"，法国的拿破仑称他是"一座高耸在数学界的金字塔"，意大利国王更是对他礼待有加，视之为自己的骄傲。

在力学方面，他开创了更简捷、更深入、更抽象、更公式化的分析力学，把牛顿体系改进为基于能量的分析体系，使得力学理论从此可通用于物理学的许多领域。他的代表作《分析力学》堪称继牛顿的《自然哲学的数学原理》之后的又一部重要的经典力学著作，被哈密顿誉为"科学诗篇"。总之，即使他算不上18世纪最伟大的数学家，也算得上18世纪最伟大的力学家。

在天文学方面，他与欧拉、达朗贝尔和拉普拉斯等并称为天体力学的奠基者，其贡献位居第二，仅次于拉普拉斯。他发现的三体运动方程的几个特解终于在200多年后的今天被大量的天文观测数据所证实。

总之，拉格朗日的贡献实在太大，以他的名字命名的术语数不胜数，比如拉格朗日点、拉格朗日定理、拉格朗日余项、拉格朗日方程、拉格朗日乘数法、拉格朗日平动解、拉格朗日内插公式等。限于篇幅，下面不再细述他的学术成就，而是直奔他的祸福人生。

1736年1月25日，在意大利都灵市的一个混血贵族家中诞生了约瑟夫-路易斯·拉格朗日（Joseph-Louis Lagrange）。这一年，欧拉圆满地解决了"柯尼斯堡七桥问题"，并以此发表了图论史上的首篇论文。难怪后来拉格朗日与欧拉的缘分不浅。也是在这一年，牛顿的数学遗著《流数术与无穷级数》正式出版，这意味着数学分析的种子已经播下，单等拉格朗日等人来浇水施肥便可开花结果。难怪后来拉格朗日与牛顿的缘分也不浅，与微积分和牛顿力学的缘分更深。

拉格朗日人生中的祸福关系，其实早在幼儿时就已开始了。

他家本来出生于一个罕见的多子多福家庭，父母接二连三生下了13个孩子，可祸事也马上接踵而至，其他兄弟姐妹全都夭折，只剩下他这一根独苗。父母将他视为掌上明珠，含在嘴里怕化了，捧在手上怕摔了。父母对他的人生规划更是毫不含糊，早早就下定决心，要不惜代价把他培养成一位高贵的律师，只有如此才对得起高贵的列祖列宗。拉格朗日的父系祖先为法国后裔，曾祖父是一位法国骑兵上校，后来受聘并定居于意大利，娶了当地的一个罗马贵族的女儿。祖父是法国的一名炮兵队长，后来任职于都灵公共事务和防务局，娶了当地的一个名门闺秀。父亲是一位法国陆军军官，娶了意大利的一位物理学家的独生女，她就是拉格朗日的妈妈。

拉格朗日的祖祖辈辈从来没缺过钱，要么非富即贵，要么既富又贵。传到父亲这一代时，他不但继承了众多祖产，还特别善于做生意，特别能赚钱，全家福报满满，大富大贵之势几成定局。可是，祸事突然从天而降。在一次巨额投机生意中，久经商场的父亲竟"大意失荆州"，不但赔掉老本，还把全家搞破产了。从此以后，幼年的拉格朗日便过上了穷人的生活，父母要把儿子培养成高贵律师的梦想也破灭了，幸好他自己对法律压根儿就没兴趣。对此，成功后的拉格朗日坦称："要是我家还是那么有钱，我大概就不会走上数学研究之路了。若果真如此的话，那么就太可惜，太可悲了。"

刚开始时，拉格朗日并不喜欢数学。直到 16 岁时，他还是一位文艺青年，痴迷古典文学。因生活所迫，他很早就随一位游医学习传统的放血疗法。由于他很聪明，放血技艺进步很快，常被师父表扬。有一次，不知何故，病人在放血后突然死亡。为此，拉格朗日相当自责，毅然放弃学医。即使师父多方挽留，反复解释此乃常事，并非医疗事故，他最终还是另找出路，进入了都灵皇家炮兵学院。在数学老师的影响下，他成了当时全球数学界一号人物欧拉的铁杆粉丝。起初，他主要研究欧拉刚刚开创的图论和欧几里得几何学。在 17 岁那年，他偶然读到了英国天文学家哈雷的一篇科普短文。该文在介绍了牛顿的微积分后说："研究几何光学时，数学分析方法也许更好。"他顿时眼前一亮，终于找到了真爱和奋斗目标，那就是数学分析。刚好欧拉也正在研究数学分析，从此他下定决心要成为像欧拉和牛顿那样的数学家，全身心地研究数学分析。此后，他放弃了曾经喜欢的图论和几何。后来，他有一句奇怪的名言："我的知识体系不含图。"更夸张的是，他在晚年完成巨著《力学分析》时，竟在前言中风趣地提醒读者"书中无图"，以表达他对图和几何的态度。

由于自身的天赋，再加上勤奋刻苦，拉格朗日在迷上数学分析后进步神速，竟在几个月后的 18 岁就取得了一项成果。他很自信地将它寄给了自己的偶像——比自己年长 29 岁、当时正在德国科学院工作的欧拉，然后等待着欧拉回信夸奖。一段时间后，欧拉的回信到了，但不是夸奖，而是一声晴天霹雳：该结果早在半个世纪前就已被莱布尼茨取得了！

挨了欧拉这一记闷棍后，拉格朗日虽眼冒金星，摇摇晃晃，但终究未被打倒，反而更坚定了投身数学的信心，毕竟这说明他确有天赋，只是知识面太窄，选题不够前沿而已。如何才能确保选题不重复呢？最稳妥当然也是最笨的办法就是攻克公认的数学难题。后来的事实表明，拉格朗日的许多重大贡献都是他多次参加法国科学院的征奖活动的结果，他的成名之作便是典型案例。当时数学家们正在公开征集"等周问题"的答案，于是他基于欧拉的思路，用纯粹的分析方法在短短的半年多时间里奇迹般地解决了这个问题。这一次，相关各方的反应相当神速。1755 年 8 月 12 日，拉格朗日将自己的论文草稿寄给欧拉。9 月 6 日，欧拉在回信中给予了热情的赞扬，毫不掩饰地表现了兴奋和吃惊之情，还坦称自己过去一直以为该难题是"无法逾越的障碍"。一夜间，拉格朗日声名大振，成了当时欧洲公认的一流数学家。他在读的大学也毫不含糊，马上在 9 月 28 日破格将这位当时还没毕业的学生晋升为副教授。第二年，拉格朗日又在欧拉的大力举荐下被评选为德国科学院通讯院士，后来又被评选为德国的外籍院士。

成为国际名人后的拉格朗日自然也成了意大利的国宝，许多重要国事活动都少不了请他出席。1763年11月，意大利驻英国大使前往伦敦赴任时带上了时年27岁的拉格朗日。途经巴黎时，也许由于水土不服，拉格朗日意外病倒，只好就地休养，无法继续前往伦敦。于是，一些人生转折故事就悄然发生了。在巴黎养病期间，拉格朗日遇到了仰慕已久的、比自己年长19岁的同行达朗贝尔。而后者也非常看好拉格朗日，总想为他搭建更好的事业平台，毕竟当时意大利的数学研究还不入流。达朗贝尔热情地安排拉格朗日拜访各界名人，比如著名数学家伯努利和大文豪伏尔泰等。这让拉格朗日大开眼界，也立下了更宏大的人生志愿。1765年秋，达朗贝尔直接写信给德国的腓特烈二世，热情赞扬了拉格朗日，极力建议他在柏林给拉格朗日安排一个合适的职位。腓特烈二世欣然同意，立即亲自写信向拉格朗日发出热情的邀请，甚至说在"欧洲最伟大的皇宫"中当然该有"欧洲最伟大的数学家"。1766年11月6日，30岁的拉格朗日便来到德国科学院，接替此前半年已前往俄国的欧拉，从此在这里待了整整20年，度过了自己的科研鼎盛期。

在德国期间，拉格朗日深受腓特烈二世的器重，这位皇帝非常关心比自己年轻24岁的拉格朗日的生活起居，两人经常一起讨论如何保养身体，如何有效工作。拉格朗日后来养成了良好的生活和工作习惯，每天晚上都要制定次日的任务，总结当日的工作，反省并改进不足之处。据说拉格朗日做科研的风格是典型的谋定而后动：一旦想好就一气呵成，直到得出完美的结果。在德国期间，拉格朗日于1767年9月娶回了自己暗恋已久的表妹。对于这门婚事，他相当满意，迫不及待地向老友达朗贝尔报喜说："我俩青梅竹马，两小无猜，她是一位好姑娘。"可惜妻子体弱多病，未能生养小孩，在1783年匆匆去世。同年，老朋友达朗贝尔也去世了。1786年，腓特烈二世去世。拉格朗日的情绪极度低落，决定离开伤心地。1787年7月29日，他应法国国王路易十六之邀前往法国科学院。可惜，各种祸事随即发生。

多年的苦闷让拉格朗日患上了严重的抑郁症，他几乎自杀。这时一位比他年轻30多岁的女性崇拜者勇敢地走进了他的生活。她不但崇拜他，还执意要嫁给他，愿意精心照料他。两人在1792年结为连理，婚后虽无子女，但相当幸福。从此以后，拉格朗日会在自己的每部论著的扉页上自豪地写道："献给我亲爱的妻子，若没你，我写不出该书。"

拉格朗日到巴黎两年后，法国爆发了大革命，局势越来越危急。拉瓦锡、拉普拉斯和库伦等著名科学家被赶出了法国科学院。后来，恐怖统治开始了，在"共和国不需要学者，只需为国家采取正义行动"的思想的指导下，当权者把拉瓦锡送上了断头台，制造了罕见的人间悲剧。这时，拉格朗日正在被抑郁症折磨，因祸得福躲过了恐怖专政。他不但为拉瓦锡的死发出了那声响彻万古的仰天长叹，还在"米"和"克"等单位的制定方面做出了巨大贡献。

经过各种斗争后，比拉格朗日年轻33岁且非常重视科学家的拿破仑成了法国皇帝。拿破仑封拉格朗日为伯爵，可惜此时的拉格朗日已到暮年，再也经不起各种折腾了。拿破仑在1813年4月3日为卧床不起的拉格朗日颁授了"帝国大十字勋章"。一周后，伟大的拉格朗日于1813年4月10日在巴黎逝世，享年77岁。

直到今天为止，数学领域的许多新成就都能直接或间接地溯源于拉格朗日的工作。在数学分析的发展过程中，拉格朗日是产生全面影响的数学家之一。

第四十四回

苦命孤儿傅里叶，变换理论不可缺

提起本回主角傅里叶之名，在数学界甚至整个理工科中，几乎无人不知，无人不晓。人们耳熟能详的名词有傅里叶变换、傅里叶级数、傅里叶系数、傅里叶定律、傅里叶公式、傅里叶展开、傅里叶积分、傅里叶分析、傅里叶红外光谱仪、傅里叶热传导定律等。单单一个傅里叶变换就几乎红遍了数论、概率、统计、声学、光学、通信、音乐、物理学、密码学、海洋学、电子学、组合数学、信号处理、结构动力学等领域，成了不可或缺的法宝。但是，许多人可能并不知道傅里叶在现实生活中其实只是一个"二进宫"的苦命人。君若不信，请读下文。

1768 年 3 月 21 日，在法国中部欧塞尔的一个穷裁缝家中诞生了一个瘦骨嶙峋的小男孩。他的名字很长，叫作让·巴普蒂斯·约瑟夫·傅里叶（Jean Baptiste Joseph Fourier）。在他还不满 9 岁时，他的父母先后死于贫病交加。有一个穷主教收养了这个孤儿，傅里叶度过了不算幸福的童年。

　　三年后，12岁的傅里叶被教会送入镇上的一所军校读书，从此他就爱上了数学。他本打算像拿破仑一样入伍参加炮兵或工程兵部队，但因自己家里太穷，地位太低而被拒绝。他下定决心，要通过自身努力来改变命运，要在科学研究中做出重大成就。在21岁那年，他完成了自己的首篇论文，给出了一种数值方程的求解方法。他不辞劳苦，长途跋涉来到达巴黎，将该论文提交给法国科学院，希望借此进入法国科学院，在更优越的环境中进行自己感兴趣的科学研究。可哪知当年突然爆发了法国大革命，法国科学院被迅速解散，傅里叶的梦想自然破灭。万分无奈的他只好回到老家，当了一所民办中学的一位普通老师。由于法国大革命毁灭了他的理想，他自然对大革命期间的许多做法感到不满。拉瓦锡、拉普拉斯和库仑等著名科学家受到无端迫害。当拉瓦锡被送上断头台后，傅里叶竟不顾生命危险，公开站出来为科学家申辩，结果被捕入狱。革命集团很快发生了内讧，将拉瓦锡等人送上断头台的革命者被自己昔日的同志送上了断头台。新的革命派别上台后，26岁的傅里叶便被放出了监狱。

　　出狱后，傅里叶进入了巴黎高等师范学院，开始了一段为时很短的正规学习。在此期间，他的数学才华得到了充分的显现，他受到了相关教授的青睐。27岁那年，他在本科尚未毕业的情况下，被刚成立的巴黎综合程工学院破格任命为助教。更幸运的是，他在这里结识了后来对他影响极大的两位著名数学家，其中一位是大名鼎鼎的拉格朗日中值定理的发现者拉格朗日，另一位则是被誉为画法几何创始人的蒙日。颇具讽刺意味的是，这一年傅里叶第二次被莫名其妙地送进了监狱。经蒙日等多位同事拼命力保，他总算第二次出狱。原来这时革命集团又发生分裂，第一次释放傅里叶的那个派别倒台，新上台的派别自然就把傅里叶归类为前一个执政派别的支持者。其实，傅里叶并不支持任何派别，只希望国家尽快安定下来，早日有机会做学问。

当时的社会环境确实很混乱，傅里叶也很倒霉，好像命中注定就该"二进官"。从 30 岁那年起，傅里叶的第一波好运终于来了。他的好友蒙日推荐他随拿破仑远征埃及，担任埃及研究院的秘书，还负责许多外交活动。他充分展现了自己的行政能力，并利用战争中的空闲时间继续进行学术研究。书中暗表，傅里叶抽空做科研时，他的上司拿破仑也抽空干了一件大事，一件天大的事。拿破仑从 1799 年 8 月开始秘密策划，然后从埃及潜回法国，克服重重困难，于 10 月来到巴黎，受到了市民的夹道欢迎。11 月9 日，在众人拥戴下，拿破仑成功发动雾月政变，结束了大革命以来的恐怖局面，成为法兰西第一共和国执政官。至于拿破仑上台后都干了些啥事，这里就略去了。总之，他为科学家平反，开始重新重用科学家。

1801 年，33 岁的傅里叶被从埃及调回。他本以为能回到昔日的大学继续进行科研，可哪知拿破仑看中了他的行政本领，不由分说就任命他为伊泽尔地区首府格勒诺布尔市的市长。拿破仑于 1804 年 11 月 6 日加冕成为皇帝，从此傅里叶更受重用。傅里叶的政绩非常卓著，但他并未因此放弃科研。1807 年，他完成了自己最高水平的论文《热的传播》，给出了著名的热传导定律，至今这仍是该领域的基础性成就。此文被提交到法国科学院后，经拉格朗日、拉普拉斯和勒让德三位顶级数学家审阅后，最后竟被拒绝发表，因为该文中有一个在当时颇具争议的论断"任何连续周期信号都可由一组适当的正弦曲线组合而成"。从今天的角度来看，这当然是一个伟大的成就，甚至是整个傅里叶变换理论的精华。但在当时，该论断在三位评委中引起了激烈争论。71 岁的拉格朗日坚决反对，58 岁的拉普拉斯坚决赞成，55 岁的勒让德保持中立。最后，只好委曲最年轻的 39 岁的傅里叶。

傅里叶并不气馁，一边继续完善自己的研究，一边认真做市长。一年后，傅里叶被拿破仑授予男爵爵位。两年后，法国科学院开始针对热扩散问题，面向全社会公开悬赏征集论文。于是，傅里叶便将上次被拒绝的那篇文章的修改稿作为应征论文，再次于 1811 年寄给法国科学院。他凭借这篇文章在 1812 年获得了法国科学院的奖赏。但由于文中的证明仍不严谨，所以该文未能正式发表。不过，这对傅里叶来说已算是天大的喜讯了，于是他更加沉迷于科学研究。为了减少外界干扰，他于 1815 年辞去爵位和官职，希望返回巴黎全身心投入学术研究。这一年，拿破仑遭遇了滑铁卢惨败并被流放到大西洋中的一座孤岛上，波旁王朝复辟，新皇帝路易十八登基。

由于改朝换代引发的社会动荡，更由于傅里叶与拿破仑的特殊关系，刚辞职的傅里叶不可避免地坠入了失业和贫困的深渊，处于一生中最艰难的时期。由于他的人缘不错，昔日的同事和学生热情地伸出了关怀之手，总算为他谋得统计局主管一职。这项工作并不繁重，收入也足够他维持温饱，因此他又能继续从事学术研究了。又过了一年，已经 48 岁的傅里叶在1816 年被年事已高的拉普拉斯提名为新王朝管辖下的法国科学院成员。刚开始时，新皇帝不予批准，怀疑他是拿破仑的亲信。后来经认真调查，人们确认傅里叶只是一名纯粹的学者，再加上傅里叶确实有水平，当然更因为新王朝重视科学家，新皇帝终于认可了傅里叶，批准他在 1817 年正式进入法国科学院。从此以后，傅里叶的第二波好运终于到来，他的声誉迅速提升，科研成果开始井喷。

52 岁那年，傅里叶经计算后发现，如果只考虑太阳辐射的热效应，那么地球的温度应该远低于它的实际温度。这是啥原因呢？对此，傅里叶首次提出了一种猜测，一种在今天看来完全正确的猜测，即地球的大气层可能是一种隔热体。这便是如今众所周知的温室效应。

1822 年，傅里叶双喜临门。一喜是他被选为法国科学院终身秘书，这是一个极有权力的职位，大概相当于秘书长。二喜是他的代表性成果经过长达 15 年的反复完善，终于作为专著《热的解析理论》正式出版了。这便是他留给后人的不朽巨著，它将欧拉、伯努利等人在特殊情形下的三角级数扩展成了内容更丰富的一般化理论。这便是今天著名的傅里叶级数理论。后来的事实表明，该书在数学史乃至整个科学史上都是一部具有划时代意义的经典著作，对整个 19 世纪的数学和物理学都产生了深远的影响，比如迫使后人重新修正和扩充了函数概念，促进了集合论的诞生。

由于各方面的表现都很突出，傅里叶后来又被任命为法国科学院终身秘书和理工科大学校务委员会主席，再次被封为男爵。1827 年，傅里叶当选为法国科学院院士，还被英国皇家学会选为外籍会员。

傅里叶为人正直。在法国科学院终身秘书这个岗位上，他帮助过许多年轻科学家，如奥斯特、狄利克雷、阿贝尔、斯图姆等。因此，傅里叶深受年轻科学家的爱戴，大家衷心感谢他的无私支持和真诚鼓励。在帮助比他年轻 37 岁的解析数论奠基者狄利克雷一事上，傅里叶是头号功臣。当时只有 18 岁的德国小伙子狄利克雷本来想到法国攻读学位，却不料因病被困在了巴黎，只好给别人当家庭教师。傅里叶发现了这匹看似平常的千里马，邀请狄利克雷参加自己组织的青年数学家小组，对他加以悉心指导。两年后，狄利克雷一鸣惊人，发表了首篇数学论文。紧接着，傅里叶又以终身秘书的身份，邀请狄利克雷到法国科学院，面向泊松等著名数学家讲解自己的思路。于是，狄利克雷获得了顶级数学家的高度认可，勒让德还利用狄利克雷的思路在短短几周后取得了一项重大成就：证明了当 $n=5$ 时，费马大定理正确。狄利克雷回到德国后，傅里叶又极力向德国科学院院长洪堡推荐狄利克雷，连中学文凭都没有的狄利克雷在德国破格受到重用，取得了重大成就。在狄利克雷等后起之秀的共同努力下，世界数学研究中心由法国转移到了德国。

毋庸讳言，傅里叶在对待青年数学家时也犯过一次重大错误。他在收到少年天才伽罗瓦关于群论的奠基性论文时，不但未及时阅读，还将手稿弄丢了，从而造成数学史上的一次重大事故，致使群论的发展被延迟了半个世纪，因为伽罗瓦很快就死于一场无谓的决斗。当然，关于这次严重事故，有一种辩解说当时傅里叶病了。但无论如何，这都是人类的一次重大损失，也是傅里叶人生中的一个重大遗憾。

傅里叶人生中的另一个重大遗憾是他过于迷信热，甚至认为热可治百病。一次，本来只患有小病的他关上门窗，穿上冬衣，坐在火炉边，拼命烘烤。1830 年 5 月 16 日，伟大的数学家和物理学家傅里叶因煤气中毒不幸在巴黎去世，享年 62 岁。为了纪念他的杰出贡献，后人将第 10101 号小行星命名为傅里叶星，将一所大学命名为傅里叶大学，将他的名字镌刻在了埃菲尔铁塔上。

第四十五回
狄利克雷没文凭，数学研究还真行

1805年2月13日，在德国迪伦的一个具有法国血统的行政官员家里，一个大胖小子诞生了。他就是本章主角约翰·彼得·古斯塔夫·勒热纳·狄利克雷（Johann Peter Gustav Lejeune Dirichlet）。

刚降生的狄利克雷顾不上吃奶，赶紧打量这个陌生的世界。他先是向未来一看，自己今后的偶像高斯将在8个月后结婚，看来自己还真与数学家有缘呀，可惜与文凭无缘；自己今后的小舅子、《仲夏夜之梦》的作者门德尔松将在四年后降生人间，看来自己还真与音乐家有缘呀；自己出生的这块法国领土将在10年后划归德国，看来自己还真与德国有缘呀！然后，他再向过去一看，4年前，高斯的数论名著《算术研究》已正式出版，该书将成为自己的"圣经"。另外，狄利克雷家族的发源地是比利时的利克雷，直到祖父这一辈时才迁居到迪伦。他的名字中的"勒热纳·狄利克雷"的法语字面意思是"来自利克雷的小伙子"，看来父母取名字时还真敢偷懒。幸好自己不是个丫头，否则就该叫"来自利克雷的姑娘"了。若有多个孩子，又该咋办呢？史料没记载。实际上，狄利克雷是家中的第七个也是最小的孩子。他的父亲是一名邮政局长，家中虽不富裕，但父母都很开明，乐意把孩子们送入私立学校接受更好的早期教育。他们十分尊重子女的意愿，不强加干涉，只是提供一些合适的建议。

看罢过去和未来后，狄利克雷的心里就有数了。他在10岁时来到波恩。父亲本希望他成为一名能挣钱的商人，可他偏偏从小就爱上了最不挣钱的数学，甚至早在12岁之前就习惯将零用钱攒起来买数学书。妈妈好奇地问道："能读懂这些让人眼花缭乱的公式吗？"他回答道："多读几遍，直到读懂为止！"他与高斯的名著《算术研究》几乎一辈子形影不离，即使在旅途中也会随身携带，反复研读。面对超级复杂的数学难题时，别人都当受罪，他却将思考数学问题当成脑力体操，一天不做就心里发慌。当时，除高斯本人外，几乎没人能完全理解这部书，而狄利克雷是第一个真正掌握其精髓的人，也是受高斯思想影响最大的人。

12岁时，狄利克雷进入波恩中学。此时的他不但喜欢数学，还喜欢历史。老师称赞他"专心致志，品学兼优"。两年后，按父母的意愿，他转学到科隆教会学校，在那里师从物理学家欧姆。16岁中学毕业时，狄利克雷因拉丁语太差，没能获得中学文凭。这时父母又希望他学法律，但他不改初心，决意攻读数学。他先在家中自学，后来到哥廷根大学拜高斯为师。可是高斯很怪，属于那种肚里有货却又倒不出来的老师，听他讲课有两种完全不同的效果：若你事先已懂，听他讲时就绝对是一种享受；若你事先不懂，听他讲时就绝对不知所云，简直是在遭受脑力酷刑。放眼当时德国全境，除了高斯这座孤零零的数学高峰之外，其他地方都是数学凹地。实际上，当时德国竟无讲授高等数学的学校，甚至连高斯的正式头衔也只是天文学教授。无奈之下，狄利克雷只好在17岁时匆匆离开哥廷根大学，自然又没拿到文凭。

他背起铺盖卷来到巴黎，先后就读于法兰西学院和巴黎理学院。当时的巴黎是全球数学研究中心，拥有一大批数学巨人，比如拉普拉斯、勒让德、傅里叶、泊松、拉克鲁瓦和比奥等。傅里叶是他心目中仅次于高斯的偶像，后来他也在傅里叶的三角级数和数学物理方面取得了巨大的成就。

豪情万丈的狄利克雷来到巴黎后患上了天花，自然无法上课，也甭想拿到文凭了。好在大难不死，从此他便留在巴黎自学数学。18 岁那年，他被法国国民议会反对派领袖、拿破仑时代的英雄法伊将军聘为家庭教师，负责指导几个孩子学习数学。狄利克雷在这里一边当家庭教师，一边研究数学，进步很快。由于法伊将军为人大方，好交朋友，名声也很好，狄利克雷在这里不但收入丰厚，还受到了如同家人般的善待，结识了数学界的许多名流，参加了以傅里叶为首的青年数学家小组，为后来进入数学巨人俱乐部打下了坚实的基础。当然，这主要还是依靠他的真才实学。20 岁那年，狄利克雷发表了首篇数学论文，立即引起了轰动。法国科学院赶紧请他讲解具体思路，这进一步密切了他与傅里叶和泊松等数学巨人的关系。狄利克雷的这篇文章对其他人很有启发意义。仅仅几周后，法国著名数学家勒让德就根据这篇文章的思路取得了一项重大成就，证明了当 $n=5$ 时，费马大定理正确。后来，狄利克雷本人也独立证明了这个结论，并进一步证明当 $n=14$ 时，费马大定理也正确。

年底，法伊将军不幸去世，20 岁的狄利克雷恋恋不舍地重新背起铺盖卷，准备打道回府。当时德国科学院院长洪堡正在全球奔走呼号，希望德国科学家返回祖国，振兴德国的自然科学。为了响应洪堡的号召，狄利克雷于 21 岁那年返回德国，好不容易才在一所普通大学求得了一个最低的讲师职位。这是因为他在法国未获得任何文凭，不满足担任讲师的起码条件。后来，在洪堡的帮助下，德国科隆大学根据狄利克雷的突出业绩，特授他为荣誉博士，这才解了燃眉之急。狄利克雷很快就在这里晋升为编外教授

（介于正式教授和讲师之间的职位）。在此期间，他又在费马大定理的证明方面取得了重大进展，大大简化了高斯的一个非常复杂的证明。

23岁那年，狄利克雷在洪堡的全力帮助下，来到学术气氛更浓的柏林，任教于柏林军事学院。他将微积分引入军事课程，大大提高了德国军事教育的理论水平，为后来普法战争中普鲁士的胜利打下了一定的基础。一年后，狄利克雷被聘为柏林大学编外教授，同年他又取得一项重大成果，发表了自己最著名的论文，首次严格证明了傅里叶级数收敛的充分条件，开始了三角级数理论的精密研究，后来建立了傅里叶级数理论。从此以后，他在这里开始了长达27年的科研和教学生涯。洪堡为啥对狄利克雷情有独钟呢？原来早在法国时，傅里叶曾向洪堡隆重推荐了狄利克雷，把这小子狠狠地夸了一番。狄利克雷回国后，高斯专门给洪堡写信，盛赞了他在费马大定理证明方面取得了巨大成就，还强烈建议对他这样的后起之秀给予特别照顾。洪堡和高斯的做法确实正确，狄利克雷后来用实力证明了自己的价值，成了德国第一个讲授数论的老师，还成了解析数论创始人和现代函数概念的定义者。他在数论、数学分析和数学物理等方面取得了很多成就，为德国培养了一大批顶级数学家，比如爱森斯坦、克罗内克、利普希茨和博查特等。正是在这些后起之秀的共同努力下，德国的数学研究水平才得以空前提高，德国在19世纪后期成了国际上又一个数学研究中心。

1831年是狄利克雷的大喜之年。这一年，他双喜临门，不仅成为柏林科学院院士，还娶回了一个满意的媳妇。她就是音乐家门德尔松的妹妹，一位钢琴演奏家。至于音乐家为啥能与数学家联姻，这还真说不清，也许他俩都对1、2、3之类的符号感兴趣吧。他的妻子才华横溢，善于处理人际关系，与狄利克雷形成了很好的互补。面对这位数学家的非常举动，她都能像弹钢琴一样，巧妙地演奏出美妙而和谐的"家庭事业协奏曲"。当妻子邀来音乐家朋友在家中聚会时，面对不知所措的丈夫，她弹奏了一曲

《仲夏夜之梦》，化解了尴尬气氛；当丈夫邀来数学家朋友在家中讨论数学问题时，那铿锵有力的《英雄交响曲》让丈夫备感有面子，让来客满心愉悦。当宝宝降生时，笨嘴拙舌的丈夫给音乐家岳父写信报喜，却只写了一个公式"2+1=3"。妻子赶紧写信补充说：那不是哆来咪，而是"一对恋人有了爱情结晶，组成三口之家"。

在妻子的帮助下，全无后顾之忧的狄利克雷冲上了科研快车道，他取得的成果之多，水平之高，涉及面之广，很难逐一细述。他在 32 岁时证明了勒让德的一个著名猜想，奠定了解析数论的基础；34 岁时，晋升为柏林大学教授；37 岁时，提出了在数论中扮演重要角色的、今天众所周知的"鸽子洞原理"（若将多于 n 只的鸽子放入 n 个洞中，则至少有一个洞中的鸽子多于一只）；47 岁时，得到了流体动力学方程的第一个精确解。只要你稍加留意，就会在横跨代数和分析的许多数学分支中找到以他的名字命名的术语，比如狄利克雷函数、狄利克雷积分、狄利克雷定理、狄利克雷问题、狄利克雷判别法、狄利克雷原理等。

狄利克雷与高斯的缘分很深。1849 年 7 月 16 日，哥廷根大学为高斯举行了《算术研究》发表 50 周年庆典。会上，心不在焉的高斯竟用自己的手稿来点烟斗，狄利克雷赶紧扑将上去，将手稿抢夺下来，终生珍藏。6 年后，高斯不幸去世。哥廷根大学邀请狄利克雷接替高斯的职位，他在这里发现并培养了戴德金、黎曼、达沃斯等青年才俊。

1858 年夏天，狄利克雷前往瑞士为纪念高斯做报告时突发心脏病，险些丧命。他返回哥廷根后，在养病期间，妻子突然中风，先他而去。狄利克雷的病情一下子加重了，终因抢救无效，于 1859 年 5 月 5 日去世，享年 54 岁。

狄利克雷去世后，他的大脑也像高斯的大脑一样被珍藏于哥廷根大学生理学系。他的弟子戴德金在 1863 年将他的数论成果整理成经典名著《数论讲义》，算是对高斯的《算术研究》的最好注释。

第四十六回
现代分析学之父，魏尔斯特拉斯苦

本回主角名叫魏尔斯特拉斯，他是"现代分析学之父"。具体说来，今天数学分析专著和教材中反复出现的那套"ε-δ 语言"就是他的杰作，作为 19 世纪三大数学进展之一的"数学分析算术化"经他传承后基本成型。他还被誉为"复变函数奠基人"，甚至当今大学的复变函数课程的主要内容也都是他的成果。他的科研和教学成就影响了整个 20 世纪数学的面貌。希尔伯特赞扬他"以其酷爱批判的精神和深邃的洞察力为数学分析建立了坚实的基础，排除了微积分中的各种错误提法，厘清了有关无穷大、无穷小等的混乱观念"。出乎许多人意料的是，魏尔斯特拉斯不是天才，而是一个大器晚成的人。君若不信，请读下文。

话说清政府酌定《查禁鸦片烟章程》的嘉庆二十年是一个地震多发之年，这一年先后发生了台湾地震、陕西地震、河南地震和山西地震等。这一年是 1815 年。同年的大约 10 月 31 日，在德国巴伐利亚的一个海关官员家中诞生了一个名字很长、身段也很长的大胖墩儿，他的名字叫卡尔·特奥多尔·威廉·魏尔斯特拉斯（Karl Theodor Wilhelm Weierstrass）。这里为啥要说"大约"呢？因为有关魏尔斯特拉斯的生日问题是连他自己都解决不了的数学难题。原来他家没有庆生的惯例，父亲的命令是别管自己到底是在哪天出生的！上述那个欠准确的生日还是他的妈妈依靠回忆给出的参考答案呢。既然生日都能不按惯例，下面我们也不按惯例称呼他，而是简称他为魏氏。

魏氏的父亲曾受过良好的教育，知识渊博，对物理、化学和人文等都有研究，还精通法语。他在家中与孩子们对话和通信时，常用法语而非母语。父亲喜欢社交，喜欢下棋，喜欢去酒馆，在工作上也顺风顺水。他在年轻时当过教师，后来又到海关工作，还当过市长秘书、盐场经理等。在职场上经常指手画脚的父亲在家里更是说一不二，所有大小事项全由他一人说了算。他甚至不让子女们成家，以致魏氏和两个妹妹终生未婚。魏氏11岁时，母亲去世。两年后，父亲再婚，娶回一位忠厚老实而没文化的继母。所以，魏氏的早期教育很一般，但他从小就喜欢诗歌，偶尔也吟出几首打油诗，显摆一下才气。他成名后曾说，若数学家不是某种程度上的诗人，他就永远也不会成为完整的数学家。

魏氏一家经常随父亲的工作调动而迁居。略去细节后，他大约在14岁进入一所预科学校，开始学习德语、拉丁语、希腊语和数学等课程。他的各科成绩都很优异，即使跳级后，每门功课照样稳拿第一，每年还要至少拿回7项奖学金，尤以数学最出色。15岁那年，他利用课余时间，在一家生意兴隆的商店里兼职当会计，深受老板赏识，以致父亲误以为他具有经营管理天赋。待到魏氏于19岁那年以全校第一名的成绩毕业后，老爸不问青红皂白，硬生生地把他塞进了波恩大学财务管理专业，全然不顾他的个人兴趣和真正特长，只是一厢情愿地希望儿子将来成为政府官员。其实，父亲若稍微民主一点，也许就能发现儿子的潜在志向。早在中学期间，魏氏就已开始阅读一本著名数学刊物《克雷尔杂志》了，甚至对其中一位名叫斯泰纳的数学家的文章很感兴趣。在若干年后，他的成名作也发表在该刊上，他还成了《斯泰纳全集》的主编。另外，此时的魏氏已开始相信：所有学科分支，甚至包括诗歌和数学等，其实都是不可分割的整体。

进入大学后，由于对父亲安排的专业毫无兴趣，魏氏很少上课，反倒每天准时到酒馆报到，"必修课"变成了与狐朋狗友喝酒、抽烟和高谈阔论。在这方面，他的成绩倒很"突出"，他很快就成了酒馆一条街的"杠精"。这主要是因为他具有很高的语言天赋和很强的思辨能力，再加上膀大腰圆，别人要么口服要么心服，反正不得不服。酒馆"下课"后，他常去击剑馆，同样又取得了很好的成绩，很快就成为整个波恩市的击剑明星。这当然得益于他那魁伟的体魄、稳准狠的身手和旋风般的速度。

除了上述"必修课"外，魏氏的选修课就主要是数学了。他当然是以自学为主，同时也得到了多位教授画龙点睛般的点拨。通过普吕克揭示的数理关系，魏氏更加坚信所有学科都是不可分割的整体。在此期间，有两本书和两个人对他产生了巨大的影响。第一本书是拉普拉斯的《天体力学》，它让魏氏终生迷上了微分方程论。第二本书是雅可比的《椭圆函数新理论基础》，当时他虽未读懂此书，但他记住了一个人的名字"古德曼"，因为他偶然获得过古德曼的椭圆函数课堂笔记。后来，古德曼还真成了他的贵人，不但让他读懂了雅可比的那部专著，还引导他进入了椭圆函数领域，取得若干重大成就，更重要的是坚定了他研究数学的信心。此乃后话，这里暂且不表。第二位对他产生巨大影响的人物是当时刚刚去世的阿贝尔。魏氏虽未见过这位偶像，却早在中学期间就在《克雷尔杂志》上读到过阿贝尔致勒让德的一封信，并从中知道了一个有关函数论的难题，只可惜一直无法解决它。在大四第一学期，魏氏突然在解决该难题方面取得了进展。

他顿时激动万分，立即决定终生以阿贝尔为榜样，献身于数学研究。

性急的魏氏说干就干且异常决绝。在即将毕业之际，他竟一拍屁股，于 1838 年秋空着双手回家了，压根儿没得到父亲期望的博士学位，甚至连硕士和学士学位也没有。4 年的巨额学费泡汤了，父亲的希望落空了。本来就霸道的父亲暴跳如雷，呵斥儿子是"从躯壳到灵魂都有病的废人"。

臭骂并不能解决就业问题，今后咋办呢？这是一个严肃的问题。有位消息灵通人士知道一个窍门，即参加一个为期两年的官方数学补习班，若能顺利毕业并通过资格考试，就能由政府安排一份体面的数学教师工作。既然就业和学数学能同时兼顾，父子俩当然皆大欢喜。于是，魏氏在 1839 年 5 月 22 日兴高采烈地进入了补习班。从此以后，喝酒和击剑等就成了他真正的业余爱好，而不再是必修和选修课了。更令魏氏意外的是，他在补习班上遇到了读大学时就一直想拜访的古德曼先生，这位先生还将为他们开设椭圆函数课。在上第一节课之前，魏氏早早地抢占了教室里头排正中间的位置。可是待他第二节课再来抢占位置时惊讶地发现，教室里竟空空如也。从此，这门课就成了他们师徒俩的专场，二人展开了海阔天空般的自由讨论，魏氏的学业自然突飞猛进。两年的补习班很快结束了，魏氏以优异的成绩毕业。在毕业评语中，古德曼对魏氏给予了高度评价，认为他"是一位难得的数学人才，只要不被埋没和荒废，他就一定会做出重大贡献"。古德曼还极力向政府推荐魏氏，希望能将他安排到某所大学，至少是在大学预科当老师。可惜古德曼人微言轻，最终魏氏只被按常规分配到一个贫困乡村，当了一名中学数学教师。

从 26 岁开始，魏氏就老老实实地待在山沟里。他以一名中学数学老师的身份度过了最宝贵的 15 年。在此期间，虽然他换过几所学校，甚至最终晋升为预科班老师，但整体上他都处于与世隔绝的状态。生活上的困难倒还能克服，实际上在很长一段时间内，他都穷得没钱支付与外界通信的邮费。最让他难受的是，他所在的学校既无图书馆，又无钱订阅期刊，更无志同道合的同事讨论数学问题。唯一能让他接触当时全球数学前沿的办法就是研读曾经收集的阿贝尔的若干论著。阿贝尔的成果那时超前太多，其先进性完全与时间、地点和是否有名师指导等无关。

魏氏非常喜欢教书，这一点在他后来成名后也丝毫未改变。所以，他在山沟里倒也过得很快乐，全无失落感。当师资不足时，他还愉快地同时兼任数学、物理、德文、地理、体育和书法等课程的老师。他在山沟里研究数学时最主要的精神支柱之一便是古德曼对他的那段评价，所以他始终不愿自我荒废，白天教书，晚上潜心研读阿贝尔的论著，还撰写了许多没发表的文章。后来，他全然不重视论文的发表，也不重视保护自己的知识产权，以致真有人剽窃他的成果。他好像纯粹为了研究数学而研究数学，全无半点功利之心。当然，他偶尔也发表文章，有一篇后来被证明具有划时代意义的论文《献给阿贝尔的积分理论》竟发表在一份名叫《教学简介》的不定期刊物上。这显然无异于自娱自乐，因为该刊的读者只是中学生，主题也是教学经验交流。他发表的这些论文全都石沉大海，没引起数学界的任何注意。是呀，有哪位著名数学家会阅读中学生刊物呢？

33岁时，魏氏被调到一所总算带有图书馆的预科学校，任务是讲授高等数学，可难题马上就来了。面对一帮基础很差的穷孩子，如何用最简单的方法讲授当时最复杂的微积分，特别是其中的极限概念呢？经过深思熟虑，他另辟蹊径，化繁为简，整理出一套清清楚楚、直到今天全球大学数学分析教科书中都还在广泛使用的教学体系，使得数学分析的叙述终于真正实现了精确化。他创造了数学史上的一个奇迹，在没有在专业期刊上发表论文的情况下，完成并成功地推广了自己最重要的成就"数学分析的 ε-δ 语言体系"。

大约从 35 岁起，魏氏患上了严重的间歇性晕眩病，有时一晕就是半天，他只能原地躺下，甚至连坐稳都难。即使如此，他仍坚持研究数学。经过十几年的不懈努力，在 39 岁那年，他将自己的一篇论文寄给了在大学时就读过的那本《克雷尔杂志》的编辑部。一年后，这篇论文终于发表了，顿时引起全球轰动。该刊的主编称赞他为"阿贝尔和雅可比的最出色的接班人"。紧接着，法国著名数学家刘维尔称赞他做出了"科学中划时代的成就"，并将他的文章译成法文刊登在法国最著名的数学杂志上。哥尼斯堡大学的动作更快，赶紧派出接替雅可比的著名数学教授亲自到山沟里抢先向魏氏授予了哥尼斯堡大学荣誉博士学位。德国教育部随即晋升他为高级教师，并特批他享受一年的带薪假期，以便继续研究数学。总之，曾经默默无闻的他终于声名鹊起。时年他已 40 岁，已到普通数学家的"封笔"年龄。

41 岁时，魏氏被任命为柏林工业大学教授。后来，他转到柏林大学。从此，他在这里安心从事科教工作，又取得了不少成就。比如，他完成了数学分析严格化这一壮举，找到了若干奇怪的反例来纠正人们的许多直觉错误，其中尤以"处处连续而处处不可微"的函数最出名。此外，他还培养了大批世界级数学家，其中最著名的有人类历史上首位数学女博士柯瓦列夫斯卡娅，以及施瓦茨、富克斯、列夫勒、朔特基和柯尼希贝格等。

魏氏终生都未停止过研究数学，晚年身体越来越差。所幸的是两个未婚的妹妹搬来一起居住，大家彼此照顾，共享亲情。1897 年 2 月 19 日，他因感冒转为肺炎，在柏林病逝，享年 81 岁。

第四十七回
戴德金长江前浪，皮亚诺后来居上

伙计，你可能知道数学史上曾发生过三次重大危机，三次险些让既有的数学体系崩溃。第一次危机发生在公元前400年，其诱因是人们在计算正方形对角线的长度时意外发现了"$\sqrt{2}$"这个怪数，它竟然不像人们过去已知的其他数那样"能表示成两个整数之商"。于是，在付出了发现者的生命代价并经约30年的努力后，人类终于通过引入无理数，在公元前370年基本上渡过这次危机。但是，真正为第一次危机画上圆满句号的人其实是2000多年后的本回主角戴德金。他通过著名的"戴德金分割"终于让人们看清了有理数和无理数的具体分布。

第二次危机发生在微积分开始大规模应用时，其诱因是无穷小到底等不等于零。因为无论它等不等于零，用当时的数学理论去解释时都会出现矛盾，甚至连牛顿本人都被无穷小搞得狼狈不堪。1669年牛顿说无穷小是一个常量，1671年又说无穷小是一个趋于零的变量，1676年再次改口说无穷小是"两个正在消失的量的最终比值"。但这些说法都于事无补，矛盾依旧存在。微积分的另一个发明人莱布尼茨也曾试图回答这个问题，但他也无果而终。1734 年，英国大主教贝克莱更是借此向微积分发起猛攻，大有置之死地而后生的架势。为了挽救微积分，数学家们已竭尽全力，但仍找不到解决办法，危机越来越严重。书说简短，经过全球数学界和哲学界长达 150 多年的努力，借助波尔查诺、阿贝尔、柯西、狄里赫利、魏尔斯特拉斯、皮亚诺、康托尔和本回主角的里程碑式的成就，第二次危机才总算基本渡过。本回主角戴德金与康托尔和皮亚诺独立建立的实数理论成了这场百年危机攻关的压轴戏。

待到第三次数学危机爆发时，本回主角已近暮年，当然不该再指望他了。

其实，除了为渡过前两次危机而立下汗马功劳外，本回主角还取得了许多其他成就，他还被誉为"抽象代数创始人""现代实数理论奠基者""代数数论创始人""格论创立者"等。此外，众多成果以他的名字命名，包括戴德金环、戴德金数、戴德金场、戴德金和、戴德金结构、戴德金截面、戴德金函数、戴德金定理、戴德金互换原理和戴德金无穷集合等。他通过独创的理论和简洁的表达式，极大地改变了数学的面貌，使之成为今天的样子。书读至此，细心的读者也许会问：既然戴德金这么厉害，为啥他的名气好像不大，莫非有啥隐情？欲知详情，请读下文。

1831 年 10 月 6 日，在高斯的家乡——德国不伦瑞克的一个读书世家，诞生了一个大胖小子尤利乌斯·威廉·理查德·戴德金（Julius Wilhelm Richard Dedekind）。他的爷爷是一位物理学家和化学家，同时也是高斯的母校不伦瑞克大学的一名教授。爸爸是同一所大学的法学教授，也是该校的高级领导。外公是皇家邮政局局长，妈妈受过良好的教育，所以戴德金从小也受到了妈妈的良好教育。

戴德金 7 岁入学，起初并不喜欢数学，只拿它当辅助学科，他反而更喜欢爷爷擅长的物理和化学等。后来，他觉得物理缺乏精确的逻辑，才开始关注数学。17 岁时，他考入爷爷和爸爸任职的大学，各科成绩都很好。从大二起，他就开始给低年级学生讲课。

19 岁时，戴德金转入更著名的哥廷根大学，恰巧赶上三个良机。其一，这里刚成立了一个数理研讨班，他有幸聆听了斯特恩、乌尔里奇、韦伯、李斯廷等著名数学家、物理学家和天文学教授讲授的课程，使他的数学基础跃上一个大台阶，他开启了与巨人密切接触的数学研究生涯。这一点对他后来的成长非常重要。其二，一年后，比他年长 5 岁的黎曼也加入该研讨班，从此他俩成了终生的好友。其三，本来不喜欢讲课的高斯竟罕见地在 74 岁高龄亲自为戴德金他们讲授了最小二乘法等课程。此举对戴德金的影响非常大。半个世纪后，已是古稀老人的他还深情地回忆说：高斯讲的课令他终生难忘，使他对数学保持了长期的兴趣；高斯讲授的课程是他听过的最美妙的课程，因此他决心以高斯为榜样，也要成为数学家。

戴德金很快就成了高斯的关门弟子，并在 21 岁那年，在高斯的指导下完成了博士论文，顺利毕业。对于这篇博士论文，高斯的评语是：具有创新性，已达到博士论文水平，相信作者今后会有所成就。坦率地说，高斯的这一评价很普通，戴德金只能算勉强及格。看来在博士毕业时，戴德金还未表现出足够的数学天赋。当然，这也许是因为高斯的要求太高。戴德金晚年经常意味深长地对学生们说：高斯在他的博士论文答辩会上竟提出了一个超级难题，差点耽误了自己毕业。不过，戴德金一生受高斯的影响巨大。无论是从学术观点还是从生活态度等方面看，戴德金好像都在有意或无意地模仿自己的偶像、老乡和老师高斯。比如，在工作上，他俩都认真负责，严格要求，坚持原则，拒绝妥协；在生活上，他俩都喜欢简朴而有规律；在为人处世上，他俩都热心助人，谦虚谨慎，深得朋友信任；在科研方向上，他俩都对数论情有独钟，都把概念看得比符号更重要；在文学品位上，他俩也几乎相同。

博士毕业后，戴德金与黎曼相约，先后来到当时德国的数学研究中心柏林大学继续深造，接受了狄利克雷、雅可比、施泰纳等名家的教诲。在23岁时，他几乎与黎曼同时取得大学执教资格。紧接着，他在24岁时又与黎曼一起，以无薪讲师的身份回到哥廷根大学任教。可惜在这一年，高斯不幸去世。戴德金作为高斯的少数几位扶灵人之一，在安葬好恩师后，便开始了整理高斯遗稿的艰苦工作。书中暗表，戴德金的很多成就都是在编辑他人遗稿时取得的。比如，他后来又负责编辑了比自己年长26岁的狄利克雷和英年早逝的黎曼的遗稿。当然，后来的女数学家诺特在编辑戴德金的遗稿时也受益良多，以致当别人称赞她的创新性成果时，她往往会谦虚地说："这些思想早已出现在戴德金那里了。"

就在高斯去世的同一年，戴德金在柏林大学深造期间所拜的一位老师狄利克雷被任命为高斯的接班人。此事对他来说意义重大，因为正是狄利克雷大大拓展了他的学术朋友圈，使他能沐浴在更多数学巨人的光辉之下。后来，他俩成了形影不离的挚友。可惜，高斯去世仅仅4年后，狄利克雷也去世了。于是，戴德金又开始编辑狄利克雷的遗稿，并以后者的名义出版了《数论讲义》。戴德金将自己的许多成果都编入这部遗著中。后来的一位著名数学家在客观评价《数论讲义》时说："此书虽以狄利克雷的讲稿为基础，但其中许多内容其实是戴德金的。"由此可见戴德金对名利是多么淡泊，其为人又是多么低调。

戴德金还非常谦虚。一方面，他总是宽以待人。无论是谁，只要在某一方面比他强，他都愿拜其为师。在25岁时，他还以学生身份认真聆听了师兄弟兼密友黎曼讲授的课程，既学习其科研成果，也学习其教学方法。另一方面，他总是严于律己。他虽已是老师，但仍像学生那样刻苦学习新知识，备课时更是竭尽全力。有一次，为了在哥廷根大学讲好伽罗瓦理论，他竟对既有成果进行了改进，首次给出了域的概念。当他兴高采烈将这些最新成果搬上讲台时，学生们竟被吓跑了，最后只剩两位学生在下面发呆。后来这些成果经诺特和希尔伯特等发展后，奠定了抽象代数的基础。

27 岁那年，戴德金被任命为瑞士苏黎世理工学院教授。他在首次讲授微积分时发现当时数学分析的基础还很薄弱，于是他开始研究实数理论，并在当年（准确地说是 1858 年 11 月 24 日）突发灵感，产生了现在称为"戴德金分割"的想法，彻底终结了第一次数学危机。他乘胜追击，在 4 年后完成了代表作《连续性与无理数》，它与魏尔斯特拉斯的分析基础及康托尔的集合论一起基本解决了第二次数学危机。

28 岁时，戴德金与黎曼一起去柏林，又拜访了一大批著名数学家，包括魏尔斯特拉斯、博哈特、克罗内克和库默尔等。库默尔对他的影响很大，他后来成了库默尔的学术思想的传承人。另外，比他年长 8 岁的克罗内克后来成了他的学术论战的对手。由此可见，戴德金其实很有学术原则，并非只是个和事佬。

31 岁时，戴德金回到母校不伦瑞克大学当教授，从此便在这里扎下根了。4 年后，黎曼去世，他又开始尽心尽力地为密友整理遗稿。黎曼去世 6 年后，戴德金在瑞士度假时偶遇了比他年轻 14 岁的康托尔。两人一见如故，很快就成为密友。后来，戴德金还成为最早支持康托尔无穷集的数学家之一，并在康托尔与克罗内克激烈论战时，毫不犹豫地站在了康托尔一边。

戴德金具有极高的文学和音乐天赋，既能创作歌剧，又精通钢琴和大提琴演奏。他还非常幽默。据说有一次某报说他在某天已去世，于是他写信给该报编辑部说："贵报某条所报道事项的日期有误，但愿年份也不对，因为那天我过得很舒坦。"他的情商很高，喜欢拜师，喜欢交友，喜欢做科研，喜欢教学。他总是尽力营造良好的学术和生活环境，同时也从中获得不少益处。他因此知悉了国际最新学术动态，又推广了自己的成果。

戴德金终生未婚，长期与其未婚的二姐一起生活，姐弟二人很和睦。戴德金在63岁时退休，在他二姐去世两年后的1916年2月12日安然去世，享年84岁。

戴德金的贡献这么大，而他的名气为啥又有限呢？唉，没办法，长江后浪推前浪，前浪拍在沙滩上！原来戴德金的几乎所有代表性成果都在很短时间内就被后人替代式地超越了。其中最典型的就是他的实数理论成果仅仅在一年后就被比他年轻27岁的皮亚诺超越了，这自然会影响他的学术地位。另外，他的一生四平八稳，没啥催人泪下的故事，普通大众也不会争相传颂其事迹。

在历史上，像戴德金这样很快被超越的数学家还有很多。比如，皮亚诺就是另一个典型代表，因为他的成果很快又被康托尔的实数理论超越了，但康托尔的成就至今仍未被替代式地超越。为了纪念皮亚诺，下面以配角身份为他补个简短的小传，其实他也没有更多生平信息了。

皮亚诺是"符号逻辑学奠基人"和"世界语创立者"，也是皮亚诺公理和皮亚诺曲线等成果的发现者。他的全名是朱塞佩·皮亚诺（Giuseppe Peano），1858年8月27日生于意大利皮埃蒙特的一个文盲农民家中。父母虽穷，却很有见识，竟咬牙让5个子女全都接受了教育。为了便于孩子们步行上学，全家还迁居到城郊，直到幺女小学毕业后才又搬回农村。勤学好问且成绩优异的皮亚诺很受舅舅的喜欢，小学毕业后就被舅舅接到都灵，15岁时进入那里的一所中学。18岁高中毕业时，他因成绩优异而获得奖学金，并考进都灵大学，从此就再也没离开过该校。

与戴德金相比，皮亚诺的生平事迹更是平淡无奇。除了众多学术成就外，他剩下的就只有一笔履历流水账了。他本来考入了工程系，大三时却转入数学系；22 岁时毕业留校当助教，24 岁时升任讲师；29 岁时娶回一个画家的女儿，婚后无子女；31 岁时出版代表作《几何原理的逻辑表述》，超越了戴德金的实数理论；32 岁时升任副教授，37 岁时升任教授，45 岁时发明世界语。1932 年 4 月 20 日，他突发心绞痛逝世，享年 73 岁。

如果非要挖掘皮亚诺的大众化故事，也许只有一个半。其中那半个故事是，获得诺贝尔文学奖的数学家罗素曾回忆说："我的学术生涯之所以突然转变，那是因为遇到了皮亚诺。"由此可见，皮亚诺对当时的逻辑学确实产生了重大影响。

皮亚诺的另一个故事就很意外了。一方面，他本来很重视教学，多次组织过各种教学研讨会，还坚决反对给学生施加太大的压力。他在 63 岁时公开发表了一篇轰动性文章，声称若用考试来折磨可怜的学生，那就是对人性的犯罪。但另一方面，作为教学改革先锋，他却最终被学生赶下了讲台，甚至在晚年时被迫愤然辞职。原来，他在讲授逻辑学时大量使用了自创的逻辑符号，让学生不知所云。虽然他反复强调保证大家都及格，但学生们仍不买账。

唉，真是无言！

第四十八回

哈代善举得福报，合作共赢成就高

18 77年2月7日，在英国萨里郡的一个普通中
小学老师家里，诞生了一个可爱的小男孩戈弗
雷·哈罗德·哈代（Godfrey Harold Hardy）。他将是中国
著名数学家华罗庚和柯召的老师。

哈代的父母虽没上过大学，但有很好的文化素养，
也重视子女的教育，还有一套自己的教育理论。比如，
他们不让孩子读很多书，只提倡少而精，鼓励孩子重点
阅读经典名著。父母都喜欢数字游戏，这就使得哈代从
小也对数字特别感兴趣，2岁时他就缠着妈妈要学习如何
将数字从1写到几百万。再后来，他发展到痴迷于数字
的程度，终生都是如此。闲暇时只要见到数字，无论是
车牌号或其他编号，他就会立刻想到能否将它们分解成
素数之积，或研究它们的数学性质。

哈代是家中的老大，他有一个可爱的妹妹。这兄妹
俩终生未婚，还有许多共同爱好，彼此的关系也很好。
早在上幼儿园时，他俩就用奇怪的问题来为难老师，常

常让大人张口结舌。比如，他们质问道：圣诞老人的礼物上为啥还有价签，莫非圣诞老人根本不存在，莫非祈祷根本没用？不过，老师非常喜欢他俩，因为他俩很聪明，喜欢探索新事物，自学能力特强。无论是游戏或学习，只要稍微指点一下，他俩便能无师自通。哈代还经常在班上给妹妹和其他小朋友朗读《鲁滨孙漂流记》等名著，让大家一起沉浸在奇妙的幻想中。8岁时，哈代自编了一份像模像样的小报，既有社论，也有名人演说，还有商业广告和板球赛事等。这份小报的主要读者当然是妹妹、爸爸、妈妈和班上的小朋友。早在读小学期间，哈代就计划写一部英格兰史，可惜后来因迷恋数学而放弃。

12岁那年，哈代首次进入本地的一所中学，结果在第一次摸底考试后，老师就傻了眼，经认真研究后立即将他赶出了学校。原来他的数学、绘画及拉丁语等成绩实在太好，只有当时整个英格兰数学教育最好的一所学校能配得上他，那就是以培养数学家而著称的温彻斯特中学。在本地学校的极力推荐下，温彻斯特中学不但接收了哈代，还给了他一笔可观的奖学金，以使他能全身心地完成学业。可是，哈代还没来得及高兴就发现自己自投罗网了，因为该校的管理非常严格而死板，单单是超强的体育训练就差点要了他的小命。课堂上的填鸭式灌输更让他受不了，至于玩耍就更甭想了。虽然他的考试成绩，特别是数学成绩始终排名第一，但他后来并不认为自己在中学里受到了良好的教育，反而对这种机械式的教育很反感，对该校也没什么感情，以致毕业后就再也不愿回去看看了。

好不容易熬到中学毕业，哈代在19岁时考入英国的数学研究中心——剑桥大学三一学院。刚想松口气时，他又发现自己才逃出虎口，又掉入狼窝。剑桥大学的教学方式也与他的习惯格格不入。当时大家学习数学的唯一目的就是要在考试中得高分，而考题又都是机械性的难题，只要按部就班就能解出，根本不需要创造力和想象力。学校还不惜成本，为每位学生安排了一名导师，专门负责布置大量习题，指导学生掌握各种解题技巧。第一学期结束后，哈代的考试成绩虽仍名列前茅，但他对数学已全无兴趣了，甚至打算改行学历史，以完成儿时撰写英格兰史的梦想。就在此时，他遇到了一位真正的数学家拉弗教授。哈代在晚年回忆起拉弗时还深情地说道："是他让我大开眼界，使我对数学分析有了正确的认识。他给我的最大教益是，建议我阅读名著《分析教程》。我永远也忘不了阅读这本经典时所感受到的惊喜，从此我才知道啥叫数学，才走上了数学家的正确道路，才真正爱上了数学。"

哈代虽然讨厌剑桥大学的考试制度，但这并不妨碍他得高分。23 岁那年，他以第一名的成绩毕业，然后留校任教。此后，他开始以极大的热情从事真正的数学研究，自然取得不少成就，社会地位也不断提高。28 岁时，他出版了首部专著《单变量函数的积分》，将欧洲大陆的先进数学知识系统性地引入英国；29 岁时晋升为讲师，31 岁时出版了后来改变英国大学数学教育状况的著名教材《纯粹数学教程》，33 岁时当选为英国皇家学会会员。

若哈代的故事照此发展下去，他就与普通数学家没啥区别了。在 34 岁那年，哈代人生中的第一个贵人出现了，或者说他获得了自己长期帮助年轻人的第一个福报，用他本人的话来说就是"迎来了自己学术生涯的巨大转机"。原来哈代在这一年找到了自己的黄金搭档，即刚到剑桥大学入职的另一位老师、比自己年轻 8 岁的李特尔伍德博士。刚开始时，已经功成名就的哈代纯粹是怀着帮助年轻人的心态与李特尔伍德合作的，因为早在此前 7 年已经是老师的哈代就认识了当时还在剑桥大学读书的李特尔伍德，并多次为他提供了慷慨的帮助。后来，李特尔伍德从剑桥大学毕业，去了曼彻斯特大学，然后在哈代 34 岁那年返回剑桥大学任教。从此，两人才开始了长达 35 年的密切合作，共同演绎了数学史上的一段佳话。

关于哈代与李特尔伍德合作的成效，这里就不细述了。简要说来，他俩联名发表了百余篇高水平论文，获得了多个以他俩的名字命名的重要成果，比如哈代－李特尔伍德极大函数、哈代－李特尔伍德圆法、哈代－李特尔伍德定理等。这些成果代表了 20 世纪上半叶数学分析领域的最高水平，也创立了后来著名的英国剑桥学派，更使得哈代成为现代解析数论的开拓者。

哈代与李特尔伍德合作的方式也很独特，他俩主要通过书面交流，哪怕对方的办公室就在隔壁，也要将自己的想法写成文字。非常有趣的是，在长期合作过程中，双方还达成了奇怪的默契。比如，双方都畅所欲言，收到对方的信件后，既可置之不理，也可仔细研读，但不得先阅读其中的证明过程，而是要对相关结论进行独立论证，看看这些结论是否正确。如果结论正确，那么就看谁的证明方法更巧妙。最后，再将正确的结论和更巧妙的证明过程编写成双方共同署名的论文予以发表。所以，他俩的合作堪称天衣无缝，外界的许多数学家都误认为"李特尔伍德"根本不存在，那只是哈代虚构的一个笔名而已。实际上，哈代与李特尔伍德的合作绝对是共赢，因为他俩的优势非常互补。李特尔伍德善于发现新的定理和结论的雏形，而哈代善于将李特尔伍德的成果精细化，并给出巧妙的证明，最后写出精彩的论文。第一次世界大战爆发后，年富力强的李特尔伍德义不容辞地上了前线，他俩的合作暂停了一段时间，直到战争结束。

李特尔伍德刚上前线，哈代就获得了他帮助年轻人的第二个福报，遇到了人生的第二个贵人，即比自己年轻 10 岁的数学家拉马努金。书中暗表，拉马努金可是数学史上绝无仅有的奇人，他从未接受过正规教育，他的所有数学知识都是在饥寒交迫的情况下，在没有任何人指导的情况下自学而来的。他操纵数学公式就像呼吸一样自然。在其苦短的一生中，他仅凭直觉就发现了 3900 多个美妙无比的数学公式，但从没给出严格的证明！更不可思议的是，经全球数学家近百年的不懈努力，如今已证明，他提出的那些公式绝大部分都是正确的，甚至是伟大的。比如，他于1916年提出的一个猜想在1973年被证明后，证明者竟因此获得了1978年的菲尔兹奖。

关于哈代与拉马努金的合作，又是一段可歌可泣的传奇。出生在印度贫困地区的拉马努金在几乎走投无路的情况下，在1913年1月16日将自己的情况和发现的一些数学公式同时寄给了多位著名数学家，但都石沉大海。哈代收到信后一看，简直不敢相信自己的眼睛。天哪，这绝对是个罕见的天才！于是，他赶紧竭尽全力，终于在1914年在剑桥大学为拉马努金找到了一个教职，然后立即托人到印度将这位受困者迅速安全地接到英国！从此，拉马努金因哈代而崭露头角，哈代也因拉马努金而增光溢彩。拉马努金自学成才，他对数学的严谨性一无所知，压根儿就不知道啥叫数学证明。于是，哈代与他优势互补，两人在剑桥大学的5年里总共合作发表了28篇重要论文。早已世界闻名的哈代对拉马努金非常尊敬，甚至达到了崇拜的地步。面对拉马努金的猜想，哈代惊呼道"我从没见过如此美妙的东西"，又说"其中每个定理都居于数学最高峰"，还承认"这些公式彻底折服了我"，更感慨"他一人就战胜了整个欧洲数学界"。哈代还把这段合作经历描述为自己"一生中最浪漫的事情"。

可惜这段浪漫的故事太短，因为拉马努金是一名虔诚的素食主义者，他在剑桥期间自己煮饭，常因科研而废寝忘食，再加上英国冬天天气寒冷，水土不服的他也就越来越衰弱，越来越想家。但因当时战事正酣，他无法回到印度，这令他更加抑郁，甚至试图卧轨自杀。更加雪上加霜的是，1917年他又患上了当时的绝症肺结核。千盼万盼，第一次世界大战终于结束了，拉马努金在1919年4月回到印度，但病情一天天加重。1920年4月26日，也就是回家刚一年，拉马努金就微笑着在妻子怀中去世了，年仅33岁。哈代对拉马努金的英年早逝深感痛惜，不但亲自撰写祭文，还在随后十多年里认真研究他遗留下来的公式，传播他的数学成就，整理他的论文集，详述他的生平事迹。总之，若无哈代，外界可能就不知道曾有过拉马努金这位传奇人物。

哈代能多次获得福报，当然绝非偶然，实际上，他还帮助了维纳、华罗庚和柯召等青年才俊。哈代心地善良，反对战争。为了营救因反对第一次世界大战而被剑桥大学解聘的著名科学家罗素，哈代甚至不惜于1919年愤然离开剑桥大学前往牛津大学。在此期间，他一边继续与留在剑桥大学的李特尔伍德合作，一边秘密撰写了记录罗素被捕事件的小册子。他在牛津大学创立了一个活跃的数学研究团体，培养了众多一流的学生，使得英国的解析数论曾在相当长的一段时间内在全球独占鳌头。在牛津大学工作了12年后，为了便于推进英国的数学研究，哈代于1931年回到剑桥大学，在这里工作到退休。

哈代不仅把学问做得好，长得也很帅，风度翩翩，很健谈，说话很有鼓动性，所以他的数学科普深受人们的欢迎。他的人品更好，严于律己，富有正义感，为人谦和。他经常将功劳推给合作者，对自己的成绩却轻描淡写，甚至完全忽略自己在合作中的舵手作用。为此，"控制论奠基者"维纳多次表达了他对哈代的崇敬之情。哈代还是一位球迷，更喜欢板球。他不但是技艺高超的球手，还是独具慧眼的评论员，因为他每天都要研究当日的板球赛事。著名经济学家凯恩斯调侃说，若哈代以对待板球赛事的态度去关注股票行情，他也许早就是股王了。

哈代的晚年并不幸福，特别是第二次世界大战爆发以及多位密友惨死于战场使他的心情额外沉重，他甚至因孤独而患上了抑郁症。这时他的妹妹每天都来找他讨论板球，转移他的注意力。后来，哈代病重，几乎卧床不起，甚至想收集安眠药自杀，所幸被聪明的妹妹及时发现。

1947年12月1日清晨，哈代安然去世，享年70岁。

第四十九回
柯朗下笔如有神，科普科研皆全能

可能出乎意料，但本该在意料之中，柯朗入选本书的原因主要有以下三点。

原因一，他写了一本科普书《什么是数学》。伙计，请先别抗议！其实，谁都能把简单的事情说复杂，但反过来，若想把复杂的问题说简单就不容易了，这便是科普的困难之处。所以，千万别小看了科普，别以为科普比科研容易，更别以为谁都能写科普书。实际上，科研做不好的人很难写好科普书，因为他抓不住科普之魂；科研做得好的人也不一定能写好科普书，因为他可能找不到科普之魄。写科普书很难，写数学科普书更难，写出好的数学科普书简直难上加难。而《什么是数学》便是数学界罕见的好科普书。从时间上看，该书自问世以来已经以多种文字、多种版本在全球畅销了近百年，一直到今天依然热度不减。当前可以说它是前无古人、后无来者的数学科普经典。从内容上看，该书几乎涵盖了数学的所有主要分支，包含了数学领域的许多经典内容。

无论是专业人士还是业余爱好者都可阅读此书。对于中学教师、大学生和高中生等来说，它更是极好的参考书。从历史评论来看，该书的声誉奇好。爱因斯坦盛赞它"对整个数学领域中的基本概念及方法都做了透彻而清晰的阐述"。《纽约时报》说它"是一个光辉的文献故事，开启了进入数学世界的大门"，并认为"毫无疑问，这本书的影响深远"。权威的《数学评论》杂志称它是"极其完美的著作"。《应用物理杂志》说"这本书是愉快和满足感之源"。还有不少权威人士称它为"一部艺术著作"，甚至说"这本书用最简单的例子令人惊讶地阐明了被数学家视为科学血液的基本思路和方法"。

原因二，他写了几本教材。伙计，再请你先别抗议。虽然很多教授都能写教材，但教材与教材之间有天壤之别，能传承近百年的教材肯定不多，能始终保持领先地位的教材更少，能长期占据榜首的教材绝对是凤毛麟角。而柯朗的几本教材就是这样的凤毛麟角，比如他的《数学物理方法》至今仍在全球广泛印刷，被众多大学作为必修教材；他的《微积分和数学分析引论》至今仍被认为是写得最好的同类教材中的代表作。此外，他的《函数论》《偏微分方程》《狄利克雷原理、保角映像与最小曲面》和《复变函数的几何原理》等教材至今仍在畅销。他还是一位出色的数学教育家，培养的数学大师遍布全球。为此，美国数学协会给他颁发了"数学卓越贡献奖"。

原因三，他在基础数学和应用数学方面也是硕果累累，特别是实质性地发展了狄利克雷原理，还在函数论、变分法、数学分析、数学物理、位势理论和偏微分方程等方面贡献良多。他在有限元方法中留下了柯朗定理，在数值计算中留下了柯朗－弗里德里希－路易条件。此外，若稍加留意，你便可在不同的数学分支中找到若干以他的名字命名的成果，比如柯朗极小原则和柯朗－弗里德里希－莱维有限差分法等。

柯朗的成就当然不止上述几条，欲知详情，请读下文。

1888 年 1 月 8 日，在当时普鲁士帝国西里西亚省的一个名叫卢布林的地方诞生了本回主角理查德·柯朗（Richard Courant）。细心的读者也许已发现，此处并未明示柯朗生于现在的哪个国家，因为关于他的出生，有如下"三多"。

"一多"是柯朗生于一个多事之地。他的出生地乃历代兵家必争之地，其所属国的变化太频繁。现在它是波兰东南部的一个省，而柯朗刚出生时它属于德国，此前又曾属于俄国，后来再归属法国，历史上它更是塔塔尔人、罗塞尼亚人及立陶宛人反复争夺的战场，多次被摧毁，又多次被重建。幸好柯朗的两个最重要的身份标签还很稳定，即他是犹太人，后来加入了美国国籍。

"二多"是柯朗生于一个多事之秋。他生于欧洲各国综合实力急速消长期，特别是当时德国正在全面崛起，在数学领域出现了高斯、莱布尼茨、希尔伯特、康托尔、克莱因、黎曼、诺特和狄利克雷等举世闻名的数学大师，以致德国已成了全球数学研究中心。至于德国的科学、技术和军事力量的快速提升，那就更甭说了。因此，各国的既得利益必须重新分配，战争隐患开始出现。关于一直被英法控制的苏伊士运河的通航权，竟在德国的主持下，在没有英国参与的情况下，1888 年 10 月 29 日德国、法国、意大利、西班牙、荷兰、俄国、奥斯曼帝国和奥匈帝国等签订了《君士坦丁堡公约》，规定一切国家在任何时候都可以使用苏伊士运河（英国于 1904 年加入该公约，1956 年埃及宣布将苏伊士运河收归国有）。诸如此类的利益纷争会将成年后的柯朗拉入两次世界大战和无休止的种族冲突之中，否则柯朗可能取得更大的科学成就。

"三多"是柯朗生于一个多变之家。他的祖上本是富有的犹太世家，爷爷是一个经营食品的巨商，但到父亲这辈时已衰落为仅够维持温饱的小游商。他家被迫迁到卢布林，但仍然居无定所，不断在多个城市间来回搬家，以致后来柯朗自己都忘了到底曾有过多少个故乡，反正已习惯"只把他乡当故乡"。在他读中学时，全家人总算在今天属于波兰的布雷斯劳稳定了几年。当他16岁考上布雷斯劳大学时，父母又搬到了柏林。这次，柯朗没陪父母一起流浪，但他很快发现自己对所学课程压根儿就没兴趣。于是，他毅然转学到瑞士苏黎世大学，反正不在乎再多搬一次家。两年后，他又见异思迁，在两位师兄的鼓动下，1907年10月回到德国，进入哥廷根大学。这真是"众里寻他千百度，蓦然回首，那人却在灯火阑珊处"！满世界转了一圈后，柯朗又回到父母身边，找到了自己满意的大学、满意的专业和满意的导师。他在哥廷根大学见到了自己的偶像希尔伯特和闵可夫斯基，并参加了他们组织的数学物理讨论班。后来，柯朗成为了希尔伯特的助手。两年多以后，他在希尔伯特的指导下奇迹般地于1910年2月16日获得数学博士学位。随后，他留在哥廷根大学任教，迅速成为哥廷根学派的重要成员。

若无随后发生的突变，柯朗的一生也许就基本上稳定了。他本来决定在导师的指导下继续全力以赴从事自己喜爱的数学研究，把闻名已久的哥廷根学派进一步发扬光大。可哪知三年多后，第一次世界大战爆发。时年26岁的柯朗血气方刚，在第一时间报名参军，直奔前线。他充分发挥自己的智力优势，改进和设计了多种战场通信设备。柯朗在枪炮声中苦苦支撑了近5年，还在战场上受了伤，成了战斗英雄，但他所卖命的德国仍然惨败，被迫无条件投降。柯朗也只好在1918年12月怀着复杂的心情回到母校哥廷根大学继续任教。

虽仗打输了，但柯朗很快迎来了三喜。一喜是基于战场上的勇敢表现，战败后的德国授予柯朗一个"荣誉教授"头衔。当然这只是一个称号，并无实质性的学术意义。二喜是几个月后，31岁的柯朗成婚了，而岳父是哥廷根学派的一位著名教授，专攻应用数学。难怪后来柯朗在应用数学方面的表现也出类拔萃。婚后，两口子恩恩爱爱，他们的子女也很有出息。他们的一个儿子后来成了粒子物理学家。三喜是柯朗重新拾起战前的数学研究，很快在微分方程的特征值方面取得突破。蒙斯特大学在 1920 年将柯朗聘为教授，这次可是名副其实的教授而非荣誉称号。哥廷根大学的管理层一看就急了，立即由希尔伯特出面，在同一年将柯朗抢了回来，聘为哥廷根大学数学物理教授。

这时，哥廷根大学的数学研究正处于空前兴盛期。柯朗在这里锦上添花，做出了大量成果。更重要的是，与普通教授不同，柯朗的组织管理能力特别强。1924 年，哥廷根学派的骨干克莱因去世，柯朗竟然实现了克莱因的遗愿，很快争取到了美国洛克菲勒基金会等的大力支持，开始筹建哥廷根数学研究所。该研究所在 1929 年 12 月 2 日正式建成，柯朗担任所长。从此以后，世界各地的金凤凰，比如外尔、诺特、施密特、阿廷、特普利茨、西格尔等著名数学家都相继飞到了哥廷根数学研究所这棵梧桐树上，使这里的数学研究水平达到了顶峰，成为德国乃至全球的数学研究中心。

可惜好景不长，这时纳粹势力开始猖獗，迫害犹太人的活动开始蔓延。1933 年 1 月 30 日希特勒上台后，大批犹太教授被赶出学校，后来被迫逃离德国，而德国的数学领域更是排犹重灾区。从此以后，德国的数学研究便一蹶不振，直到近百年后的今天还没翻身。刚开始时，柯朗属于拥有一定豁免权的犹太人，因为他曾是"战斗英雄"。可仅仅被豁免了几个月，他就在 1933 年 5 月 5 日收到了纳粹政权的驱逐令。这时，他才深刻地意识到"他乡岂能当故乡"！他只好带着全家人星夜逃到剑桥大学，在这里躲了一年，然后在 1934 年 8 月 21 日来到美国，在纽约大学任教授。

在美国期间，柯朗继续从事数学研究、普及和教育工作。他仿照在哥廷根大学时的做法，开始在纽约大学建立一个应用数学小组（AMP）。果然，柯朗不愧为柯朗。在他的领导下，这个小小的 AMP 很快就发展成数学和力学研究所，不但吸引了大批从德国逃来的顶级数学家，还在第二次世界大战中扮演了不可替代的角色。在第二次世界大战中，柯朗再一次成为战斗英雄，只不过这次的敌方是自己曾经为之卖命的国家。这次他的参战方式是智力而非体力，这次的武器是数学而非枪炮。他领导的研究小组建立了完善的水下声学和爆炸理论，从而狠狠地打击了德军潜艇；利用有限差分法求出了双曲型偏微分方程的解，从而让美军的导弹更加精准；利用巧妙的数值计算，改进了喷气式飞机的喷嘴设计，从而使美军战机的战斗力更强。在第二次世界大战期间，柯朗领导的应用数学研究团队的表现太好，该团队被美军戏称为"柯朗武器库"。书中暗表，据相关人士的回忆录，当初美国军方允许柯朗介入战争领导"柯朗武器库"时，其实也非常纠结，毕竟柯朗曾是第一次世界大战中德国的战斗英雄，他会死心塌地为美军出力吗？万一出点问题又咋办呢？

第二次世界大战胜利后，柯朗在 70 岁时从纽约大学退休。此时，他建立的纽约大学数学和力学研究所已成为全球最大的应用数学研究中心。1964 年，该研究所被更名为柯朗数学科学研究所，以纪念柯朗的巨大贡献。

1972 年 1 月 27 日，柯朗在纽约安然去世，享年 84 岁。

第五十回

泛函分析奠基者，沃尔泰拉巴拿赫

伙计，若你想知道数学有多难，那就请学泛函分析，保证无论你的智商有多高，你都会觉得"余额不足"；若你想知道数学有多易，也请学泛函分析，然后再回头学习数学的其他分支，保证你会有"除却巫山不是云"之感。学过泛函分析的人一听到巴拿赫之名恐怕都会头大，但我们不得不为巴拿赫写一篇小传，谁叫他是泛函分析的奠基者呢？不过，伙计请放心，我们保证不让你头大，但先得用巴拿赫等严格证明的一个定理来惊掉你的下巴！

伙计，将一张百元大钞撕碎后再重新拼接起来，无论如何也不可能得到两张完全相同的百元大钞吧，否则大家都去撕钞票了。但巴拿赫等从数学上严格证明了若将一个大金球按某种特定的方法切割成5块，那么只需经过平移和旋转这两种最简单的数学操作，你就能将这5个碎块重新组成两个与原来的大金球相同的大金球！形象地说，你将平白无故地赚得一个大金球。若你愿意继续分割的话，你将赚得任意多个大金球。更不可思议的是，经过全球数学家们的反复检查，巴拿赫等的证明过程毫无破绽，唯一的前提就是要接受一个看似一目了然的、至今在集合论中经常使用的"选择公理"（可在一组集合中的每个集合里都选出一个元素来组成一个新的集合）。这便是被称为现代数学中最奇特的理论之一的巴拿赫－塔斯基分球悖论。实际上，它不是悖论而是定理，它只是用实例告诉人们在有限集合中显而易见的"选择公理"在无限集合中也许就是另一回事了。

好了，现在你可以收起下巴，开始阅读巴拿赫空间、巴拿赫定理、巴拿赫代数、巴拿赫火柴问题、巴拿赫不动点定理等成果的提出者巴拿赫的故事了。

1892 年 3 月 30 日，在波兰克拉科夫的一个铁路职员家中，诞生了一个不知叫啥名字的小男孩。也不知何故，父母竟然将这个可爱的小家伙送给了一位洗衣女工。于是，她就成了他的养母，还给他取了一个名字叫斯特凡·巴拿赫（Stefan Banach）。

巴拿赫的童年自然很苦，他从小就养成了桀骜不驯的性格，根本不把任何传统和规矩放在眼里。即使后来长大成人甚至成名后，他仍然玩世不恭。比如，他绝不像当时的其他波兰科学家那样远离尘世欢乐，更不像他们那样过着苦行僧般的生活。他是一位现实主义者，不但不隐瞒，反而经常炫耀自己的山野民夫血统，对那些无所专长的高贵知识分子持蔑视态度。在科研方法、科研选题甚至是科研场地等方面，他都格外与众不同。

巴拿赫在 10 岁时进入当地的一所中学读书，14 岁就不得不利用课余时间做家教养活自己。18 岁中学毕业后，他进入一个书店当学徒，同时开始自学数学，甚至还到附近的雅各龙大学旁听了一个学期的课程。19 岁时，他终于考入利沃夫工学院，在那里学习了整整三年，完成了大学学业，但未能毕业，因为这时第一次世界大战爆发了。于是，他只好回到家乡当了一名筑路工，同时继续兼任家教，一边挣外快，一边自学数学。

筑路工巴拿赫心高气傲，经常与当地的许多著名数学家面红耳赤地争论问题，可哪知这竟为他引来了自己的人生贵人。大约在1916年的一个夏夜，数学家斯泰因豪斯正在花园中散步时，突然听到两人在大声谈论当时全球数学界最前沿的问题——勒贝格积分问题。斯泰因豪斯既好奇又吃惊，赶紧凑上去看个究竟，想搞清到底是何方神圣在研究如此前沿的难题，结果发现是比自己年轻5岁的穷小子巴拿赫正在那里侃侃而谈，还头头是道。于是，斯泰因豪斯趁机将自己研究了很久而未果的一个傅里叶级数收敛问题告诉了巴拿赫。可哪知几天后，巴拿赫就找到了答案。这再次让斯泰因豪斯大吃一惊。从此，他俩成了朋友和合作伙伴，斯泰因豪斯成了巴拿赫的贵人。第二年，25岁的巴拿赫就与贵人联名完成了一篇论文，这也是巴拿赫的处女作。此文在1919年发表在《克拉科夫科学院会报》上，很快就引起了数学界的关注，从此巴拿赫的命运开始大变。在贵人的帮助下，一年后连大学文凭都没有的巴拿赫被利沃夫工学院破格聘为数学助教，同时他开始准备自己的博士学位论文。1922年，30岁的巴拿赫成功获得博士学位，同时晋升为讲师，次年晋升为副教授。更重要的是，他的博士论文标志着泛函分析学科的正式诞生。不过在未来的20年中，巴拿赫等还将耗费大量精力来完善泛函分析学科，使它最终成为高等数学的一个重要分支。

进入而立之年的巴拿赫终于开始高歌猛进了。他在32岁时当选为波兰科学院通讯院士，35岁时升任正教授，37岁时成为当地排名第二的大教授，同年还创办了泛函分析领域的专门杂志《数学研究》，至今它仍是全球著名刊物。40岁时，他出版了代表作《线性算子理论》，这标志着泛函分析学科已基本成型。44岁时，他应邀在奥斯陆召开的国际数学家大会上做大会报告，这意味着他已成为国际一流数学家。47岁时，他当选为波兰数学会主席，同年出任利沃夫大学校长。

在自己的黄金年代里，巴拿赫依靠特有的科学直觉取得了众多成就，创立了泛函分析学科，而且在教学方面表现突出，撰写了多部很有影响的数学教科书，甚至包括中学教科书。更重要的是，他与贵人一起将一大批波兰青年数学家团结起来，形成了泛函分析领域的一个全球最强学派——利沃夫学派。即使在今天，在几乎所有泛函分析教材中都可随处见到该学派的痕迹。此外，在拓扑学和测度论等领域，该学派也做出了世界一流的贡献。再次出人意料的是，如此著名的学派却完全没有自己的专用办公场地，大家从不在安静的房间里讨论问题，而是故意到喧闹的咖啡馆中相互激发灵感。巴拿赫的大部分时间都泡在咖啡馆里，他经常面对身边的其他数学家侃侃而谈。在他的领导下，大家畅所欲言，尽情爆发各种思想火花，什么问题都敢问，即使不成熟的想法也敢说，高兴时就在桌上或墙上写满数学公式，急得店小二敢怒不敢言。还是咖啡馆老板聪明，赶紧给这批常客奉上笔记本，还帮他们记录了发言内容。于是，这些记录本就形成了今天收藏在巴拿赫国际数学中心的一部被戏称为《苏格兰笔记》的奇书，它见证了当年那段激情燃烧的岁月。

正当利沃夫学派蒸蒸日上时，第二次世界大战爆发，巴拿赫的祖国波兰被希特勒的军队抢先占领，巴拿赫的生活也在瞬间倒退到童年时的惨境。为了生计，他不得不替一家医院饲养寄生虫，协助相关医生研制抵御伤寒的疫苗。1944 年秋天，他的家乡被苏联红军解放，他才又回到利沃夫大学。由于战时物资匮乏和精神上受到摧残，他的健康状况迅速恶化，再加上肺癌侵袭，1945 年 8 月 31 日伟大的数学家巴拿赫与世长辞，年仅 53 岁。

他的贵人斯泰因豪斯在悼文中赞叹道："对波兰人来说，巴拿赫最大的功绩在于他打破了国人在科研方面的自卑心理，他将天才的火花、惊人的毅力与无尽的热情融为一体。"

作为一个纯粹的数学分支，泛函分析其实也相当有用，而在这方面本回配角沃尔泰拉可谓功不可没。他被称为泛函分析的另一位奠基人，虽然他与主角可能压根儿就没见过面，甚至没有书信往来。下面介绍这个比主角还年长 32 岁的配角。

沃尔泰拉的全名叫维托·沃尔泰拉（Vito Volterra）。他在 1860 年 5 月 3 日生于意大利安科纳的一个穷人家中。在他两岁那年，父亲突然去世。从此，他与妈妈相依为命，过着更苦的日子，甚至不得不一度寄居在舅舅家中。后来，他才迁居到都灵和佛罗伦萨，在那里度过了大部分青年时光。

贫寒中的沃尔泰拉非常早熟，11 岁就开始学习贝特朗的《算术》和勒让德的《几何》等数学名著，而且在解决数理难题方面颇具天赋。在 13 岁时，他读完一本科普书《从地球到月亮》后，就试图解决著名的三体问题的一个特例（由地球和月亮构成的引力场中的弹道问题）。更让人惊讶的是，他的求解思路很奇特，还很有效。他将时间分成许多片段，使得每一个片段上的力都近似常数，于是弹道就变成了一系列抛物弧形。在随后的整个科研生涯中，他把这种化整为零的思路发挥得淋漓尽致，特别是在泛函分析的应用方面，这竟成了一个绝招。在没有电子计算机的年代里，该绝招竟屡屡产生了"一招鲜吃遍天"的奇效。

因为家境贫寒，沃尔泰拉的妈妈强烈希望儿子今后经商，但他偏偏爱上了科研。无奈之下，妈妈只好请来了一位当时正担任工程师的远房亲戚，希望这位远亲利用自己在沃尔泰拉心中的崇高地位来说服他回心转意。可哪知这位远亲劝说了一段时间后竟临阵"叛变"，反而极力劝说沃尔泰拉的妈妈允许他献身科研，因为这位远亲发现了他的科研天赋和巨大热情。后来的事实表明，这位远亲果然很有眼光，因为沃尔泰拉成了伟大的数学家，还成了他的女婿。

18 岁时，沃尔泰拉高中毕业后考入佛罗伦萨大学自然科学系，两年后又转入比萨大学，在这里听取了贝蒂和迪尼等人讲授的数学和物理学等课程。起初，他对迪尼的分析学很感兴趣，并在 21 岁时取得了一项重要结果，这后来成为勒贝格研究积分的出发点。后来，他又爱上了贝蒂正在研究的课题，并在贝蒂的影响下开始研究力学和数学物理问题，还在 22 岁时获得了物理学博士学位。

从比萨大学博士毕业后，23 岁的沃尔泰拉留校任教，并担任贝蒂的助手。9 年后，贝蒂去世，32 岁的沃尔泰拉便在主角巴拿赫诞生那年接替贝蒂成为数学物理教授，同年被任命为都灵大学力学教授。8 年后，他被任命为罗马大学数学物理教授，45 岁时还成了意大利参议员。

在第一次世界大战中，沃尔泰拉频繁地活跃在政治舞台上。他在 55 岁时参加了意大利空军的科研工作，协助研制了军用飞艇，率先提出了在飞艇中以氦气取代氢气的方案，从而有效地防止了飞艇的意外燃烧爆炸；57 岁时创立了意大利战时发明办公室，经常往来于英法等国之间，协调各国的战时科研合作。

1922 年 10 月，法西斯分子在意大利取得政权，沃尔泰拉敏锐地发现了危机，果断地以林琴科学院院长的身份签署并公开发表了反对法西斯的《知识界宣言》。当意大利法西斯党魁墨索里尼炮制出所谓的"国家安全法"时，他更是不顾个人安危，极力反对。71 岁时，他因拒绝宣誓效忠法西斯政府而被罗马大学解雇，在次年被剥夺了在意大利科学界的所有会员资格。

不肯屈服的沃尔泰拉从 71 岁起主要在国外活动，相继在法国、瑞士、西班牙、比利时和捷克斯洛伐克讲学。

1938 年 12 月，沃尔泰拉不幸患上静脉炎，但他并未停止科研，直至 1940 年 10 月 11 日逝世于罗马，享年 80 岁。

第五十一回

盖尔范德成就多，自由研讨结硕果

本回主角盖尔范德既是数学界最高奖沃尔夫奖的首届得主，也是稻盛和夫先生捐设的京都奖的得主，还是美国跨领域最高奖项麦克阿瑟天才奖的得主。但如何向普通读者说清他很厉害呢？这还真不容易。因为，第一，他没攻克过什么著名猜想或难题；第二，虽然他的名字用于命名了上百个定理（比如盖尔范德－马祖尔定理、盖尔范德－奈玛克－西格尔定理等），但公众对这些成果的了解很少；第三，他没创立过什么著名的大学科，虽然他确实创立过一些较专业的小学科。比如，他创立了当前泛函分析中最活跃的赋范环论；建立了一般谱论，从而推广并简化了希尔伯特空间的相关理论；开创了作为泛函分析基本工具的 C 代数，使它在量子场论中发挥了重要作用。

不过，盖尔范德确实算得上是一位很有特色的一流数学家。首先，他的成果很多，水平也很高。按著名数学家嘉当的说法，他"堪比希尔伯特和外尔"。实际上，他的研究领域横跨巴拿赫代数、调和分析、群表示论、积分几何、广义函数、微分方程、生物学和生理学等。他发表的高水平论文多达500余篇，编写的教材和专著多达18部。

其次，他的合作伙伴奇多，这在数学界极为罕见。他曾与全球200余位著名数学家有过实质性合作，联名发表的论文超过他所发表的论文总数的90%。他的合作者对他非常满意，高度评价他是课题立项时的"催化剂"（因为他特别善于发现和提出问题）、论文撰写阶段的"救火队"（因为每逢遇到难关时，他都会马上出现并及时出手）、论文初稿阶段的"批评者"（因为他会仔细审查论文，并毫不留情地提出各种批评意见和建议）。

最后，也是最重要的一点是，他具有深刻的洞察力，善于实现跨学科的相互借鉴，善于把表面上看来互不相关的事物融合起来加以提炼和统一；善于将教学和科研紧密结合，对教学充满热情，能将困难问题分解成一系列简单的问题，能将复杂理论讲得深入浅出，能快速有效地启发听众，尤其是能激发青年人产生灵感或提出有价值的问题。他培养了包括他儿子在内的众多优秀数学家，甚至在泛函分析领域形成了一个继承他衣钵的盖尔范德学派。

另外，若从"热闹"而非"门道"的角度来看，当时他的学术地位之高还表现在他曾三次受邀在国际数学家会议上做大会报告。至今能享此殊荣者在全球不超过5位。他称得上20世纪泛函分析领域中最重要的数学家之一。其实，除了学术之外，他的人生经历也很传奇。君若不信，请读下文。

1913年9月2日，在沙俄统治下的乌克兰敖德萨省的一个小镇上的一个小老板家中，诞生了一个今后将成为"北部数王"，准确地说是他那个时代的"苏联数学之王"的大胖小子伊斯拉埃尔·莫伊塞耶维奇·盖尔范德（Izrail Moiseevich Gelfand）。

盖尔范德的童年很幸福，毕竟家里不差钱，父亲的小工厂也很红火。更幸福的是，他在读小学时遇到了一位非常善于鼓舞人心的数学老师，以致他和另外好几位同学都爱上了数学，后来都成了数学家。长大以后，他继承了这位老师的这项本领，将许多青年人都激励成了大有作为的数学家。

但是，幸福中的盖尔范德可能并不知道，他身边的大环境正在发生剧烈变化，并将逐渐对他和他家造成巨大影响。在他 4 岁那年，沙俄政府被推翻；在他 9 岁那年，苏联成立，他的家乡也被并入苏联。他父亲的小工厂被强行没收，家产被查抄，经济上瞬间跌入谷底，全家人不得不背井离乡。父母失业，根本找不到工作，本来学习成绩奇好的他被所在中学开除。

盖尔范德在辍学期间到处收集别人扔掉的中学课本，完全没连贯性地疯狂自学所有能找到的各种书籍。哪知此举竟练就了他的一项特殊本领，那就是能将许多完全无关的知识联系起来，最终用它山之石来攻玉。难怪他后来能同时钻研那么多不同的数学分支并完美地将它们融为一体。其实，刚开始时，他也想系统地学习前人的知识，但家里太穷，买不起书，更不可能成套购书。虽然他多次恳求父母买书，但都始终无果。有一次，他的阑尾炎急性发作，必须马上手术，否则将危及生命。于是，他灵机一动，赶紧要挟父母买一套高等数学教材，否则拒绝做手术。情急之下，父母只好咬牙同意，可交完手术费后才发现除去最基本的饭费外，确实买不起一整套书了。最后，他总算买回了那套教材中的第一本。于是，这段住院时间就成了他少年时期少有的幸福时光。他在医院中只用了 9 天时间就学完了这本书，掌握了书中的内容，还独立推导出了几个重要公式。从此，他对自己的数学天赋的信心大增。

据盖尔范德自己的回忆，他的数学研究能力大约在 13 岁时就已显现，他在 15 岁就学会了用级数计算正弦，后来开始形成自己的数学研究风格。他选择课题的原则并非知识间的常规逻辑关系，而是一种"只能意会而不能言传"的数学艺术关联性。在旁人看来他研究的那些毫不相关的课题间其实存在某种统一的艺术之美。成名后的他曾颇有感触地回忆说："过去我也像别人一样，把数学分割成代数、几何和分析等，但后来我发现数学各分支间的壁垒纯属多余，整个数学完全可以融为一体。再后来，我更发现其实数学和物理等也可融为一体。"伙计，你也许暂时很难理解他说的这段话，但至少别再将各个数学分支间的区别看得太重，没准儿哪天你也会突然发现，原来从某个角度看，曾经有天壤之别的不同学科的知识原来只是同一事物的不同方面而已。

后来，生活越来越难。在盖尔范德 16 岁那年，父亲终于做出一个后来证明是非常英明的决定，全家人不计后果迁居莫斯科，投靠一个远亲。刚到莫斯科时，生活更难，父母仍找不到稳定的工作，经常失业。非常幸运的是，盖尔范德阴差阳错地在莫斯科大学图书馆找到了一份杂活，负责检查图书破损情况。这对爱书如命的他来说，无异于天上掉馅饼。于是，他成天泡在书堆里，知识水平迅速提高。更可喜的是，他在这里结交了不少大学生朋友，并在他们的帮助下旁听了莫斯科大学的多门课程，还参加了多个数学讨论班，充分体验了研讨班的魅力。后来，他一有条件就立即创办了自己的研讨班。经过一年多的蹭课后，18 岁那年他竟受聘为一所夜校的老师。

后来，从未读过大学甚至连中学都未毕业的盖尔范德在 19 岁那年考入莫斯科大学读研究生。在导师柯尔莫哥洛夫的指引下，他有幸进入了新兴的泛函分析领域，懂得了"数学家应该首先成为哲学家"的道理。20 岁那年，他更有幸成为莫斯科大学的一名老师，从此彻底摆脱了经济上的困境，开始全身心地投入数学研究。他在 22 岁时获硕士学位，27 岁时获博士学位。至此，他的数学水平已经相当了得。比如，他仅用两页纸就建立了赋范环论的基本框架，仅用 5 行字就证明了"控制论鼻祖"维纳当初长篇大论才证明了的一个著名定理。这些成就不但体现了他"大事化小，小事化了"的超强数学能力，还充分显示了他创立的赋范环论的威力，引起了国际数学界的极大兴趣。坊间流传着这样一个笑话：盖尔范德根本不能解决任何困难的数学问题，他只能将它们先转化成简单的问题，再用很简单的方法加以解决。

由于接二连三地取得了突出成就（这里不再描述他的相关成就的具体内容了，否则会吓跑大部分读者），盖尔范德在 30 岁那年被破格晋升为莫斯科大学教授。此后，他的科研策略发生了重大转变。原来蹭课时的研讨班情结早已在他的心中播下了种子，一旦时机成熟，就开始生根发芽。于是，他在第一时间尽全力创办了一个传奇式的、持续时间长达半个多世纪的数学研讨班，他后来的合作者都是该研讨班的学员。也正是这些来自不同国家的个性鲜明的学员组成了后来在数学界举足轻重的盖尔范德学派，将其学术风格和思维方式传遍了全世界并产生了长期影响。他组织的研讨班非常活跃，既有宏观的前沿趋势预测，也有具体的实例分析；既有模糊的想法，又有清晰的建议，当然也不排除成员间的各种嘲笑和争执。事实多次证明，经过一段时间的头脑风暴后，研讨班的许多思想都会产生奇效。

至于该研讨班到底是什么样子？这还真难描述。用他自己的俏皮话来说，该讨论班面向普通的中学生、良好的本科生、优秀的研究生和杰出的教授。坊间戏称该研讨班是数学界的证券交易所，全球各地的数学家都蜂拥到这里来寻求知音或接受批评指正；该研讨班是年轻科学家的培育园，因为这里拥有浓厚的学术研讨氛围，青年们在这里相互启发，相互帮助，并很快走向成功；该研讨班是如何思考数学的示范地，因为在这里每个人既是老师也是学生，各种思考方式都在这里亮相，大家有足够的机会取长补短；该研讨班是能人的舞台，因为这里能为你提供展示才华的舞台，无论你有多大本事都可以在这里发现"山外有山"。

至于大家前来参加该研讨班的目的嘛，也是千奇百怪。有些人是来听盖尔范德讲笑话的，因为他非常幽默。比如，当大家争论失控开始大吵大闹时，他就会风趣地说道："各位，想得菲尔兹奖者请轻声讨论，否则就尽情吵吧。"果然此招很灵，现场瞬间安静。另一些人参加研讨班是想来获取最新的论文预印本，抢先了解国际数学界的前沿动态，毕竟从预印本到论文正式发表通常还需几个月甚至更长的时间。当然，绝大部分人前来参加研讨班是被盖尔范德的魅力所吸引，想来欣赏他的才艺，看看他如何用最简单的方法解决最复杂的数学难题。

至于该研讨班到底培养了多少人，这恐怕谁都不知道。在半个多世纪里，它完全是开放式的，任何人都可以自由来往而不受限制。

76 岁那年，早已功成名就的盖尔范德经深思熟虑后，再一次做出重大决定，带领全家移居美国。他先在哈佛大学和麻省理工学院待了一段时间，然后前往罗格斯大学担任终身教授。

2009 年 10 月 5 日，盖尔范德在美国安然去世，享年 96 岁。

第五十二回
纳什均衡创未来，美丽心灵护天才

约翰·福布斯·纳什（John Forbes Nash）是一举获得第 74 届奥斯卡金像奖中 5 个小金人的电影《美丽心灵》中男主角的原型，也是 1994 年诺贝尔经济学奖得主，还是 2015 年阿贝尔奖得主。他于 1928 年 6 月 13 日生于美国西维吉尼亚的一个小康之家，是家中的长子，还有一个比他小两岁的妹妹。爸爸是一位电气工程师，在第一次世界大战时曾在法国军队中担任过后勤中尉；妈妈出身于名医之家，受过高等教育，性格开朗，乐观自信，见多识广，还有丰富的旅游经历。妈妈早年曾患过猩红热，以致一只耳朵完全失聪。妈妈在婚前是一位小学老师，婚后按当地习俗做了家庭主妇。

纳什的童年很幸福，常到外婆家串门，特别喜欢听外婆在客厅里弹奏钢琴，还常趴在收音机前听古典音乐。妈妈和爸爸对他更是呵护有加。也许是出于教师的天性，妈妈对他的教育格外关心，早在他上幼儿园前就开始亲自教育他。爸爸喜欢和他分享科技知识，耐心回答他提出的各种奇怪问题，还给他买回不少科普书，使他学到了许多知识，还让他爱上了电学和化学实验。他喜欢在人前卖弄自己的得意实验。纳什本来有许多童年玩伴，但他很内向，甚至有些孤僻，存在明显的社交障碍。他总喜欢独自看书和玩耍。为了弥补儿子的这一性格缺陷，父母绞尽脑汁，敦促他参加童子军、舞蹈学校和礼仪训练班等，甚至鼓励他妹妹帮他找女友，带他游玩。后来的事实表明，这些努力都没啥效果。

纳什虽很内向，但很调皮，尤其喜欢做恶作剧，偶尔也很过分。他常用古怪的漫画丑化男同学，用恐怖的小动物吓哭女同学。有一次，他做了一把摇椅，在通电后骗妹妹坐下，幸好被聪明的妹妹及时识破，否则后果不堪设想。还有一次，他在化学实验课上突然引爆自制的"小炸弹"，结果被校长狠狠地训了一顿。更有一次，他和几个男孩违犯宵禁令，结果被警察逮住，害得父母赶紧去领他回家。甚至有一次，他与几个调皮蛋配制炸药时发生意外，一个男孩被炸身亡，纳什也被吓个半死。

纳什很聪明，好奇心也很强，但并无神童表现。小学时，他的成绩并不好，常被老师归类为低智商学生，特别是他的"不良习惯"更是被批评的重点，因为他做作业时总喜欢特立独行，不按老师讲授的技巧解题。刚开始时，父母对此非常忧虑，曾多方设法纠正，结果收效甚微。后来，妈妈经过认真分析后，反而对儿子的这种"不良习惯"充满信心，因为这其实体现了儿子独辟蹊径的数学才华。随后的事实证明了妈妈的英明。进入高中后，纳什经常能用简单的几句话替代老师的长篇大论。后来他的代表性成果纳什均衡定理也是对计算机之父冯·诺伊曼的长达两千多页的博弈论的高度凝练。实际上，纳什不但从内容上扩展了冯·诺伊曼的博弈论，而且从形式上实质性地精简了博弈论，将它归纳为区区一个定理。书中暗表，一项科学成果是否厉害，并不是看它有多复杂或著作有多厚，有时反而越简单、精练才越厉害。比如，爱因斯坦相对论的核心只有一个质能转换公式，香农信息论的核心也只有一个信道编码定理。经过纳什凝练后，博弈论的核心也只剩下纳什均衡定理。因此，我们最近创立的安全统一基础理论"安全通论"的最高境界也该只是一个定理，也需另一个"纳什"来高度浓缩，而不该是一部厚厚的著作。

纳什在 13 岁左右偶然读到了一本类似于本书这样的《数学大师传》，它由麻省理工学院的数学家贝尔撰写，讲述了从芝诺到庞加莱 34 位数学家的故事。与本书类似，这些小传虽不够精确，但生动有趣，充分体现了数学家们的非凡活力和冒险精神。这本书甚至暗示，某些艰辛的数学难题可能被少年爱好者解决。这强烈激发了纳什的热情和好奇心，使他突然发现了数学之美。后来，他果真成功地解决了该书中提到的一个小问题，更使他对数学的信心大增。不过，此时的纳什并未打算成为数学家。在高中的最后一年里，在父母的安排下，他在一所大学业余选修了几门数学课。

高中毕业后，17 岁的纳什获得一份全额奖学金，进入卡耐基梅隆大学攻读化学工程专业。哪知此时的他却意外展现了数学才华，在大三时就同时被哈佛大学、普林斯顿大学、芝加哥大学和密执安大学录取为研究生。各校争先恐后地为他提供优越的条件，欢迎这位未来的数学家早日加盟。普林斯顿大学更主动，数学系主任亲自给还在犹豫中的纳什写信，向他描述了美好前景，还抛出了诱人的"绣球"，承诺马上给他提供高额奖学金。于是，在物质加精神的鼓励下，再加上离家更近，纳什揣着大学老师写的一封 5 字推荐信（"此人是天才"）来到了被称为"宇宙数学研究中心"的普林斯顿大学，来到了偶像爱因斯坦当时生活的地方，并真的有幸与偶像交流了一个多小时。可惜，在耐心听完纳什的神侃后，爱因斯坦泼出了一盆凉水："你最好先学点物理基础知识。"短短两年后，纳什在 22 岁时完成了一篇只有区区 27 页，也许是历史上最短和最牛的博士论文。此文一经发表立即引起轰动，不但让纳什顺利获得博士学位，还打开了博弈论在经济、政治、社会乃至生物演化等领域应用的大门，更让纳什在44年后获得了诺贝尔经济学奖。

纳什是如何完成博士论文的呢？嘿嘿，这又是一段传奇故事。原来他几乎不看书，也很少上课，还显得很傲慢，眼中根本没有权威，甚至声称"过度学习二手知识可能损害创造力和独创精神"。但他经常参加各种学术前沿讲座，经常在教授休息室里缠着著名教授争论问题。他随时都带着笔记本，随时用自己发明的"火星文"记录各种想法和灵感。更多的时候，他喜欢独自思考、散步、骑车，或躺在图书馆的地板上闭目养神，甚至一躺就是一整夜，高兴时还旁若无人地吹口哨，害得管理员不得不多次出面提醒。在读博士期间，纳什还获得了另一项额外成果，发明了一种深受数学系师生欢迎的、暗藏玄机的六角棋，馋得包括菲尔兹奖得主在内的多位著名数学家排队要与他"大战八百回合"。原来这些数学天才都是棋类高手，但每次与纳什对垒时都败得莫名其妙。他们越败就越不服气，越不服气就越要找他挑战，越挑战就败得越惨。直到棋迷们都对他崇拜得五体投地时，纳什才公布了自己的奥秘。原来表面上看去简单明了且公平公正的六角棋其实可用博弈论严格证明：谁先走棋谁就赢。

博士毕业后，纳什旋即被号称"美国智库"的兰德公司招至麾下，因为该公司正在研究美苏冷战，而纳什擅长的博弈论刚好能派上大用场。可仅仅一年后，纳什就觉得此类研究不够刺激，于是他在23岁时又回到学术界。他先在普林斯顿大学待了一年，但因其性格过于古怪，没能获得教职。有教授担心他无法与学生和平相处。后来，他在24岁时前往麻省理工学院数学系任教。从此，在本来就盛产奇葩的麻省理工学院又多了一个奇葩，还是奇葩中的奇葩。纳什在学术方面的奇葩事自不必说，因为他很快就进入另一个更纯粹的数学领域——代数几何学，并取得了一系列传奇式的成果，包括一项被认为是"20世纪几何分析理论中最具原创性"的成果。纳什在教学方面的奇葩事也不必说，一是因为太多，二是因为太传奇，反正是集古怪、偏执、傲慢为一体。无论是讲课、考试或与学生相处，他的做法都与众不同，甚至完全背离传统。限于篇幅，下面只重点介绍他在生活中的奇葩事。

从外貌上看，纳什绝非想象中的邋遢书呆子数学家，而是男神级的英俊帅哥，他的身高达 1.85 米，体重 77 千克，长着一副标准的皇室面孔，惹得姑娘们目不转睛。刚到麻省理工学院后，他便在校医院中邂逅了一位美丽的小护士。在 25 岁那年，他与这个小护士生了一个儿子。1955 年，他的一位漂亮女学生艾里西亚·拉迪向他发起爱情攻势，赢得了他的心。1956 年某一天的晚上，那个小护士突然发现了拉迪的存在，便向纳什的父亲举报。父亲当然站在小护士一边，希望儿子赶紧成婚，给孙子一个完整的家。可就在这个关键时刻，父亲突然去世。于是，纳什在 1957 年将拉迪娶回了家。

婚后几个月，纳什就出现了精神失常症状。他一会儿身着婴儿服参加新年晚会，一会儿又说自己是上帝的左脚，一会儿给各国驻美使馆去信，声称自己正在组建南极政府，想跟大使们聊聊。当年秋天，30 岁的纳什取得麻省理工学院终身职位，拉迪也怀了孕。此后，他很快就因幻觉被确诊患有严重的精神分裂症，接着就是频繁的诊治和复发。他甚至多次被强制送进精神病院。1960 年夏天，目光呆滞、蓬头垢面、须发丛生的纳什光着脚在大街上奔走，吓得行人大呼小叫，唯恐躲之不及。本来 1962 年的菲尔兹奖及某年的诺贝尔奖都非他莫属，但考虑到他当时已精神失常，评委们最后只好忍痛割爱。这样，纳什几乎被学术界遗忘了，而且这一忘就是近30 年。

大家虽然忘记了纳什之人，但并未忘记他的成果。也正是因为他的成果在经济等领域发挥了越来越重要的作用，所以当他的健康状况好转后，人们便理所当然地将本该属于他的许多奖励都颁发给了他。

妻子始终没忘记自己一直崇拜着的丈夫，始终竭尽全力照顾他，用自己的瘦弱之躯支撑着这个摇摇欲坠的家庭。后来，纳什的癫狂症状越来越严重，越来越难以捉摸。他对妻子也越来越冷漠，甚至威胁要伤害她。为避免纳什意外伤及自己的儿子，拉迪不得不在 1963 年与纳什离婚。当然只是形式上的离婚，她并未放弃前夫，而是依靠自己的微薄收入和亲友们的接济来继续照料前夫和他们唯一的儿子。1970 年，纳什的妈妈去世了，纳什的妹妹又怀孕了，纳什再也没人照顾了。为避免纳什再次被送入精神病院，拉迪毫不犹豫地将前夫重新领回了家，让他留在普林斯顿接受精心照料。书说简短，精神严重失常的纳什就这样被拉迪精心照料了 30 年。

苍天有眼，后来纳什渐渐康复。他先是能听讲座了，后又能与人讨论了，接着能外出旅行了，最后终于从疯癫中苏醒了。于是，人们赶紧将早已迟到的诺贝尔经济学奖颁发给了他。更可喜的是，康复后的纳什与拉迪重新恋爱，终于在 2001 年正式复婚了。

2015 年，挪威皇室决定将当年的阿贝尔奖颁发给纳什。当纳什夫妇兴高采烈地领回大奖。在 2015 年 5 月 23 日，他们乘出租车从机场载誉回家时，却不幸遭遇车祸。伟大的数学家和经济学家纳什与他的太太拉迪双双遇难，分别享年 86 岁和 82 岁。

唉，这对不求同年同月同日生的患难鸳鸯终于求得了同年同月同日死。安息吧，纳什拉迪夫妇！

第五十三回
科普明星加德纳，趣味数学称老大

伙计，提起本回主角加德纳，你也许较陌生，但近百年来这个名字在美国是家喻户晓，连续影响了数代美国人。他的肖像经常刊登在著名大众杂志的封面上，他还被誉为"美国的国家财富""美国当代最伟大的数学科普作家""20世纪美国最伟大的智者之一""数学魔术师"等。2005年，位于好莱坞的一个魔术学院还煞有介事地授予了他"魔术终身成就奖"。他的趣味数学作品经久不衰，诸如《啊哈！灵机一动》《啊哈！原来如此》和《从惊讶到思考：数学悖论奇景》等书籍被翻译成包括中文在内的多种文字，深受数学爱好者喜欢，甚至数学家也为之着迷，对之肃然起敬。

从严格意义上说，加德纳其实并非数学家，因为他既没从事过专业数学研究，没发表过前沿数学论文，也没当过数学教授，更没获得过数学专业的任何学位，虽然曾有人建议授予他名誉数学博士称号。直白地说，他压根儿就没接受过任何正规的高等数学训练。但他对数学发展的影响不亚于许多著名数学家，因为任何数学题材都能被他写得雅俗共赏，妙不可言。他能将数学的魔力发挥到极致，将许多抽象而深奥的数学问题变得易读而有趣。他给出的许多重要而奇妙的数学谜题让大家不再害怕数学，不再觉得数学乏味，反而为之着迷，为之疯狂，甚至从此爱上数学，迈入数学殿堂。因此，我们为他写小传时将不再限于介绍他的生平事迹，因为他的趣味数学作品其实更精彩。

比如，请他给你变一个他在 1994 年设计的数学魔术：无论你有多少岁，请你先写出你的出生年份，然后将该年份与你随意选取的另一个年份数相加，再加上 1994 年时你的年龄，最后加上你刚才随意选取的那个年份到 1994 年的年数。此处约定，1994 年之前是正数，1994 年之后是负数。请问最后的结果是多少？嘿嘿，无论你多大，无论你随意选取的年份是哪一年，最终答案都只有一个，那就是 3988！例如，若你是本回主角，那么你的出生年份就是 1914 年；若你随意选取的是 2020 年，那么你的出生年份加上所选年份就是 1914+2020=3934，而 1994 年时你的年龄是 80 岁，所选年份到 1994 年的年数为 -26，于是 3934+80-26=3988。怎么样，神奇吧！当然，若你愿意的话，只需运用代数知识演算一下，就能发现其中的奥秘。比如，你完全可以将年份的四位数改成任何一个多位数，1994 和 3988 也可换为其他相应的整数。

又如，请加德纳再给你变一个能展示运筹学玄机的烤肉数学魔术。假设你有三片肉和一副每次只能烤两片肉的烤架，肉片的每一面都得烤够 10 分钟才能吃。请问如何在最短时间内把三片肉烤好？办法一：每次烤一片肉的一面，则共需烤 6 面，耗时 60 分钟。这当然不是最佳办法。办法二：先同时烤两片肉的正反两面，需要 20 分钟。再烤第三片肉的正反两面，又需 20 分钟，总计 40 分钟。这是最佳办法吗？当然不是，因为还有更好的办法。办法三：设三片肉的正反两面分别是 A、a、B、b、D、d，于是最佳烤肉步骤就是先花 10 分钟同时烤 A 和 B，再花 10 分钟同时烤 a 和 D，最后再花 10 分钟同时烤 b 和 d，总共用 30 分钟就能完成任务。

再如，请加德纳给你变个"天狗吃日"的数学魔术，这样你就可以名正言顺地偷懒，拒绝干任何自己不想干的事情，因为你可以向老师证明"自己早已没时间了"。你看，每天得睡 8 小时吧，于是每年就睡掉 122 天。周末又该休息吧，于是每年又休息掉 104 天的周末。寒暑假和其他节假日该休息吧，于是又占掉 60 天。每天吃饭得花去 3 小时吧，于是每年至少又得用掉 45 天。每天娱乐 2 小时不算多吧，于是每年得娱乐 30 天。最终，将上述用掉的天数加起来，122+104+60+45+30=361 天。此外，每年再生病卧床 4 天不多吧，于是一年 365 天就全被用光了，当然就没时间干别的事情了！其实，该魔术揭示了统计学中常见的重复分类诡辩。

伙计，也许你曾见过上述几个魔术，但你知道它们的设计者是加德纳吗？其实，加德纳笔下的数学题不仅蕴藏着深奥而广泛的数学原理，也包含巧妙的思维方式。它们仿佛具有魔法，甚至能化腐朽为神奇。比如，他曾给出过这样一道趣味数学题。假设有 37 名选手参加乒乓球单打赛，每场比赛的输家被淘汰，赢家进入下一轮比赛。如果当前一轮比赛的选手数量为奇数，就让其中一名选手轮空。如此下去，直到决出最后的冠军。请问一共需要打多少场比赛？

伙计，你也先想想，看看该如何解决这个问题。一般人很可能会给出如下常规解法，即采用这样的列举方法：第一轮中有 1 名选手轮空，剩下的 36 人分成 18 组彼此单打，从而需要 18 场比赛。因此，进入第二轮比赛的选手数量就是 19 名，此时让 1 位选手轮空，将剩下的 18 位选手分为 9 组进行单打，从而又需要 9 场比赛。因此，进入第三轮的选手数量就是 10 名，又需要进行 5 场比赛。因此，进入第四轮的选手数量就是 5 名，让其中 1 人轮空，剩下的 4 人分成两组进行单打，从而需要 2 场比赛。因此，进入第五轮的选手数量就是 3，让 1 人轮空，从而又需要 1 场比赛。最后进入第六轮的选手数就只有 2 人，他们通过最后一场比赛决出冠军。总之，最终所需要的比赛场数等于 18+9+5+2+1+1=36。

伙计，上述常规解法虽然正确，但谈不上有趣。而加德纳给出的真正有趣的解法是：不管怎样比赛，最终只有一人获得冠军，这说明有 36 人被淘汰，而每场只能淘汰一人，所以共需进行 36 场比赛。

加德纳的数学魔术还有更多，但本回毕竟只是传记，所以现在该请他本人登场了。

加德纳的全名是马丁·加德纳（Martin Gardner）。他在第一次世界大战爆发那年的 10 月 21 日生于美国俄克拉荷马州塔尔萨，父亲是一位酷爱魔术的地质学博士。加德纳从小就格外机敏聪慧，喜欢各种谜题、魔术和智力游戏。他的思维也与众不同。早在上小学时，有一次老师在讲台上一字排开放了 10 个杯子，其中左边的 5 个杯子中有水，右边的 5 个杯子空着。老师先问：若只准动 4 个杯子，如何让这 10 个杯子变成空杯和装有水的杯子相互交错排列。许多同学都顺利完成了任务，因为只需将 2 号杯与 7 号杯互换，然后将 4 号杯与 9 号杯互换就行了。老师又把这些杯子放回原来的位置，然后加大难度问：若只准动两个杯子，如何才能达到相同的目的？良久，教室里鸦雀无声。伙计，你也想想，看看该如何完成任务。哈哈，没办法吧！加德纳给出了答案。只见他拿起 2 号水杯，把里面的水倒进 7 号空杯，然后将 2 号空杯放回原处；再拿起 4 号水杯，把里面的水倒进 9 号空杯，然后将 4 号空杯放回原处。结果，这 10 个杯子就再次形成了水杯和空杯交错排列的模式。哈哈，妙吧！

又有一次，老师拿出 3 个空杯和 10 颗豆子，问道：如何将这 10 颗豆子分别放进这 3 个空杯中，使得每个杯子里的豆子都是单数？伙计，你也再试试，看看该咋办。按传统思维放置这些豆子肯定不行，因为三个杯子中的单数豆子相加，仍将是单数，不可能是双数 10。咋办呢？必须脑筋急转弯。加德纳的做法是：分别将 5 颗豆子放入两个杯子中，再将其中一个杯子套在第三个杯子中。这样每个杯子中都有单数颗豆子了。怎么样，加德纳确实是智力游戏高手吧。

加德纳非常理智，从不迷信任何权威。上大学前，他曾坚信上帝在 7 天之内创造了世界，但在大学期间，经过科学推理，他发现创世论不够严谨，从此就不再信教了。22 岁那年，他从芝加哥大学哲学专业毕业，获得学士学位。他在家乡当了一名记者，后来又回母校公关部干了一段时间。25 岁那年，第二次世界大战爆发，他加入美国海军，以随军记者身份采访过印度、菲律宾、土耳其以及中东和近东的许多国家。战后，他神思泉涌，博闻强记，成了一名自由撰稿人，开始表现出很高的才华。

加德纳还能将自己的缺点巧妙地转变为优点。比如，他本来对高等数学的严密逻辑体系一窍不通，反而因此减少了思维限制，更能让枯燥的数学变得生动有趣，更能用通俗的语言讲授高深的知识，更能贴近大众。此外，他也能将自己的优点发扬光大。比如，他的魔术功底很强，还有许多魔术师朋友，所以他就在数学科普中刻意增强魔幻意境，让读者备感神奇，从而使数学和魔术相互促进（在魔术中巧用数学，在数学科普中巧用魔术）。在 42 岁那年，他甚至撰写了一本数学魔法书，名叫《数学、魔术和神秘》。结果，该书大受欢迎，至今仍是魔术界的经典之作，更将数学的魔性表现得淋漓尽致。

也是在他 42 岁那年，美国著名科普杂志《科学美国人》开设了一个名叫《数学游戏》的专栏。加德纳被推荐为该专栏的主持人。从此以后，他就走上了趣味数学的快车道，许多稀奇古怪的想法就以数学游戏和魔术的形式喷涌而出。他的趣味数学问题本身虽不高深，但总能引出许多高深的数学前沿理论，如数列、群论、微积分、拓扑学、概率论等。据不完全统计，他从 1957 年在《科学美国人》上发表第一篇文章起，直到 1981 年，他共为该专栏撰写了 200 余篇趣味数学文章，有的是数学谜语，有的是对数学定理或猜想的故事性解析，有的则是让人兴趣盎然的脑筋急转弯。总之，在他的主持下，《数学游戏》栏目竟成了《科学美国人》最热门的栏目之一，加德纳也因此奠定了自己在趣味数学领域的王者地位。从 1993 年起，全球数学爱好者发起了一个以他的名字命名的盛会，名叫"加德纳聚会"。该盛会每两年举办一次，来自全球各地的趣味数学爱好者在会上各显神通，或展示新创的数学谜题，或挑战彼此发明的智力游戏，玩得不亦乐乎。

除主持《数学游戏》栏目外，加德纳还出版了上百本风靡全球的数学科普著作。比如，他详细注解了自己从小就喜欢的世界经典名著《爱丽丝梦游仙境》和《爱丽丝漫游奇境》，全面破解了书中的奇思妙想、数学谜语和文字游戏等，甚至挖掘出了若干隐藏在文字背后的密码，最终出版了自己的名著《注释本爱丽丝》。

除科普外，加德纳还坚决反对伪科学，甚至出版了一本名叫《狂热与谬论：以科学的名义》的图书，全面批判当时美国流行的伪科学。他还与其他几位著名科普作家一起创立了一个特别机构，用科学手段揭露伪科学的造假行为。比如，他充分发挥自己的魔术特长，让不少"具有特异功能者"当场现丑。他在《矩阵博士的魔法数》一书中，巧妙运用数学手段破除了人们对数字的种种迷信。

哦，对了，加德纳其实是一个羞涩而低调的人。他的作品虽带领读者在世界各地神游，但他本人是标准的宅男，很少出门。不过，他的兴趣非常广泛。他既喜爱哲学，又热衷于舞台魔术表演。他终生都未停止过数学科普工作，甚至在 90 岁高龄时还在写文章。虽然他的名气很大，但在数学界没有真正的学术地位。对此，他非常坦然，说道："我读大学时就决定要成为一名科普作家，我对这个决定从未后悔。"

2010 年 5 月 22 日，加德纳安然去世，享年 95 岁。唉，其实中国也需要像加德纳这样的世界级数学科普大师。

附录 1

非数学超级并行计算浮想

本文试图利用非数学的常识方法来快速解决图论中的几乎所有算法问题，至少是文献 [1] 中的几乎所有问题。有些计算已经可以实操，有些计算（特别是涉及 NP 完全问题的计算）还只是处于思想实验阶段。

（一）前言

如果永远采用冯·诺伊曼体系结构，人工智能的最大瓶颈之一肯定是"算力"不足。比如，无论研制出多么强大的超级计算机，它们在 NP 完全问题面前都会无能为力，除非研制出新型超级并行机。这里的"超级并行"意指并行度达到指数级，而非现在通行的不超过线性级的并行算法或并行机。

目前在研的超级并行机主要有两类：其一是以量子计算为代表的新型计算机，它们不是本文的关注点；其二是以 DNA 计算机为代表的新型计算机。从理论上看，后者的超级并行度可以轻松达到指数级。比如，试管中的每个细菌都可以看成一台 DNA 计算机，于是小小一试管细菌汤就可以包含数亿亿台计算机。如果待计算的问题还需要更多的计算机，那么办法很简单，只需要再加一勺细菌汤就行了。因此，无论待计算问题多么复杂，其所消耗的时间大致相同，最多只是线性增长。可惜，由于目前基因工程的水平有限，准确地说是基因片段的测序、切割和链接等能力有限，目前 DNA 计算机只能解决一些小参数问题，比如 7 个顶点的哈密顿圈问题等。而针对大参数的计算问题，DNA 计算机还处于思想实验阶段。因此，我们不打算受限于 DNA 计算机，而是想针对图论中的几乎所有算法问题（比如文献 [1] 中的图论算法问题），给出相应的常识性非数学解法，毕竟"不管黑猫白猫，抓住老鼠就是好猫"，何必非得动用数学算法，非得借助图灵机，非得绑定现成的电子计算机呢？下面之所以要试图解决"几乎所有图论算法"，其实是因为我们想表明：用非数学超级并行思路来解决数学问题具有一定的普适性，并非只是"瞎猫碰到死老鼠"。

（二）常见图论算法的非数学超级并行计算

问题 1：求无向图的连通分支（见文献 [1] 的第四章）。

前人的工作与解释：一个图的所谓连通分支，其实就是该图的一个最大连通子图，在子图中任意两个顶点之间都有可达路径。为了寻找图的所有连通分支，前人主要给出了三种算法：其一，以 BFS 为代表的搜索算法；其二，基于图的邻接矩阵的传递闭包算法；其三，由希施贝格提出的顶点倒塌算法。我们不想复述前人的这些高大上的算法，只是想给出几种既能解决问题又是任何人都能学会的、基于超级并行计算的"傻瓜方法"。

问题 1 的非数学超级并行计算：假设目标图是一个实体图，计算者只需随便拎起该图的某个顶点或边，然后抖一抖就能找到该图的一个连通分支。对于图中其余未被拎起来的部分，重复上述操作就行了，直到最终目标图的所有部分都被拎完为止。这种傻瓜计算方法的超级并行性主要体现在力的并行传递上，即众所周知的"纲举目张"。其实，这种超级并行性还可以有多种物理解释。比如，假设目标图的边是透明的玻璃管，结点也是与玻璃管接通的接口，于是只需对准任何一个接口挤进足够多的牙膏，那么牙膏被挤满的部分就是连通子图。又如，假设目标图是一个电网，每个结点上都有一个电灯，于是只需在任何一个结点上通电，亮灯部分的子图就是一个连通子图。显然，上述牙膏和电流的流动都是超级并行的，所以才能使得相关的计算变得轻而易举。为了更加形象，下面将电流想象成一种等速"电蚂蚁"，它们在构成图的透明玻璃管中只前进而不后退（到达死胡同的终点后就原地踏步），而且每到达一个结点时，就会像孙悟空那样摇身一变，分身出若干个替身，使得前进途中的每个管道中都有一个替身在继续向前爬行。下面我们将给这种超级并行的"电蚂蚁"增添各种新功能，并让它们完成相关的图论算法。比如，在问题 1 的目标图的玻璃管实体中放入一只这样的"电蚂蚁"，于是足够长的时间后，挤满"电蚂蚁"的部分就是该图的一个连通子图。

问题 2：在一个包含 N 个顶点的无向连通的边加权图 G 中，寻找一棵生成树，使其权值最小（见文献 [1] 的第五章）。

前人的工作与解释：图 G 的生成树就是由 G 的边所构成的包含 G 的所有顶点的树。为了不出现多棵生成树，前人假定每条边的加权值各不相同。前人给出的解决问题 2 的高大上的算法至少有著名的 Sollin 算法、Prime-Dijkstra 算法、Kruskal 算法，以及它们的各种并行扩展等。反正，若不仔细推敲，即使图论专家也会被这些算法搞得晕头转向。不过，下面给出的傻瓜方法一目了然。

问题 2 的非数学超级并行计算：仍然用图 G 的透明玻璃管实体来考虑，用 V 表示该图的顶点集。假定边的加权值用边的长度来代替，于是连通图 G 的各边的长度互不相同。现在随便选定一个顶点接口 v_0，并由此放入上述的一只等速的、分身有术的"电蚂蚁"，然后架设一台录像机，全程记录整个图中"电蚂蚁"的运动情况。当有"电蚂蚁"爬过最后一个结点 v_1 时（此时图的所有其他结点都曾有"电蚂蚁"爬过），立即停止录像。然后回放录像，追踪爬向 v_1 的"电蚂蚁"的行踪。如果"电蚂蚁"只是从一条边上最先到达 v_1，那么就保留这条边，同时去掉与 v_1 相连的所有其他边。如果有"电蚂蚁"从多条边上同时到达 v_1，那么就保留其中最短的那条边，同时去掉与 v_1 相连的所有其他边。将切掉上述相关边后所得到的图记为 G_1。

仍然回放上述录像，当有"电蚂蚁"爬过 $G_1 - \{v_1\}$ 的最后一个结点 v_2 时，在图 G_1 中追踪爬向 v_2 的"电蚂蚁"的行踪。如果"电蚂蚁"只是从一条边上最先到达 v_2，那么就保留这条边，同时去掉与 v_2 相连的所有其他边。如果有"电蚂蚁"从多条边上同时到达 v_2，那么就保留其中最短的那条边，同时去掉与 v_2 相连的所有其他边。将 G_1 切掉上述相关边后所得到的图记为 G_2。

继续回放上述录像，考察"电蚂蚁"爬过 $G_2 - \{v_1, v_2\}$ 的最后一个结点的情况，并按上述办法切掉相关边后得到图 G_3。依次类推，最终得到的图 G_N 就是所要寻找的图 G 的权值最小的生成树。

问题 3：寻找最短路径（见文献 [1] 的第六章，包括以下两个问题：3.1 单源最短路径，即寻找从一个指定顶点到所有其他顶点的最短路径；3.2 给定任何一对顶点，寻找这对顶点之间的最短路径）。

前人的工作与解释：解决该问题的算法至少有著名的 Dijkstra 算法、Broadcast 算法、Floyd 算法等，它们的细节详见文献 [1] 的第六章。不过，下面我们将给出另一种"傻瓜方法"。

问题 3 的非数学超级并行计算：为了更加形象，仍然用边的长度来代替边的权值。于是，针对单源最短路径问题，只需在那个单源点放入一只

"电蚂蚁"，然后全程录像记录"电蚂蚁"首次到达各个结点的时间和行踪就行了。因为最短路径的长度刚好等于时间乘以速度，所以具体的最短路径回溯过程是：假如待考虑的结点是 v_1，"电蚂蚁"首次到达该结点的边 (v_1, v_2) 就是该路径的最后一条边；若有多条边上的"电蚂蚁"同时到达 v_1，则选取其中最短的那条边作为路径的最后一条边，仍记为 (v_1, v_2)。再针对 v_2 回溯出蚂蚁最先到达 v_2 的边 (v_2, v_3)。再针对 v_3 进行类似的回溯，直到最终回到源点为止。于是，问题 3.1 被轻松解决。

对于事先选定的一对顶点，比如 s 和 t，问题 3.2 可以这样轻松解决：将一只"电蚂蚁"从 s 点放入，并全程录像，直到"电蚂蚁"首次到达顶点 t 为止。然后回放录像，用与问题 3.1 类似的回溯方法，得到该"电蚂蚁"的行踪和到达时间，然后就知道了最短路径及其长度。

问题 4：寻找图的基本回路、关节点、双连通子图和桥（见文献 [1] 的第八章）。

前人的工作和解释：假定 $G(V,E)$ 是一个无向连通图，$T(V, F)$ 是图 G 的一棵生成树。对 G 中的任意一条非树枝边 $(u,v) \in E\text{-}F$，在树 T 中一定有 u 和 v 的唯一最高根结点 s，于是由 (u,v)、树 T 中 u 到 s 的路径、树 T 中 s 到 v 的路径等三条边所构成的回路便称为基本回路。若在 G 中存在两个异于 v 的顶点 a 和 b，使得在图 G 中从 a 到 b 的所有路径都必须通过 v 点，那么就称 v 为图 G 的一个关节点。若图 G 不包含任何关节点，则该图就称为双连通子图。若从连通子图 G 中删除某条边 e 后就破坏了其连通性，则称该边为图的一个桥。前人花费了大量的精力来从数学上解决问题 4（见文献 [1] 的第八章），但用非数学的超级并行思路来考虑，情况就会变得很简单了。

问题 4 的非数学超级并行计算方法如下。

关于寻找基本回路的问题：在树 T 的根上放一群"电蚂蚁"并全程录像，记录下它们爬遍所有树枝的情况（由于这些"电蚂蚁"不走回头路，所以它们到达树枝的各个端点后就原地踏步了）。于是，只需分别回溯到达 u 和 v 的蚂蚁的两条行踪，它们与边 (u,v) 合围而形成的回路便是所需的基本回路。

关于关节点和双连通子图的寻找问题：在玻璃管图 G 中选定一个顶点 v，封死该顶点后，在任何别的顶点上放入一群"电蚂蚁"，如果足够长的时间后"电蚂蚁"挤满了各条边，那么 v 就不是关节点，否则 v 就是关节点。在图 G 中去掉所有关节点后，剩下的连通子图便是待寻找的全部双连通子图。

关于桥的寻找：在玻璃管图中选定一条边 e，封死该边后，在任何别的顶点上处放入一群"电蚂蚁"，如果足够长的时间后"电蚂蚁"挤满了其他各条边，那么 e 就不是桥，否则 e 就是桥。

问题 5：寻找欧拉路径（在图中寻找这样的一条路径，它经过所有边，且每条边只经过一次）和哈密顿路径（在图中寻找这样一条路径，它经过所有顶点，且每个顶点只经过一次）。

前人的工作和解释：问题 5 是图论算法中最难且最重要的一个问题，人们已针对各种特殊情况（比如竞赛图等）给出了相应的算法，同时也已证明一般图的欧拉路径（或哈密顿路径）问题实际上是一个 NP 完全问题。

问题 5 的超级并行计算思路：为了方便描述，我们将这个问题简化为在包含 N 个顶点的图 G 中给定起点 s 和终点 t 后，寻找从 s 到 t 的哈密顿路径问题。于是，在起点 s 上放入一群"电蚂蚁"，并开始全程记录"电蚂蚁"的行踪。经过足够长的时间后，对所有到达终点 t 的"电蚂蚁"的行踪进行回溯，以得到若干从 s 到 t 的路径的集合 W。接着，对 W 中的这些路径进行排除处理，去掉所有顶点数不为 N 的路径；对图 G 中的每个顶点 v 进行处理，去掉所有不包含 v 的路径。若经上述排除法后，W 不为空，那么就找到了哈密顿路径；否则，要么不存在哈密顿路径，要么可以再延长一段时间，等待更多的"电蚂蚁"到达终点 t，然后再回溯它们的行踪。从理论上看，只要有足够的耐心，就一定能够找到问题的答案。

说明：针对解决问题 5 的排除法，还有更好的超级并行思路。实际上，可以将"电蚂蚁"想象成某种病毒，它们每经过一个顶点时都会发生一次携带了该顶点信息的基因突变。于是，当病毒扩散到终点 t 后，只需对这些病毒进行基因测序，就可以很快完成上述排除任务。实际上，DNA 计算的发明者阿德尔曼已经用实验严格证明了：当顶点数为 7 时，上述超级并行的思路确实可行（详见文献 [2]）。但非常遗憾的是，限于当前基因工程的水平，当图的顶点数较大时，当前还没办法对 DNA 片段进行随意可控的重组、切割、拼接等。不过，一旦某天基因工程取得突破，DNA 计算也将同步突破，那时 NP 完全问题就有望得到解决了。

（三）结束语

我们为啥要考虑图论问题呢？主要有两个原因：其一，图论问题比较形象，容易用纯文字描述，从而避免公式干扰；其二，也是最主要的原因，如今的神经生理学研究已表明，从图论角度来看，人类的神经系统是由 1000 亿个顶点（对应于神经元的触突）和相应的若干条边（对应于神经纤维）组成的有向图，电刺激从轴突流向突触方向。更形象地说，人类的大脑很像一个包含 6 层结构的"柔性半导体块"，任何时刻该"柔性半导体块"中的电流模式就是此刻大脑的"知"，当某条神经纤维上的电流达到一定的阈值时，该电流就会刺激与之相连的肌肉收缩或放松，众多肌肉的综合缩放就形成了人体的"行"。这也可以看成是对"知行合一"的生理学解释吧。大脑的"计算"本身就类似于上述的"电蚂蚁"的超级并行。比如，任何电刺激所产生的微弱电流都会在"柔性半导体块"中沿着所有的神经纤维单向流动，当然是超级并行流动（即只要有单向连线，电流就会并行流入）。但是，与电流在导体中流动的情况不同，在"柔性半导体块"中，当电流通过结点时，既可能引发兴奋（即电流被加强），也可能引发抑制（即电流被减弱）。这里"柔性半导体块"的"柔性"意指该半导体块中的所有结点的导电情况随时都在变化。比如，由前一时刻的导电情况和此刻的电刺激情况等因素一起共同决定了下一时刻的导电情况。

总之，本文中的图论超级非数学并行计算方法确实在某种程度上较近似地模仿了大脑中的电流模式（或思维模式）。当然，本文还相当粗糙，只是一些早期构想，甚至只是浮想而已，请大家批评指正。

参考文献

[1] 唐策善，梁维发 . 并行图论算法 . 合肥：中国科学技术大学出版社，1991.

[2] G.Paun, G.Rozenberg, A.Salomaa. 许进，王淑栋，潘林强译 . DNA 计算：一种新的计算模式 . 北京：清华大学出版社，2006.

附录 2
无怨公平分配的数学手段

本附录将给出几种理论上绝对"公平"或"无怨"的数学算法。

（一）两个人的情况

当只有两个人紧盯着某一个蛋糕时，事情就很简单了，因为此时若能够保证"公平"，当事人就一定"无怨"，反之亦然。

此时的"公平算法"很简单：你切我选！也就是说，一个人把蛋糕分切为两块，而由另一个人先挑选其中的一块！

（二）三个人的情况

若有三个人 A、B、C 同时盯上了某个蛋糕，则按下述"无怨算法"可以很好地解决相关矛盾，因为每一方都坚信自己得到了最大利益。

第一步：A 按自己的标准把蛋糕均分为三块。

第二步：若 B 认为最大的两块一样大，那么三人按

C、B、A 的顺序挑选蛋糕就行了。

第三步：若 B 认为蛋糕块 M 最大，他就从 M 上削去一小块 R，使之与第二大的那块蛋糕一样大，然后把 R 放在一边，请 C 先选。

第四步：如果 C 未选 M，那么要求 B 必须选 M；若 C 选 M，那么再请 B、C 按先后顺序各选一块蛋糕。

第五步：B 和 C 中未选 M 的那位把 R 分成三份，让 B 和 C 中拿了 M 的那位先挑一份，然后 A 选一份，最后一份留给自己。至此，分配结束。

（三）N 个人的情况

如果有 N 个人同时盯上了某个蛋糕，那么问题就复杂了！此时，若想"无怨"就难上加难了！幸好有如下的"公平算法"。

第一步：先把 N 个人排好顺序。

第二步：第一个人切出他认为的 $1/N$。

第三步：其余的人按顺序都判断一下这一份是不是太大。若是的话，就削掉一点，并把削掉的部分放进原来的蛋糕里；若不是的话，就进行下一步操作。

第四步：所有人判断完后，就把这一块蛋糕分给最后削过蛋糕的那个人；如果没有人削过蛋糕，那么就把这块分给第一个人。

第五步：重复前面的第二步至第四步，直至最后只剩下两个人，然后用我切你选的方式进行分配。

伙计你看，其实事情很简单，要是大家都是数学家就好了，要是人类的需求都可量化就好了！

跋

伙计，非常感谢你的捧场。当你读到这里时，就意味着你已看完了本书，并对文艺复兴以后数学领域中的主要功臣有了大致的了解。可惜，由于各方面的原因，我们无法介绍所有数学家（某些数学家已出现在拙作《科学家列传》和《通信那些事儿》中）。若各位觉得书中还有一些遗漏（在世者不考虑），欢迎你们将他们的名字和素材等信息提交给我们，我们将在随后的版本中不断完善。

由于本书主要定位于满足全社会各年龄段的数学爱好者的需求，所以，本书的读者对象包括理工科大学生、跨专业研究生，以及希望提前了解高等数学的中学生。希望本书也能鼓励大家今后成为数学家，到时我们乐意为你写小传。

本书的内容虽然主要是在谈人，但在这里我们想简单地说说事，当然是有关数学的大家平常没注意的一些事。比如，谁都知道数学以严谨性而闻名，它研究的对象在本质上都是人为定义的，因此也可以说数学其实属于形式科学，而非自然科学。但是，作为一门学科，数学本身的定义相当含糊，甚至直到今天也没有一个公认的定义。有人玩起了文字游戏，将数学学科定义为"数学家研究的学科"。毕达哥拉斯曾武断地宣称"万物皆数"，伽利略也附和说"数学是上帝用来书写宇宙的语言"，高斯更夸张地说道"数学是科学之王"，康托尔换了一个角度说"数学的本质在于它的自由"。克莱因甚至玩起了类比游戏，他说："音乐能激发情怀，绘画赏心悦目，诗歌动人心弦，哲学给人智慧，科学改善生活，但数学能给予以上一切。"不同的数学家和哲学家对数学的研究范围和定义都有不同的看法，甚至连数学到底是科学还是艺术都还有异议。当然，从狭义上看，数学可以看成一门研究数量、结构、变化、空间及信息等概念的学科。即使如此，数学也可能来自并应用于现实世界的任何问题。

数学的发展过程是一个典型的补漏洞过程。每补一个漏洞，数学的研究领域就扩大一点。而领域越大，漏洞也就越多。于是，经过"面多了加水，水多了加面"的不断循环后，在全球最聪明的一批人的共同努力下，数学就发展成今天的这个巨无霸大饼了。比如，由于计数的需要，人们从现实事物中抽象出了自然数，它是数学中一切"数"的起点。自然数存在漏洞，它至少对减法不封闭，因为负数不是自然数。为此，人们便将所研究的数扩充至整数。而整数也存在漏洞，它至少对除法不封闭，因为小数不是整数。为此，人们将所研究的数扩充至有理数。但有理数又存在漏洞，它至少对开方运算不封闭，因为$\sqrt{2}$就不是有理数。为此，人们将所研究的数扩充至代数数。代数数还有漏洞，它至少对极限运算不封闭。为此，人们将所研究的数扩充到实数。实数还有漏洞，它至少对负数的偶数次开方不封闭。为此，人们将所研究的数扩充到复数。其实，数学的每个分支的发展过程也是相应的补漏洞过程，而且随着各分支的不断扩张，本来搭界的分支便可能合流了。比如，文艺复兴以前的数千年中，代数和几何是两个不相干的分支，但自从笛卡儿创立了解析几何后，人们便可用代数方法来证明几何定理，也可用图形来表示抽象的代数方程与三角函数。难怪有人说"问题是数学的心脏"；难怪从"数学"一词的古希腊语字面意义上看，数学其实是"哲学之起点，学问之基础"。

再说高等数学或文艺复兴以后的数学，它与以前的数学类似，即具体内容非常清晰而严谨，但其本身的定义和研究范围又相当含混。从广义上说，初等数学之外的数学都是高等数学，但初等数学的边界仍然不清晰，高等数学至少包括数列、极限、级数、微积分、解析几何、线性代数、微分方程、概率论与数理统计等。另一种更直观的划分办法是，将16世纪以前的数学归入初等数学，17世纪以后建立的数学归入高等数学。总之，高等数学的范畴无法用简单的几句话或列举其分支的方式来限定。高等数学研究范围的这种不确定性反而可以使高等数学这门课程更加灵活，不同的专业可以根据具体的需求情况进行适当的调整。

本书涵盖了文艺复兴以后的主要数学家。若读者喜欢，今后我们可能为文艺复兴以前的数学家专门出版另一部同类型的传记。谢谢大家！